SIE LIEBTE DIE KIRCHE

SIE LIEBTE DIE KIRCHE

MUTTER JULIA VERHAEGHE UND DIE ANFÄNGE DER GEISTLICHEN FAMILIE "DAS WERK"

Herausgeber und Verleger:
DIE GEISTLICHE FAMILIE "DAS WERK"

Herausgeber, Redaktion, Lay-out und Verleger:
Die geistliche Familie "Das Werk"
Höfle-Druck, Dornbirn

Alle Rechte, auch die des auszugsweisen Abdrucks oder der Reproduktion einer Abbildung, sind vorbehalten. Das Werk einschließlich aller seiner Teile ist urheberrechtlich geschützt. Jede Verwertung ohne vorhergehende und schriftliche Zustimmung der Herausgeber ist unzulässig. Das gilt insbesondere für Vervielfältigungen, Übersetzungen, Mikroverfilmungen und die Einspeicherung und Verarbeitung durch elektronische Systeme.
ISBN 3-9502071-0-4

Copyright © 2005:
Die geistliche Familie "Das Werk"
Thalbachgasse 10
A-6900 Bregenz
Telefon: (+43-55 74) 432 91
Telefax: (+43-55 74) 432 91 220
E-mail: sekretariat@daswerk-fso.org
www.daswerk-fso.org

Meine Freude ist der dreimal heilige Gott.
Mutter Julia

Inhaltsverzeichnis

Joseph Kardinal Ratzinger - Papst Benedikt XVI. - Predigt bei der Dankmesse für die päpstliche Anerkennung der geistlichen Familie "Das Werk" 9
Bischof Philip Boyce OCD, Geleitwort 19
Mutter Katharina Strolz FSO und Pater Rektor Peter Willi FSO, Einleitung 25

Kinder- und Jugendjahre

Frühe Kindheit 35
Auf der Flucht 47
Rückkehr und Wiederaufbau 55
Begegnung mit dem Apostel Paulus 67
Neue Erfahrungen in der Welt 77
Eingriff Gottes im Kino 85
Sturz von der Treppe 91

Entstehung eines neuen Charismas

Das "Heilige Bündnis" 101
Weitere Gnaden und Prüfungen 109
Joseph Cardijn und die Katholische Arbeiterjugend 117
Die Gründung des "Werkes" 123
Erste Entfaltung des Charismas 133
Beginn des Zweiten Weltkrieges 143
Verlassen des Elternhauses 151
Bei den Dienstmädchen 159
Sorge um die Einheit 169

Anfänge des gemeinschaftlichen Lebens

Die ersten Berufenen 179
Sehnsucht nach einem gemeinschaftlichen Leben 189
Das erste gemeinsame Zuhause 197
Leben und Formung in der Großstadt 209
Im Dienst an Familien 221
Ein neues Tor tut sich auf 235
Einzug des eucharistischen Herrn 251

Anhang

Überblick über die weitere Entwicklung 265

Päpstliche Anerkennung:
    Dekret der päpstlichen Anerkennung 275
    Papst Johannes Paul II., Grußwort 279
    Papst Johannes Paul II., Botschaft 281
    Bischof Philip Boyce OCD, Homilie 285

Leo Kardinal Scheffczyk, Begegnung mit Mutter Julia.
Abschnitte aus einem Zeugnis 291

Wichtige Lebensdaten 301

Anmerkungen 305
Bibliographie 325
Bildnachweis 333

Joseph Kardinal Ratzinger
- Papst Benedikt XVI. -
Predigt bei der Dankmesse für die päpstliche Anerkennung der geistlichen Familie "Das Werk" im Petersdom am 10. November 2001 in Rom

Liebe Brüder und Schwestern im Herrn!

In den großen Dank der heiligen Eucharistie legen wir heute den besonderen Dank dafür hinein, dass die geistliche Familie "Das Werk" die Anerkennung als Gemeinschaft päpstlichen Rechtes erhalten hat. So ist sie ganz im Herzen der Kirche angesiedelt und zugleich der weltweiten Kirche als Gabe des Heiligen Geistes, als Weg für heute und ins Morgen hinein eröffnet.

Es war eine dunkle Zeit, als im Januar 1938 Mutter Julia dieses bescheidene Samenkorn in die Erde der Kirche einsenkte und so das Wachsen dieses Baumes begann. Wenn wir von diesem Beginn sprechen, müssen wir uns immer daran erinnern, dass sie uns sagt: *"Ich habe nichts gegründet. Seit Jesus Christus die heilige Kirche gegründet hat, ist alles gegründet. Er braucht nur Menschen, die diese Gründung gründlich leben."*

In der Tat hat sie nicht ein anderes Werk neben das Werk Jesu Christi gestellt, sondern sich ganz in sein Werk hineingegeben. So lädt sie uns alle ein, nicht eigene andere Werke neben Christi Werk zu stellen, sondern uns in sein Werk hineinzugeben, in seinem Werk mit zu sein und mit zu leben und so durch Ihn und mit Ihm und in Ihm dem Heil der Welt zu dienen. Alles, was sie getan hat, ist auf Christus bezogen, den Sohn des lebendigen Gottes.

Und sie wusste, dass Christus nicht eine Gestalt der Vergangenheit ist, sondern dass Er immerfort lebt in seiner Kirche. Das Mitsein mit Christus ist deshalb Mitsein mit Ihm da, wo Er lebendig durch die Zeiten schreitet - in der Gemeinschaft der heiligen Kirche. Und wiederum wusste sie, dass das Zeichen für die heilige Kirche der Dienst des Petrusnachfolgers ist, dass da, wo Petrus ist, die Kirche ist, und dass, wer in der Kirche und bei

Christus sein will, bei Petrus sein muss. So leitet uns ihre Gestalt hinüber zu dem Heiligen dieses Tages, zu Papst Leo dem Großen, der uns auf seine Weise genau das auslegt, was auch ihre Botschaft war.

In schwirigen Zeiten, von 440 bis 461, hat Leo der Große die Kirche geleitet. Es war die Zeit des Zusammenbruchs des weströmischen Reiches, die Zeit der Völkerwanderung, des Ansturms der Hunnen unter Attila und der Vandalen unter Geiserich. In dieser Zeit hat Leo das Licht des Glaubens leuchten lassen. Die tiefste Krise seiner Zeit war nicht politisch-militärischer Natur; an der Wurzel politischer Krisen ist immer eine geistige Krise. So war es auch zur Zeit Leos. Freilich war die Kirche nach Konstantin frei. Die Kaiser waren katholisch und förderten die Kirche. Doch mit dieser neuen Freiheit entstanden auch neue Gefahren, neue Versuchungen.

Die erste Versuchung bestand in der Unterwerfung der Kirche und des Glaubens unter die politische Macht, in der Ausbeutung und Ausnutzung der Kirche für die Macht, in der Instrumentalisierung des Glaubens für politische Zwecke. Kaiser Konstantius sagte einmal: Das Gesetz der Kirche bin ich. Darin drückt sich eine tiefgehende Versuchung zur Verfälschung des Glaubens aus, der so tatsächlich zu einem politischen Machtmittel degenerieren sollte.

Die zweite Versuchung war ideologischer Natur und bestand darin, den Glauben den damals herrschenden Geistesströmungen anzugleichen. Man spricht von der Hellenisierung des Glaubens, also von einer Einebnung des Geschenkes Gottes, des Lichtes der Offenbarung, in das, was die Menschen dieser Zeit dachten und wollten. Mit der großen griechischen Philosophie sagte man: Gott kann in Wirklichkeit keinen Sohn haben; dies ist eine mythologische Idee. Gott ist weit entfernt. Gott kann nicht aus sich herausgehen, und die Söhne Gottes sind große Menschen, wie dies auch auf Jesus zutrifft. Er ist nicht wirklich Gottes Sohn. Er ist ein Großer der Religions- und Menschheitsgeschichte. Im 5. Jahrhundert, dem Jahrhundert Papst Leos, hatte man zwar nach den ersten großen

Konzilien das Geheimnis des dreifaltigen Gottes und die Gottessohnschaft Jesu angenommen, aber nun versuchte man auf andere Weise, es den eigenen Denkformen anzupassen. Christus ist kein ganzer Mensch, sondern hat nur eine göttliche Natur, sagte man auf der einen Seite. Christus ist ganz Mensch, er musste erst im Lauf des Lebens zur Göttlichkeit aufsteigen, hieß es auf der anderen Seite. Das Geheimnis wurde nach Menschenmaßstäben umgedacht, um es verständlich zu machen. Aber gerade so musste das Große, das Neue und ganz Andere verloren gehen, das Gottes Offenbarung uns schenkt.

Angesichts dieser großen Versuchung hat der heilige Leo, erleuchtet von der Weisheit des Glaubens, die Wahrheit der göttlichen Offenbarung auf den Leuchter gestellt - jene Wahrheit, die uns das Leben schenkt und uns die Grundlage eines guten Lebens und eines guten Sterbens bietet. Der heilige Leo der Große war vor allem ein Lehrer der Christologie für das große Konzil von Chalkedon. Er hat die Formulierungen gefunden, und die Konzilsväter haben seinem Brief mit den Worten zugestimmt: In Leo hat Petrus gesprochen. Und tatsächlich: Gegen die Sophismen menschlichen Denkens bringt dieser Brief die Tiefe und Einfachheit des wahren Glaubens auf den Punkt. Mit Petrus sagt Leo: "Du bist der Messias, der Sohn des lebendigen Gottes!"

Mit den Formulierungen dieses Dogmas, in denen das wahre Gottsein und das wahre Menschsein Christi gleichermaßen aufscheint, hat der heilige Leo nicht etwas Neues erfunden, er hat keine neuen Ideen geschaffen. Ganz im Gegenteil hat er uns eingeladen, in das große Licht einzutreten, das Gott uns geschenkt hat, und er hat uns erneut dieses Licht gezeigt. Im Herzen der Gestalt und der Botschaft des heiligen Leo des Großen steht der Glaube an Christus. Nur in der Liebe zu Christus, nur im Durchdrungensein von der Liebe Christi konnte er sein Geheimnis in der Tiefe erfassen und den Dienst wiederholen, den Petrus tat. So ist das petrinische Geheimnis in diesem Bekenntnis, das der Fels der Kirche ist, neu vergegenwärtigt: "Du bist der Messias, der Sohn des lebendigen Gottes."

Der Primat der Christologie, der Primat der Christusliebe und des Glaubens an Christus ist der Kern der Botschaft des heiligen Leo des Großen. Natürlich impliziert dieser christologische Primat, diese Vorrangstellung des Christusglaubens, die Existenz der heiligen Kirche, in der Christus lebt. Und wenn der heilige Leo von neuem seine Stimme Petrus schenkt, erweist er sich mit seinem Bekenntnis als der lebendige Fels; er lässt uns erkennen, dass die heilige Kirche auf den Felsen des Petrus gegründet ist; und er zeigt uns diese Dreiheit: Primat der Christusliebe, konkretisiert im Leben der lebendigen Kirche, und noch einmal konkretisiert im petrinischen Geheimnis, in der Nachfolge des heiligen Petrus, der immer in seinen Nachfolgern gegenwärtig bleibt.

So sind wir durch den heiligen Leo den Großen zurückgeleitet zu Mutter Julia und zu dem, was sie begonnen hat, zu dieser neuen Treue zu Christus in seiner Kirche. Wenn in der Mitte des "Werkes" das "Heilige Bündnis" steht, so ist es wiederum nichts Neues neben Christus. Es ist das Hineintreten in den Neuen Bund, den Er geschenkt hat; in den Bund, der auf dem Geschenk der heiligen Eucharistie gründet; in den Bund, der aus dem heiligsten Herzen Jesu kommt, aus dem Blut und Wasser, die heiligen Sakramente entströmen. Ihr Primat der Christologie, ihre Liebe zu Christus, drückt sich in der Liebe zum eröffneten Herzen Jesu aus. Nicht zufällig, denke ich, ist das "Werk" mit Newman befreundet, mit seinem Wappenspruch "Cor ad cor loquitur". Mutter Julia hat vom Herzen her gedacht und aus dem Herzen heraus das Herz Jesu erkannt - dieses durchbohrte Herz, das die Quelle des Bundes, die Quelle unseres Lebens ist.

Wenn dazu das Emblem der Dornenkrone tritt, so wird deutlich, dass Verbündetsein mit Christus heißt: Verbündetsein mit seinem Leiden. Das bedeutet, bereit sein, die Verwundungen der Wahrheit auf sich zu nehmen. Wer für die Wahrheit eintritt in einer Welt, in der die Lüge bequemer ist, nimmt Verwundung auf sich. Und wer in dieser Welt für die Liebe eintritt, gegen den Egoismus, der dem Menschen näherliegt, lässt sich verwunden, sagt Ja zum durchbohrten Herzen, sagt Ja zu der Krone der Dornen. Diese Krone ist die wahre Königskrone, mit der Christus sich als der wahre Herr der Welt ausweist und uns das Gesicht des lebendigen Gottes zeigt, der Liebe und Vergebung ist, bis in den Tod für uns hinein. Durch die Gemeinschaft mit dem leidenden Christus stehen wir mitten in den Drangsalen dieser Zeit auch in Gemeinschaft mit seiner Herrlichkeit, die Herrlichkeit der Liebe ist: Die Liebe ist stärker als das Leid, als der Tod.

Die päpstliche Anerkennung ist für die geistliche Familie "Das Werk" nicht eine juristische Äußerlichkeit. Sie ist vielmehr Ausdruck dessen, was sie ist, Bestätigung ihres tiefsten Inseins in der Kirche, das zugleich aber Einssein mit Christus ist. Wenn wir so die Gabe des "Werkes" auffassen und uns von ihr ins Mysterium der Kirche hineinführen lassen, um das Herz Jesu zu finden und von seinem Herz unser Herz erleuchten zu lassen, dann wird es uns ergehen, wie es Mutter Julia ergangen ist: Sie hat erkannt und gelebt, dass die scheinbar so schwere Last Christi leicht ist, weil Er sie für uns und mit uns trägt, dass seine Bürde gut ist, weil sie Bürde der Liebe ist. Wir wollen den Herrn bitten, dass Er uns schenke, immer mehr diese Erfahrung zu leben, und uns helfe, uns ins Werk Christi hineinzugeben und so dem Heil der Welt zu dienen. Amen.

Geleitwort

☩ Philip Boyce OCD
Bischof von Raphoe

Irland

Zu allen Zeiten erweckt Gott Männer und Frauen, die Er mit besonderen Gnaden ausstattet und zu lebendigen Zeugen seiner unwandelbaren Liebe macht. Sie begeistern uns durch ihr Leben, zu dem wir voll Bewunderung aufschauen. Sie ziehen andere Menschen an, damit sie an dem Charisma teilhaben, das sie zum Wohl der ganzen Kirche empfangen haben. Sie sind wie leuchtende Sterne in einer Welt voll Dunkelheit und Verwirrung. Die Geschichte ihres Lebens und Wirkens fasziniert uns. Das Gute, das sie vollbracht haben, lebt nach ihrem Heimgang fort und wird von jenen weitergeführt, die ihrem Beispiel folgen und sich in dem Geist formen lassen, der sie geleitetet hat.

Das Leben von Mutter Julia Verhaeghe, die von ihren geistlichen Söhnen und Töchtern Mutter Julia oder einfach Mutter genannt wird, umfasst beinahe das ganze 20. Jahrhundert. Sie war eine außergewöhnliche Frau, die nur relativ wenigen Menschen bekannt war. Jene aber, die mit ihrem Werk und ihrer Geistigkeit näher in Berührung kamen, schätzten und verehrten sie sehr. Je mehr sie das Rampenlicht mied, desto höher war die Wertschätzung, die ihr entgegengebracht wurde. Ihre tiefgehenden Einsichten in die menschliche Gebrechlichkeit, ihre Ratschläge über das Voranschreiten auf dem Weg des Glaubens, des Gebetes und der Bekehrung, ihre Liebe zu Jesus Christus und zur Kirche machten sie zu einer Lehrmeisterin des geistlichen Lebens.

Die vorliegende erste Biografie wird vielen Menschen das Leben Mutter Julias und die Weisheit ihrer Lehre erschließen. Das Buch handelt nur von der ersten Hälfte ihres Lebens, zeichnet sich aber dadurch aus, dass es auch die geschichtlichen Zusammenhänge darstellt, in denen sie geboren wurde, aufgewachsen ist und besondere Gnaden empfangen hat. Dieser Hintergrund hilft uns, jene Elemente zu verstehen, die in ihrem Charisma von besonderer Bedeutung sind: In einer Welt der Gespaltenheit und der Feindseligkeit wurde ihr die Gnade der *Einheit* geschenkt. In einer Epoche des Glaubensverfalls verwies sie auf die tragenden Säulen von *Glaube, Hoffnung und Liebe*. In Jahrzehnten der Verwirrung und des Irrtums war ihr ein durchdringendes Verständnis der *Zeichen der Zeit* im Licht des Evangeliums gegeben. In einer Zeit, in der die Kirche den Gläubigen die verborgenen Schätze der Liturgie und des inspirierten Wortes Gottes neu zugänglich machen wollte, unterstrich sie die Leben spendende Kraft des *Evangeliums und der Briefe des heiligen Apostels Paulus,* die Bedeutung der andächtigen und würdigen *Feier der Liturgie* sowie den Wert der *Anbetung.* Die Jahre, in denen der "Eucharistische Kreuzzug" des seligen Priesters Eduard Poppe die Herzen der Jugendlichen in Belgien ergriff und Theresia von Lisieux heiliggesprochen wurde, lassen uns Mutter Julias Liebe zur *Eucharistie* und ihr Verständnis von *Gottes barmherziger und gerechter Liebe* besser verstehen.

Viele Menschen haben auf dieses Buch gewartet, weil sie mehr über die geistlichen Schätze wissen wollen, die Mutter Julia in hohem Maß empfangen hat. Der vorliegende Band erfüllt diese drängenden Bitten. Die Weisheit, die in einem Charisma enthalten ist, das einen von der Kirche anerkannten Weg zur Heiligkeit darstellt, soll allen zum Segen gereichen.

Gewiss wäre dies auch der Wunsch von Mutter Julia gewesen, aber nicht, um ihre eigene Person in den Mittelpunkt zu stellen, sondern um der Kirche und den Seelen zu dienen.

Ich gratuliere und danke allen, die mit großem Fleiß bei der Abfassung dieser Biografie mitgearbeitet haben. Zweifellos wird das Buch vielen Lesern eine Hilfe sein und auch dazu beitragen, ein neues Charisma des gottgeweihten Lebens bekannt zu machen, das der Herr als Antwort auf die Herausforderungen unserer Zeit geschenkt hat.

+ Philip Boyce, OCD.

16. Juli 2005

Einleitung

Mutter Katharina Strolz FSO
Pater Rektor Peter Willi FSO

Erstmals in der Geschichte unserer geistlichen Familie legen wir eine Schrift über Frau Julia Verhaeghe (1910-1997), die Gründerin des "Werkes", vor. In Dankbarkeit nennen wir sie unsere Mutter. Sie war eine weise und gläubige, eine demütige und bescheidene Frau. Mit allen Gaben und Gnaden, die ihr geschenkt waren, wollte sie Gott und den Menschen dienen. Was ihre eigene Person betraf, war sie immer zurückhaltend und schweigsam. Sie wollte nie im Rampenlicht stehen und bat darum, dass zu ihren Lebzeiten kein Buch über ihr Leben veröffentlicht werde. Sie sprach viel über Gott, die Kirche und das "Werk", über die Entwicklungen im Volk Gottes und in der Gesellschaft sowie über die konkreten Angelegenheiten des täglichen Lebens. Über ihre eigene Person sprach sie nur im Zusammenhang mit dem Wirken Gottes in ihrem Leben. Zwei Worte prägten ihr Wesen und wurden später die beiden Leitworte unserer geistlichen Familie: *"Ad laudem et gloriam Dei!"*, "Zum Lob und zur Ehre Gottes!" und *"Ut omnes unum sint!"*, "Alle sollen eins sein!". Dem entsprechen die beiden Grundsäulen, auf denen das Charisma des "Werkes" aufruht: die Anbetung und die Einheit.

Mutter Julia hatte nie die Idee, selbst ein "Werk" zu gründen. Sie war dazu, menschlich gesprochen, gar nicht in der Lage, da sie weder eine gute

Gesundheit, noch eine besondere Ausbildung, noch irgendwelche materiellen Mittel besaß. Doch der Herr entfachte in ihr einen lebendigen Glauben, eine brennende Liebe zur Kirche und ein glühendes Verlangen, sich für deren innere Erneuerung hinzugeben. So wurde sie zum Werkzeug, durch das Gott im Schoß der Kirche eine neue Gemeinschaft entstehen ließ: die geistliche Familie "Das Werk".

In einer testamentarischen Verfügung bat sie ausdrücklich darum, von einer Darstellung ihres Lebens abzusehen, die *"vom Wesentlichen ablenkt"*.[1] Dieses Wesentliche war für sie das Charisma des "Werkes", jene Gnadengabe, die der Herr durch ihre Person hindurch in unsere geistliche Familie gelegt hat. Die vorliegende Schrift gibt einen Einblick in ihr Leben, das nicht vom Charisma des "Werkes" getrennt werden kann. *"Das Charisma ist meine Biografie"*,[2] bezeugte sie in einem Gespräch kurz vor ihrem Heimgang. Während ihres ganzen Lebens schöpfte unsere Mutter aus der Heiligen Schrift, vor allem aus den Briefen des heiligen Paulus. Ihr Denken war ganz von seinem Geist durchdrungen. Ausgehend von persönlichen Begegnungen mit Menschen sowie von Erfahrungen in der Liturgie und im alltäglichen Leben, legte sie die Prinzipien des Charismas dar und führte die Menschen zur Schönheit des katholischen Glaubens hin.

Wir haben uns getreu an die in unserem Archiv vorhandenen Dokumente Mutter Julias und ihres geistlichen Begleiters, des Priesters Arthur Cyriel Hillewaere, gehalten und nur solche Worte zitiert, die durch historische Quellen belegbar sind. Oft lassen wir Mutter Julia selbst zu Wort kommen und zum Leser sprechen. Die historischen Fotos und geographischen Karten dokumentieren den Text und erleichtern das Verständnis der beschriebenen Ereignisse. Wir müssen es späteren Forschungen überlassen, noch nicht zur Verfügung stehende historische Quellen aufzuarbeiten und die vorliegende Schrift so zu ergänzen, dass ein umfassenderes Gesamtbild der Anfangszeit des "Werkes" entstehen kann.

Jedes Charisma ist eine Antwort Gottes auf konkrete Bedürfnisse und Nöte in der Kirche und in der Welt. Um das Leben von Mutter Julia und die Entwicklung des ihr geschenkten Charismas in den Grundlinien richtig darstellen zu können, war es deshalb notwendig, hin und wieder auf die Geschichte ihres Geburtsortes Geluwe sowie auf die gesellschaftliche und kirchliche Situation in Belgien einzugehen. Nur so wird die Bedeutung von Einzelheiten im Leben unserer Mutter für spätere Entwicklungen verständlich.

Mutter Julia wollte, dass die Berufung des "Werkes" immer im Kontext der Zeichen der Zeit gesehen werde, also auf dem Hintergrund der positiven und negativen Entwicklungen der jeweiligen geschichtlichen Situation. In dem vorliegenden Buch wird deutlich, dass das Leben von Mutter Julia und die Anfänge des "Werkes" einerseits von den Schrecken der beiden Weltkriege überschattet waren und andererseits mit den Entwicklungen der Katholischen Aktion in Zusammenhang standen, besonders mit der von Josef Cardijn, dem späteren Kardinal, gegründeten und in Belgien äußerst einflussreichen Katholischen Arbeiterjugend.

Im vergangenen Jahrhundert setzte eine große, bis an die Wurzeln reichende geistige Wandlung ein. Ein herausragendes Merkmal dieser Wandlung war das Streben nach Einheit und Ganzheit auf allen Gebieten des Lebens. Auf Grund des technischen Fortschritts wurde der Erdball mehr und mehr zu einem großen Dorf, in dem jeder mit jedem kommunizieren kann. Politik und Wirtschaft nahmen eine neue, weltweite Dimension an. Die verschiedenen Kulturen konnten einander neu begegnen. Dieser Prozess der Globalisierung war und ist für die Kirche mit gewaltigen Herausforderungen, aber auch mit vielen neuen Möglichkeiten verbunden. Das Charisma des "Werkes" muss im Licht dieser neuen geistigen Situation verstanden werden und trägt verschiedene Merkmale an sich, die im christlichen Sinn auf das Einende, Ganzheitliche, Umfassende und Katholische hindrängen.

Es schien uns angebracht, in diesem Buch die Anfänge unserer geistlichen Familie bis zum Jahr 1950 darzustellen. Das Charisma hatte damals eine bedeutende Stufe in seiner Entwicklung erreicht, und zum ersten Mal zog der eucharistische Herr in eine Niederlassung des "Werkes" ein. Die nachfolgende Zeit der weiteren Entfaltung und Ausbreitung reicht bis in die Gegenwart. Um die Brücke zu unserer Zeit herzustellen, haben wir im Anhang einen kurzen Überblick über die weitere Entwicklung des "Werkes" bis zur päpstlichen Anerkennung hinzugefügt.

Die universalkirchliche Anerkennung des "Werkes" durch den Nachfolger Petri erfolgte am 29. August 2001, dem vierten Jahrestag des Heimgangs von Mutter Julia. Bei einer Dankwallfahrt nach Rom durften wir am 10. November 2001 Papst Johannes Paul II. begegnen. Im Anhang des Buches sind das Dekret der päpstlichen Anerkennung sowie das Grußwort und eine Botschaft des am 2. April 2005 verstorbenen Papstes an unsere geistliche Familie abgedruckt. Die Predigt, die Joseph Kardinal Ratzinger - seit dem 19. April 2005 Papst Benedikt XVI. - bei der Dankmesse für die päpstliche Anerkennung im Petersdom gehalten hat, ist auf den ersten Seiten dieses Buches zu finden. Auch eine Homilie von Bischof Philip Boyce OCD, der Mutter Julia viele Jahre lang geistlich begleitet hatte, und Abschnitte aus einem Zeugnis von Leo Kardinal Scheffczyk wurden hinzugefügt. In einem biographischen Überblick sind einige wichtige Lebensdaten unserer Mutter festgehalten.

Mit der Herausgabe dieser Schrift verbinden wir den Wunsch, dass der Leser durch die Person von Mutter Julia hindurch etwas vom gnadenvollen Wirken Gottes in seiner Kirche erfassen möge. Die folgenden Seiten wollen auch dazu beitragen, sich dem Geheimnis einer Person zu nähern, die wahrhaft eine Tochter der Kirche war und deren Leben edle Einfachheit, Liebe und Wahrheit ausstrahlte. Für die Kirche hat sie gelebt, für die Kirche hat sie gelitten, für die Kirche hat sie sich hingegeben. *"Es drängt mich innerlich"*, so schrieb sie, *"meine tiefe Freude und Dankbarkeit gegenüber der Kirche, meiner geliebten Mutter, zum Ausdruck zu bringen, auch wenn ich nicht weiß, wie ich es in Worte fassen kann. Sie ist die*

Gründung Christi, zu der ich gehören darf. Es hat Gott gefallen, mich zu erwählen, für seine Braut, die vom Leiden Christi gekennzeichnet ist, ein Werkzeug seiner barmherzigen und gerechten Liebe zu sein. Ihr wollte Er ein Charisma schenken, um ihr in diesem Zustand beizustehen, ein Charisma, für das Er selbst Plan und Leiter sein will, weil Er versprochen hat, bei seiner Kirche zu bleiben, bis alles erfüllt ist." [3]

Als international Verantwortliche der Priester- und der Schwesterngemeinschaft des "Werkes" danken wir unseren Brüdern und Schwestern und allen anderen, die bei der Abfassung des vorliegenden Buches und bei den dafür notwendigen historischen Forschungen mitgeholfen haben. Durch die gute Zusammenarbeit in Liebe und in gemeinsamer Verantwortung für das Charisma konnte diese Schrift entstehen. Wir freuen uns, wenn vielen dadurch eine innere, vertrauensvolle Beziehung zu Mutter Julia geschenkt wird.

Mutter Katharina Strolz FSO   Pater Rektor Peter Willi FSO

29. August 2005
8. Jahrestag des Heimgangs von Mutter Julia

KINDER-
UND
JUGENDJAHRE

1910-1934

Frühe Kindheit

Bei Gott gibt es keinen Zufall. Sowohl die großen Ereignisse der Weltgeschichte als auch die kleinen Vorkommnisse im alltäglichen Leben des Menschen entsprechen einem geheimnisvollen Plan, durch den Er die Schöpfung der Vollendung entgegenführt. Für denjenigen, der auf die Spuren der göttlichen Vorsehung achtet, ist es keine Nebensache, dass Julia an einem Freitag geboren und an einem Sonntag getauft wurde. Von Anfang an leuchtete über ihrem Leben das Geheimnis des Leidens und der Auferstehung des Herrn auf.

Pfarrkirche von Geluwe im Jahr 1910

Am Freitag, dem 11. November 1910 um elf Uhr, erblickte sie im Dorf Geluwe in Belgien das Licht der Welt. Sie war das achte von elf Kindern, drei Buben und acht Mädchen. Drei ihrer Geschwister starben im Säuglingsalter, was damals nicht selten vorkam.[1] In der

Eintragung im Taufregister der Pfarrei Geluwe

Pfarrkirche ihres Heimatortes empfing sie am darauf folgenden Sonntag, dem 13. November, die Taufe. Dieses Sakrament sollte ihr ganzes Leben prägen und sie immer mit großer Dankbarkeit erfüllen.

Die Jahre ihrer Kindheit verbrachte Julia in der Geborgenheit einer christlichen Familie. Auf diese Jahre kam sie später gelegentlich zu sprechen: *"Wenn ich davon erzähle, tue ich es, damit ihr erkennt, wie wunderbar, wie natürlich und übernatürlich zugleich Gott mich begleitet und auf das Charisma des 'Werkes' vorbereitet hat: durch meine Eltern, durch meine Entwicklung in Kindheit und Jugend."* [2]

Beide Eltern stammten aus Geluwe in Westflandern. Henri Verhaeghe, ihr Vater, hatte einen friedliebenden Charakter. Sein feinfühliges Wesen und seine umgängliche Art machten es ihm leicht, mit anderen Menschen in Kontakt zu treten. Gerne bot er seine Hilfe an, wenn er Not sah. Vor dem Ersten Weltkrieg war er in der Papier- und Flachsverarbeitung tätig, denn in der Umgebung von Geluwe gab es große Flachs- und Tabakfelder. Dies sicherte die Lebensgrundlage zahlreicher Familien. Henri besaß auch ein eigenes Grundstück, auf dem er Flachs anbaute. Julia sagte über ihren Vater: *"Mein Vater war ein einfacher Christ, gläubig, großherzig, ganz seiner Familie und seinen Kindern zugetan. Er war ein hingebungsvoller Familienvater, ein froher Mensch. In seinen Mund hatte Gott viel Weisheit gelegt. Von allen, die ihn kannten, wurde er geschätzt."* [3]

Valentine Rosé, ihre Mutter, war eine starke Persönlichkeit, die sehr gütig und zugleich streng sein konnte. Julia erinnerte sich: *"Trotz ihrer großen Verschiedenheit ergänzten sich mein Vater und meine Mutter gut bei der Erziehung ihrer Kinder. Meine Mutter war eine tiefgläubige Frau. Sie war eine weise und gute Erzieherin, eine Frau mit christlicher Mündigkeit, wie sie in der damaligen, stark von der Tradition bestimmten Zeit selten zu finden war. Ich war ein Kind, das nicht so leicht zu erziehen war. Öfter wusste meine Mutter nicht, wie sie das zu verstehen oder einzuordnen hatte, was ich sagte oder verschwieg, da meine Worte und mein Verhalten manchmal nicht dem entsprachen, was ein Kind in diesem Alter hört, sieht und sagt."* [4]

Als tüchtige Hausfrau sorgte sich Julias Mutter trotz schwacher Gesundheit liebevoll um das Wohl ihres Gatten und ihrer vielen Kinder. Sie achtete auf eine natürliche und ehrfurchtsvolle Umgangsweise in der

Familie. Oberflächliches und banales Gerede duldete sie nicht. Die Arbeiten im Haus verrichtete sie sorgsam und gewissenhaft. Um ihrem Gatten zu helfen, den Lebensunterhalt der großen Familie sicherzustellen, fertigte sie nach vollbrachtem Tagewerk Klöppelarbeiten an, manchmal im matten Schein einer Petroleumlampe bis tief in die Nacht hinein. Henri stand ihr in Liebe zur Seite; er half neben seinem Beruf viel im Haushalt mit, backte Brot und kümmerte sich um die Kinder.

Der katholische Glaube prägte den Alltag der Familie Verhaeghe. Das Gebet, die heilige Messe und die Pflege der christlichen Tugenden waren selbstverständlich. Häufig beteten sie gemeinsam den Rosenkranz und erneuerten die Weihe an das Herz Jesu. Die Eltern hatten auch die Gewohnheit, den Kindern mit Ehrfurcht den Segen zu geben, ehe diese schlafen gingen.[5] Gerne pilgerte die Familie nach Dadizele, dem bedeutendsten Marienwallfahrtsort in Westflandern, der seit dem 14. Jahrhundert von vielen Gläubigen besucht wird.[6] Julia hatte diese Stätte unweit von Geluwe sehr gerne. Viele Jahre später schrieb sie: *"Es war mir ein sehr geliebter Gnadenort. Die Kirche in Dadizele ist ein Juwel."*[7] Zusammen mit ihrer Familie und der Pfarrgemeinde ging sie jedes Jahr am 8. September, dem Fest Mariä Geburt, dorthin.

Basilika von Dadizele

Obwohl Julia in einem von der Tradition geprägten Milieu erzogen wurde, zeigte sich in ihrer Seele schon früh eine besondere Gabe, die sie erahnen ließ, was in den traditionellen Vorstellungen echt oder unecht war. In späteren Jahren bezeugte sie: *"Wenn ich als Kind über religiöse Themen oder Personen sprechen hörte und mir dies nicht richtig zu sein schien, dachte ich öfter im Herzen: 'Gott ist anders!'"* [8]

Sehr früh erwachte in Julia die Liebe zum Gesang. Remi Ghesquiere, gebürtig aus Geluwe, war ein bekannter Komponist geistlicher Lieder und ein Förderer des flämischen Volksliedes. Er machte Geluwe zu einem singenden Dorf. Viele seiner Lieder, die Julia mit Freude und Innigkeit sang, begleiteten sie durch ihr ganzes Leben. [9]

1914 brach der Erste Weltkrieg aus. Einer der Gründe für diesen schrecklichen Krieg war der seit der französischen Revolution (1789) wachsende Nationalismus.[10] In der Folge kam es dazu, dass sich die einzelnen Völker immer mehr voneinander abzugrenzen begannen. Außerdem nahm die militärische Macht verschiedener Nationen auf Grund der Einführung der allgemeinen Wehrpflicht zu und schuf die Voraussetzung für Kriege viel größeren Ausmaßes als bisher.

Das entscheidende Ereignis für den Ausbruch des Ersten Weltkrieges (1914-1918) war die Ermordung des österreichischen Thronfolgers Franz Ferdinand am 28. Juni 1914 durch serbische Nationalisten in Sarajevo. Am 23. Juli 1914 stellte Österreich Serbien ein Ultimatum, in dem die Beteiligung an der Untersuchung des Attentats gefordert wurde. Serbien lehnte dieses Ultimatum ab. Am 28. Juli erklärte Österreich mit Unterstützung Deutschlands Serbien den Krieg.[11] Es folgte am 1. August die Kriegserklärung des Deutschen Reiches an Russland, das mit Frankreich verbündet war. So standen sich zu Beginn des Ersten Weltkrieges folgende zwei Machtblöcke gegenüber: auf der einen Seite die "Mittelmächte", bestehend aus dem Deutschen Reich, Österreich und Italien; auf der anderen Seite die "Alliierten", voran Frankreich, Russland und England. Weil das Deutsche Reich sowohl im Osten als auch im

Familie Verhaeghe
während des Ersten Weltkrieges:
von links nach rechts:
Madeleine; Henri, der Vater; Camiel; Joseph;
Adrienne; Augusta; Emma; Valentine, die
Mutter; Julia; Marie, die älteste Tochter war in
Frankreich

Westen Gegner hatte, drohte ihm ein Krieg an zwei Fronten.[12] Dem wollte Deutschland zuvorkommen, indem es möglichst schnell Frankreich zu besiegen suchte. Um dies erreichen und Frankreich zugleich von Osten und von Norden angreifen zu können, mussten die deutschen Truppen durch Belgien ziehen.

Am 3. August erklärte der deutsche Kaiser Wilhelm II. Frankreich den Krieg und stellte Belgien ein auf zwölf Stunden befristetes Ultimatum. Darin hieß es, dass Deutschland gezwungen sei, Belgien als Feind zu betrachten, wenn es den deutschen Truppen entgegentrete und Widerstand leiste. Unter Hinweis auf seine Neutralität lehnte die belgische Regierung dieses Ultimatum ab.

Einmarsch der deutschen Truppen in Geluwe

Daraufhin marschierten die deutschen Truppen am 4. August in Belgien ein.[13] Am gleichen Tag erklärte England dem Deutschen Reich den Krieg, weil es die belgische Neutralität verletzt hatte.

Die Zahl der kriegführenden Länder nahm auf beiden Seiten zu. Zehn Millionen bewaffnete Soldaten standen einander gegenüber.[14] Schon in den ersten Wochen des Weltkrieges zeichnete sich das Ende eines Zeitalters ab.[15] Die Weltordnung war nicht mehr die gleiche.

In Belgien setzte bald nach dem Einmarsch der deutschen Soldaten eine ungeheure Flüchtlingswelle ein. Nach dem Fall von Antwerpen im Oktober 1914 flüchtete mehr als eine Million Belgier in die Niederlande. In den darauf folgenden Jahren zogen etwa 250 000 Menschen nach Großbritannien, mehr als 300 000 flüchteten nach Frankreich.[16]

Geluwe, das damals etwa fünftausend Einwohner zählte, wurde zum Kriegsschauplatz an der Westfront. In einem Buch über die Geschichte dieses Dorfes heißt es: *"Mit großer Angst sahen die Bewohner von Geluwe die Front heranrücken. Sie lag an der Hauptstraße, die Menen und Ieper verbindet, jene beiden Städte, die seit alter Zeit befestigt und so oft umkämpft waren. Sollte auch Geluwe bald zu einem Schlachtfeld werden? Um den 5. Oktober versammelte sich um Lille in Frankreich massenhaft deutsche Reiterei, die nach kurzer Zeit die Grenze erreichte. Am selben Tag sah man deutsche Reiter vor der Brücke in Wervik. Die ganze Stadt geriet in Panik und flüchtete in das nahe gelegene Geluwe. Während unsere Straßen mit Flüchtlingen überfüllt waren, ritt ein Spähtrupp durch das Dorf. Am 6. Oktober, als es bereits dunkel war, fielen 700 deutsche Reiter ein und besetzten den Dorfplatz. Es fehlen Worte, um das Erschrecken der Bevölkerung über diese erste nächtliche Besetzung zu beschreiben."*[17]

Noch im Oktober 1914, während der ersten Schlacht bei Ieper, wurden fünfzig Männer aus Geluwe, die nicht als Soldaten einrücken mussten, verpflichtet, die Leichen der toten Soldaten an der Front einzusammeln und in Massengräber zu werfen. Nicht nur die kriegerischen Auseinandersetzungen bei den Grabenkämpfen forderten zahllose Opfer: Viele Soldaten mussten auch auf Grund von Seuchen und Erschöpfung ihr Leben lassen. In der Geschichte von Geluwe heißt es: *"Der Boden war mit Leichen von Soldaten und getötetem Vieh übersät. Sogar Dorfbewohner lagen dazwischen: die Familie Jules Deprez - der Vater, die Mutter und die drei Kinder."*[18]

Julias Vater wurde ebenfalls zu dieser Arbeit gezwungen, die so schrecklich war, dass manche sie nicht lange ausüben konnten. Er litt sehr darunter und seine Familie mit ihm. Oft musste er beim Einsammeln der Toten voller Schmerz daran denken: *"Ein Vater! Ein Sohn! Welches Leid für die Hinterbliebenen!"* [19] Davon sprach Julia noch im hohen Alter: *"Auch mein Vater wurde aufgerufen. Ich weiß nicht mehr, wie lange er beim Einsammeln der Leichen helfen musste. Mein Vater ist davon krank geworden. Er hat es bei dieser schrecklichen Arbeit nicht lange ausgehalten."* [20]

Nach der Besetzung erhielt Geluwe einen Ortskommandanten, der das Amt des Bürgermeisters einnahm und zugleich Chef der Polizei war.[21] Die Bewegungsfreiheit der Bewohner wurde sehr eingeschränkt. Selbst für nahe gelegene Ortsteile innerhalb der Gemeinde mussten sie von der deutschen Besatzung einen Passierschein erbitten. Immer wieder kam es zu heftigen Kämpfen. Zeitweise verwendete man auch die Pfarrkirche als Lazarett für verwundete Soldaten. Ende Oktober wurden etwa 200 verletzte britische Kriegsgefangene dort untergebracht.[22]

Die Familie Verhaeghe wohnte nicht im Zentrum von Geluwe, sondern westlich davon auf dem weiten Feld in der Groenestraße zwischen zwei Bauernhöfen. Dieser Weiler wurde zum Sperrgebiet erklärt und mit einem Stacheldraht umzäunt. Julia erzählte später, dass links und rechts von ihrem Elternhaus auf den großen Wiesen deutsche Truppen stationiert waren: *"Wir Kinder mussten einen Passierschein haben, um auf die andere Seite der Straße zu gelangen. Ihr könnt euch vorstellen, welche Sorgen dies für die Eltern bedeutete, welche Ängste sie wegen uns Kindern durchgemacht haben, weil wir gerne spielten und uns nicht an solche Grenzen halten konnten."* [23] Öfter lief Julia über die Grenze, weil einer der deutschen Soldaten ihr gelegentlich Schokolade schenkte. Einem Offizier musste die Familie Verhaeghe ein Zimmer zur Verfügung stellen, wofür er sich dankbar zeigte. Manchmal erhielt die Familie von ihm Nahrungsmittel.

Bald ergriffen die Nachbarn die Flucht aus diesem gefährdeten Gebiet. Auch die Familie Verhaeghe dachte daran, mit einem Onkel nach Frankreich zu flüchten. Doch die Mutter erwartete ihr elftes Kind und war sehr schwach und krank. Drei Wochen nach der Geburt starb die kleine Bernadette. Der Schmerz dieser Heimsuchung hinterließ tiefe Spuren in Julia. Trotz des Krieges sahen sich die Eltern genötigt, vorläufig in Geluwe zu bleiben.

Provinzen Belgiens

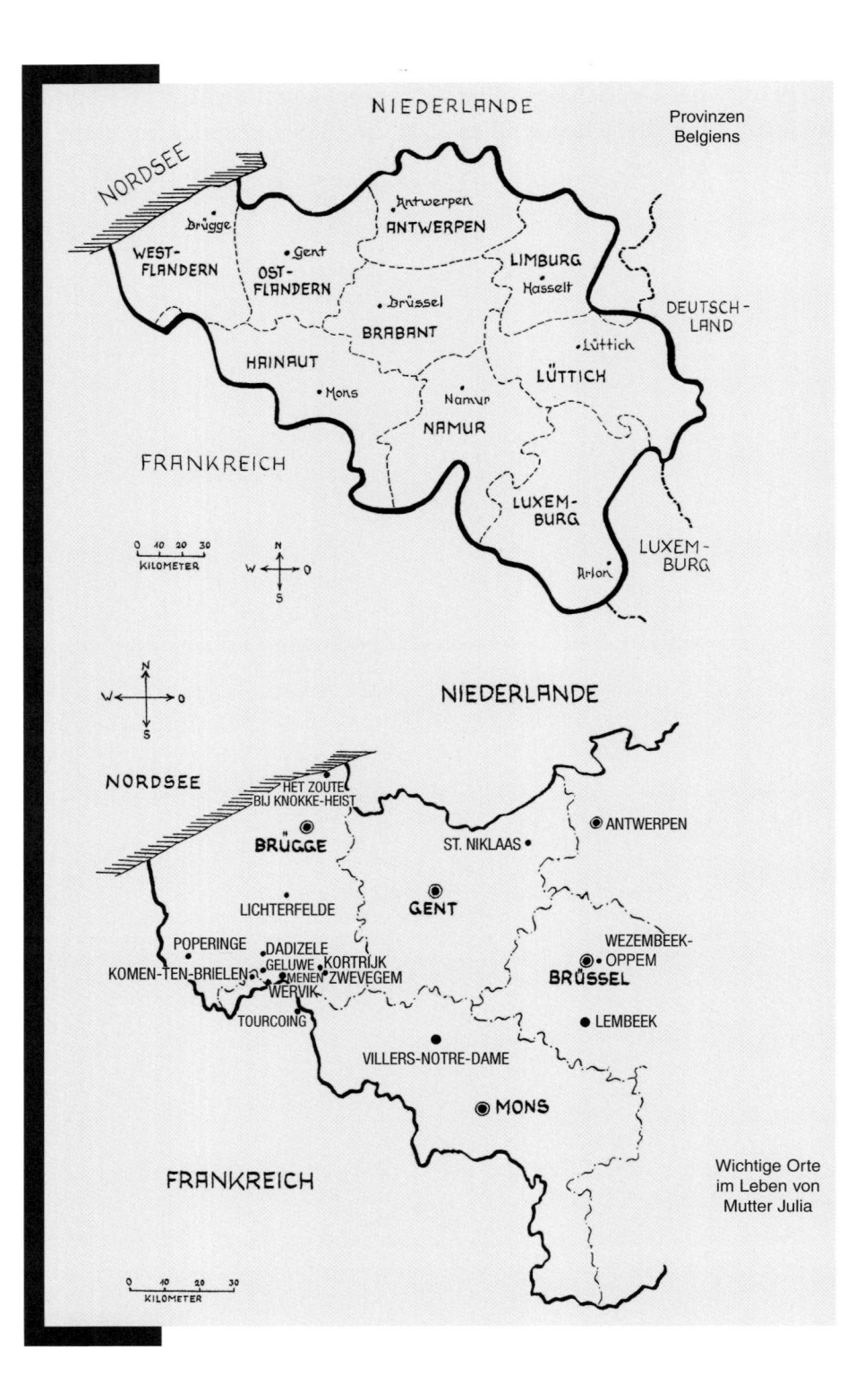

Wichtige Orte im Leben von Mutter Julia

Auf der Flucht

Am 6. April 1917 erklärten die Vereinigten Staaten von Amerika Deutschland den Krieg und traten den Alliierten bei. Zu dieser Entwicklung hatte wesentlich der deutsche U-Boot-Krieg beigetragen. Seit 1915 bekämpften deutsche Soldaten immer wieder auch amerikanische Handelsschiffe, die Rüstungs- und Agrargüter in die Länder der Alliierten brachten. Für Frankreich, England und Russland bedeutete der Kriegseintritt der USA eine entscheidende Stärkung ihrer militärischen Macht.[1]

In der Folge wurden die kriegerischen Auseinandersetzungen auch an der Westfront in Belgien heftiger. Für die Bewohner von Geluwe, die noch nicht geflüchtet waren, wurde die Lebensgefahr immer größer. Die schrittweise Räumung von Geluwe begann, und mehr als tausend Bewohner wurden aufgerufen, das Dorf zu verlassen.[2] *"Am 7. Juni 1917 wurde der Himmel plötzlich hell: Gewaltige Explosionen brachten die Erde zum Zittern und Beben. Kampfflugzeuge durchkreuzten die Luft. Die Vorbereitungen für die Evakuierung begannen."*[3]

Um die verbliebenen Dorfbewohner vor dem sicheren Tod zu retten, gab der Ortskommandant am 5. Oktober den Befehl, Geluwe vollständig zu räumen.[4] Zusammen mit vielen anderen wurde auch die Familie Verhaeghe aufgerufen, innerhalb weniger Stunden das Dorf zu verlassen. Die Mutter war gesundheitlich geschwächt und auch der Vater noch kränklich. Am 10. Oktober führten die Soldaten sie auf dem Wagen eines benachbarten Bauern weg. Sie wussten nicht, wohin es gehen sollte. Sieben Kinder mussten mit auf die Flucht; Marie, die älteste Tochter, arbeitete in einem Haushalt in Frankreich. Nur das Notwendigste konnte mitgenommen werden. Noch nicht weit vom Haus entfernt, kam dem Vater ein wertvolles Familienerbstück in den Sinn, eine schöne Uhr, die er in der Aufregung vergessen hatte. Die Soldaten erlaubten ihm, zurückzukehren und die kostbare Uhr zu holen. Da musste er mit tiefer Erschütterung sehen, dass sein geliebtes Zuhause im Zug der vollständigen Räumung bereits in Flammen stand. Das Antlitz des Vaters wie auch der Mutter war vom Schmerz über den Verlust ihres Hauses gezeichnet. Die kleine Julia konnte diesen Anblick nie mehr vergessen.

Im benachbarten Menen erlebten die Flüchtlinge aus Geluwe aufs Neue die Schrecken der Bombardierung. In der Nähe ihrer Unterkunft fiel eine Bombe auf ein größeres Gebäude.[5] Die Erschütterungen waren so heftig, dass die Flüchtlinge unter Tischen, Stühlen und Scherben begraben wurden. Daraufhin wurde ein Teil von ihnen, auch Julia mit ihren Eltern und Geschwistern, am 12. Oktober 1917 in Viehwaggons nach Lembeek bei Halle gebracht.[6] Dort fanden sie Unterkunft in einem Kloster, das den "Brüdern der christlichen Schulen" gehörte.[7] Diese gottgeweihten Männer nahmen sich mit großer Fürsorge und Opferbereitschaft der Flüchtlinge an, die aus verschiedenen Orten kamen. Unter den Vertriebenen gab es einige sehr feine Familien; andere hingegen übten einen schlechten Einfluss aus. Dies bereitete den Eltern Verhaeghe Sorgen, denn sie sahen eine Gefahr für die Erziehung ihrer Kinder. Deshalb waren sie sehr dankbar, dass sie nach einiger Zeit in ein kleines Haus in Lembeek einziehen durften, wo sie ein normaleres Familienleben führen konnten.

Augusta, Julias Schwester, erzählte über diese Zeit der Not: *"Wir hatten am Anfang weder Tische noch Stühle. Wir saßen einfach auf dem Boden im Stroh, bis wir dann vom Bürgermeister einen Tisch, Stühle und einen Ofen bekamen. Wir erhielten auch Decken, aus denen wir später Kleider für uns Mädchen angefertigt haben. Gott sei Dank, es gab gute Menschen, die uns geholfen haben."*[8] Trotzdem mussten sie als Flüchtlingskinder immer wieder Hunger leiden, weil Nahrungsmittel kaum zu bekommen waren. Julia bezeugte noch kurz vor ihrem Tod: *"In unserer frühen Kindheit hatten wir zwei bis drei Jahre lang kein normales Essen."*[9]

In diesen Wirren lernte die junge Julia die Härte des Lebens kennen. Zweieinhalb Jahre verbrachte sie mit ihrer Familie als Flüchtlingskind in Lembeek. Sie erinnerte sich gerne an die Güte und Hilfsbereitschaft, die sie dort von Seiten mancher Dorfbewohner erfahren durfte. Die allgemeine Atmosphäre in dieser Industriegemeinde empfand sie jedoch als kalt. Sie wurde zum ersten Mal mit einem dem Glauben entfremdeten Zeitgeist konfrontiert, der in verschiedene Industriegebiete eingedrungen war. Wiederholt sah sie von ihrem Zimmer aus, wie verstorbene Arbeiter

Gruppe von Flüchtlingen aus Geluwe und Menen,
bei denen sich auch die Familie Verhaeghe befand.
Im Kreis: Julia

In diesem Kloster
der "Brüder der christlichen Schulen"
wurden die Flüchtlinge untergebracht.

Auszug aus der Liste der Flüchtlinge,
die am 12. Oktober 1917 in Lembeek
ankamen

ohne den geistlichen Beistand eines Priesters auf dem nahe gelegenen Friedhof beerdigt wurden. Dies konnte sie nicht begreifen. Es schmerzte sie innerlich. Später wurde ihr bewusst, dass sie bereits in Kinderjahren sehr sensibel für Verhaltensweisen war, die mit dem Glauben nicht übereinstimmten.

Um das tägliche Brot für die Familie zu verdienen, suchte der Vater Arbeit in einer Fabrik. Er musste aber feststellen, dass sich unter Teilen der Arbeiterschaft eine liberale und ungläubige Mentalität ausgebreitet hatte. Dieser Geist, der ihm fremd war, lastete auf seinem Gewissen. Die Vorsehung half ihm, nach kurzer Zeit im Pfarrhof von Lembeek eine Arbeit zu finden, die ihm mehr entsprach. Dort waren auch zwei seiner Töchter tätig: Augusta und Marie, die inzwischen von Frankreich nach Lembeek gekommen war. Die Familie Verhaeghe blieb den Priestern für diese Anstellung sehr dankbar. Im Pfarrhof erhielten sie manchmal Lebensmittel, um die Not im eigenen Haus lindern zu können. Dem Vater und den Kindern bereitete die angegriffene Gesundheit der Mutter eine ständige Sorge. Mehrmals war sie sogar dem Tod nahe, so dass ihr die Krankensalbung gespendet wurde. Eine große Stütze fand die Familie Verhaeghe in Doktor Spitaels, dem Arzt von Lembeek, der zugleich Bürgermeister war und sich liebevoll um die kranke Mutter und die ganze Familie kümmerte.

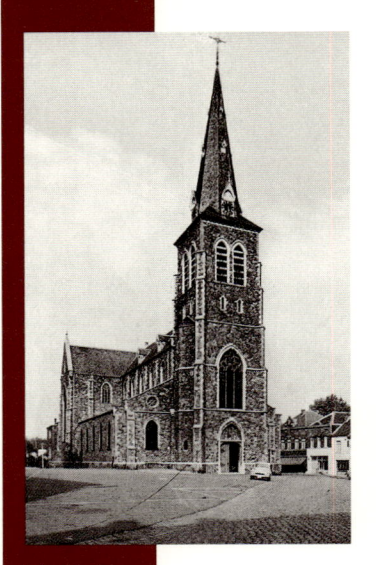

Pfarrkirche von Lembeek

In der Pfarrkirche von Lembeek ging Julia erstmals zur Beichte und zur heiligen Kommunion. Unerwartete

Umstände überschatteten diese beiden Ereignisse. Wegen einer Krankheit konnte Julia nicht gemeinsam mit den anderen Kindern, sondern erst etwas später zum ersten Mal beichten und die Kommunion empfangen. Ihre erste Beichte legte sie ab, als die anderen Kinder bereits zum zweiten Mal mit der Schulklasse dieses Sakrament empfingen. Die kleine Julia war aufgeregt. Der Priester wusste nicht, dass es für sie die erste Beichte war und unterbrach ihr Bekenntnis, weil er den westflämischen Dialekt nicht gut verstand. Ohne sich dessen bewusst zu sein, gebrauchte er einen abwertenden Ausdruck für ein Flüchtlingskind, der ihrer Seele weh tat.[10] Weinend verließ sie den Beichtstuhl, ohne auf die Lossprechung zu warten. Die Klassenlehrerin, eine Ordensschwester, die in der Kirche Aufsicht hielt, bemerkte dies. Sie fühlte mit der kleinen Julia mit und verständigte einen anderen Priester, der ihren Dialekt besser verstand. Dieser kümmerte sich väterlich um sie und hörte in der Sakristei ihre Beichte. Der erste Empfang des Bußsakramentes und die erste heilige Kommunion prägten sich der kindlichen Seele Julias tief ein. In ihrem Herzen wuchs eine innige Liebe zu Jesus.

Von Lembeek aus durfte sie öfter ihren Vater auf der Wallfahrt nach Halle begleiten. Gemeinsam besuchten sie die schöne Basilika in dieser Stadt. Was Julia dort besonders beeindruckte, war die lebensgroße Statue des gefesselten und dornengekrönten Christus an der Außenwand der Kirche: *"Mein kindliches Gemüt wurde jedes Mal von dem schrecklichen Leiden angerührt, das Christus auf sich genommen hat."*[11]

Dornengekrönter Christus an der Außenseite der Basilika in Halle

In Lembeek wurde sie am 12. Juli 1919 mit ihrem Vater Augenzeugin eines großen Zugunglücks. Es ereignete sich, als sie vor einer Bahnschranke warteten. Jedes Mal, wenn Julia später darüber sprach, hatte sie den Eindruck, das Geschehen noch wie einen Film vor sich zu sehen: die blutüberströmten Opfer, die Gliedmaßen und das Stöhnen und Schreien der verletzten Überlebenden zwischen Haufen von Eisenstücken, die Aufregung der Herumstehenden. Ihr Vater sprang sofort in den Führerstand der Lokomotive und stellte den Motor ab. Vierzehn Menschen fanden bei dem Unglück den Tod.[12]

Trotz aller Schwierigkeiten erinnerte sich Julia oft dankbar an die Jahre in Lembeek. Im Schoß ihrer Familie wusste sie sich geborgen. Obwohl die allgemeine Schulpflicht in Belgien erst 1914 eingeführt worden war[13] und dieses Gesetz in den Kriegsjahren nicht umgesetzt werden konnte, legten die Eltern Wert darauf, dass sie eine Grundschule besuchte. Diese Schule wurde von den "Schwestern der christlichen Schulen" aus Vorselaar geleitet. In einem Haus derselben Gemeinschaft außerhalb von Lembeek half Julia manchmal während der Ferienwochen bei der Arbeit mit. Die Schwestern, unter denen ein guter Geist herrschte und die ihr viel Zuneigung und Orientierung schenkten, waren geistliche Mütter für sie und hatten sie gern. Noch viele Jahre später erinnerte sich Julia: *"Sie waren so gut zu uns!"* [14]

In den schrecklichen Jahren des Ersten Weltkrieges begann der Herr, ihre Seele zu formen und für eine besondere Sendung vorzubereiten. Darüber sagte sie: *"Ich habe meine Erziehung und Formung in der Armut von Betlehem inmitten der Kriegswirren erhalten. Gott braucht nichts von dem, was die Welt braucht, um einen Menschen zu formen. Gott weiß, was Er gibt und was Er nimmt."* [15]

Rückkehr und Wiederaufbau

Am 11. November 1918, dem achten Geburtstag Julias, ging der Erste Weltkrieg zu Ende. In Belgien hatten mehr als 76 000 Menschen den Tod gefunden, 23 000 Zivilisten und 53 000 Soldaten. Viele starben in den grausamen Kämpfen an der Front, andere wurden Opfer von Krankheiten, Seuchen und Entbehrungen, die der Krieg mit sich brachte. Weltweit kamen in den direkten Kampfaktionen zwischen acht und neun Millionen Soldaten ums Leben, 21 Millionen wurden verwundet, 6,5 Millionen Soldaten gerieten in Gefangenschaft. Unzählige Menschen aus der Zivilbevölkerung mussten ihr Leben lassen.[1]

In Westflandern wurden viele Orte verwüstet. In der Diözese Brügge, zu der Geluwe gehört, waren 84 Kirchen zerstört und mehr als fünfzig beschädigt.[2] Geluwe lag in Schutt und Asche: 869 Häuser waren total vernichtet. *"Wie schlimm sah das Dorf aus! Am Dorfplatz gab es nur noch vier Häuser mit einem Dach. Der Ortsteil Terhand glich einem Haufen ineinander gestürzter Dächer, auf dem ein unbeschädigtes Christuskreuz seine versöhnenden Arme ausstreckte. Im Westen der Gemeinde lag kein Stein mehr auf dem anderen. Auf dem Koelenberg zählte man auf einer Fläche von 35 Hektar 8000 Granatlöcher."*[3]

Geluwe im Jahr 1918

Durch seine strategisch wichtige Lage an der Westfront war Geluwe von den grausamen Schlachten sehr in Mitleidenschaft gezogen worden. Maßgebliche Politiker sorgten sich um den Wiederaufbau der zerbombten Gebiete. Dirk Decuypere, ein bedeutender Kenner der Geschichte von Geluwe, schreibt darüber: *"Gelegentlich kommen hochrangige Persönlichkeiten, um zu sehen, wie es den Bewohnern von Geluwe und den umliegenden Städten und Dörfern gehe. König Albert I. und Königin Elisabeth, die Minister Renquin und de Broqueville und der Konsul der Vereinigten Staaten beehren auch unser Dorf mit einem Besuch. Menen wird sogar von Präsident Wilson aus den Vereinigten Staaten von Amerika besucht."*[4]

Ab dem Frühjahr 1919 wurden in Geluwe für die heimkehrenden Flüchtlinge mit Mitteln aus dem König-Albert-Fonds viele Baracken und Notwohnungen errichtet.[5] Die Familie Verhaeghe konnte im März 1920[6] nach Geluwe zurückkehren. Sie wurde in einer Notunterkunft einquartiert, deren Dach aus Stahlplatten bestand, die von den Lagern der britischen Armee kamen. Nicht nur für die Baracke, sondern auch für die Möbel musste Miete gezahlt werden. In jeder Baracke befanden sich ein Ofen, fünf Stühle, zwei Bänke, ein Tisch, zwei Vorhänge, ein Kleiderschrank, ein Brotbehälter, große und kleine Betten mit Matratzen und zwei Decken pro Bett.[7] Später erinnerte sich Julia: *"Wir wohnten in zwei Baracken beim Bahnhof, weil unsere*

Nach der Rückkehr wohnte die Familie Verhaeghe von 1920 bis 1923 in zwei solchen Baracken.

Familie sehr groß war - zehn Personen. Es war ärmlich, aber doch sauber und mit den einfachen Mitteln, die zu bekommen waren, so gemütlich wie möglich eingerichtet." [8]

In der Zeit nach der Heimkehr, in der in manchen Gegenden Belgiens bis zu neunzig Prozent der Bevölkerung arbeitslos war,[9] half der Vater bei den Aufräumungsarbeiten mit, die durch die Verwüstungen des Krieges notwendig geworden waren. Im Jahr 1923 konnte er mit Unterstützung durch die Aktiengesellschaft "Eigener Herd", die den heimkehrenden Flüchtlingen finanzielle Hilfeleistungen anbot, ein kleines Haus in Geluwe im Ortsteil Moerput erwerben.[10] Dort verbrachte Julia ihre weitere Kindheit. Der Vater fand Arbeit in einer Papierfabrik in Busbeke in Frankreich, in der zeitweise mehr als achthundert Personen beschäftigt waren, die Hälfte davon Pendler aus dem benachbarten Belgien. Als Mechaniker hatte er für die Wartung und Instandhaltung der Maschinen zu sorgen. Weil er seine Pflicht treu erfüllte, gewann er bald das Vertrauen seiner Vorgesetzten und Mitarbeiter. Obwohl seine Gesundheit geschwächt war, ging er täglich am Morgen bei jeder Witterung ungefähr eine Stunde zu Fuß zur Arbeit; der Rückweg am Abend dauerte ebenso lange. So konnte er für seine Familie in der schwierigen Nachkriegszeit den Lebensunterhalt verdienen.

Im Jahr 1923 zog die Familie Verhaeghe in dieses Haus ein.

Julia zeigte schon damals reges Interesse an allem, was sich in ihrer Umgebung ereignete. Manchmal überraschte sie die Eltern mit ihren Beobachtungen und ihrem Urteilsvermögen. Inmitten der herrschenden Armut legte sie eine große Offenheit für neue technische Mittel an den Tag. Die wenigen, teuren Fahrräder, die man in Geluwe sah, begeisterten sie, und eine Nachbarin, die mit dem Fahrrad zur Arbeit fuhr, zog ihre Aufmerksamkeit auf sich. An einem Sonntag kam der Priester bei der Predigt auf den Fortschritt zu sprechen und warnte vor einem schlechten Gebrauch des Fahrrades, ohne eine nähere Begründung anzuführen. Als die Eltern beim Mittagessen die Kinder fragten, was der Priester gepredigt hatte, schwieg Julia, bis das Stichwort Fahrrad fiel: *"Ja, er hat gepredigt, dass es schlecht sei, mit dem Fahrrad zu fahren. Ich sehe nicht ein, warum es schlecht sein soll, wenn man schneller vorankommen kann. Ich möchte gerne so ein Fahrrad!"* [11]

In diesen Jahren lernte Julia den "Eucharistischen Kinderkreuzzug" kennen, der beim Eucharistischen Kongress 1914 in Lourdes angeregt und danach in vielen Ländern, auch in Belgien, verbreitet worden war.[12] Diese Bewegung, eine der Früchte der Bestimmungen des heiligen Papstes Pius X. (1903-1914) zur Förderung der häufigen Kommunion und der Kinderkommunion, hatte zum Ziel, in den Herzen der Kinder durch regelmäßige Zusammenkünfte, Katechesen und eine eigene Zeitschrift die Liebe zum eucharistischen Herrn und zu Maria zu wecken sowie ihre Opferbereitschaft zu fördern.[13] Eine der wichtigsten tragenden Kräfte des "Eucharistischen Kreuzzugs" in Belgien war der Priester Edward Poppe (1890-1924), der am 3. Oktober 1999 von Papst Johannes Paul II. selig gesprochen wurde. Bei einem Besuch in der Schule begegnete Julia diesem eifrigen Diener der Kirche, der in ihrer Seele bleibende Spuren hinterließ: *"In meinen Kinderjahren war der Priester Edward Poppe ein Werkzeug Gottes, gleichsam die Tür, durch die meine Seele sich für das milde Licht des Geheimnisses der Eucharistie öffnete. Durch die Eucharistische Bewegung für Kinder wurde ich innerlich sehr zum eucharistischen Herrn hingezogen. Er hat mich ergriffen, begleitet und mit seiner heiligen Nähe genährt."* [14]

Der "Eucharistische Kreuzzug" stärkte Julia in der Freundschaft mit Jesus und im Streben nach Tugend. Er prägte sich ihr so tief ein, dass sie etwa sechzig Jahre später in folgender Weise davon Zeugnis ablegte: *"Bei der wöchentlichen Zusammenkunft wurde eine gediegene Gewissensbildung vermittelt, wobei uns vor allem die Bedeutung des Opfers und der Abtötung und die Liebe dazu nahegebracht wurden. So erinnere ich mich, wie ich bei einer der wöchentlichen Versammlungen von dieser Opferliebe ergriffen wurde, die sich in allerlei Akten der Selbstverleugnung und in konkreten Taten äußerte. Dies wurde uns mit einfachen Beispielen verständlich gemacht."* [15]

In Julia erwachte ein inneres Verlangen, durch Liebe und Selbstüberwindung ihren Charakter zu formen. Daheim übernahm sie jene kleinen Dienste, die sie früher nicht gerne getan hatte, wie zum Beispiel das Spülen des Geschirrs und das Putzen der Kupfergegenstände und des Ofens: *"Die Folge davon war, dass ich nach einer Zeit der Übung wirklich eine Vorliebe für diese Arbeit hatte. Es war wie eine erste Bekehrung zu einer feurigeren und innigeren Liebe zu Jesus in der heiligen Eucharistie und zu Maria, der Mutter Jesu. So habe ich ein tiefes innerliches Wachstum erfahren, das sich auf mein späteres Leben auswirkte und ihm Orientierung gab."* [16]

Julia im Alter von 12 Jahren

Am Fronleichnamsfest 1922, dem 15. Juni, durfte Julia die sogenannte "feierliche Kommunion" empfangen. Bei dieser Feier, die in Belgien bis heute üblich ist, legen die jungen Menschen im Alter von ungefähr zwölf Jahren öffentlich das Glaubensbekenntnis ab und erneuern ihr Taufversprechen. Doktor Morlion, ein Arzt in Geluwe, schenkte ihr für diesen besonderen Anlass das Festtagskleid. Julias Schwester Augusta bezeugte: *"Doktor Morlion hatte immer eine besondere Liebe zu Julia. Bei der feierlichen Kommunion stattete er sie mit einer neuen Garderobe aus: einem neuen Kleid, einem schönen Hut und allem, was dazu gehörte."* [17]

Dr. Leon Morlion, Arzt in Geluwe

Was veranlasste diesen Arzt, einen schlichten und gläubigen Mann, zu dieser Tat der Nächstenliebe? Bei der Geburt Julias war er in das Haus der Familie Verhaeghe gerufen worden, denn die Hebamme war nicht erreichbar gewesen. Zum ersten Mal hatte er damals in Geluwe ärztlichen Beistand bei der Geburt eines Kindes geleistet. So war eine innige Beziehung mit der Familie Verhaeghe, besonders mit Julia, entstanden. Doch diese Verbundenheit war nicht nur durch eine natürliche Sympathie bedingt, sondern offenbar auch dadurch, dass Doktor Morlion in der jungen Julia eine besondere religiöse Veranlagung erspürte und davon angezogen war. So bat er sie eines Tages, für einen seiner Söhne zu beten, damit er Priester werde. Julia bezeugte später, dass Gott ihr schon sehr früh die Liebe zu den geistlichen Berufungen ins Herz gelegt hatte: *"Ich hatte viele Prüfungen durchzumachen. Zusammen mit meinen Bitten legte ich diesen inneren Zustand betend in die väter-*

liche und milde Güte Gottes und vertraute darauf, dass Er Erhörung schenken werde. Schon in dieser Zeit trug ich in meinem Herzen eine große Liebe zur Kirche, zu den Priestern und den Berufenen. Später hörte ich mit Freude und Dankbarkeit, dass der Herr mein Gebet angenommen hatte und sein zweiter Sohn Priester geworden war." [18]

Im August 1922 wurde Arthur Cyriel Hillewaere, Priester der Diözese Brügge, zum Kaplan in Geluwe ernannt. Am 18. Januar 1888 in Lichtervelde geboren, hatte er das Gymnasium in Frankreich und Belgien absolviert und war nach dem Philosophiestudium in Roeselare sowie nach der theologischen Ausbildung in Brügge am 1. Juni 1912 zum Priester geweiht worden. Damals wollte er in eine Priestergemeinschaft eintreten; dies wurde ihm jedoch von seinem Bischof nicht gestattet. Zehn Jahre lang unterrichtete er dann in einem Gymnasium in Poperinge Latein und Griechisch.[19] Von 1922 bis 1939 wirkte er als Kaplan in Geluwe; wegen der großen Zahl an Berufungen war es damals ganz normal, dass Priester viele Jahre lang als Kapläne tätig waren und erst in fortgeschrittenem Alter zu Pfarrern ernannt wurden.

Kaplan Arthur Cyriel Hillewaere im Jahr 1922

Als eifriger Seelsorger und Mann des Gebetes gewann er bald das Vertrauen der Menschen. Eine Frau bezeugte: *"Kaplan Hillewaere war ein einfacher Mann. Er konnte mit allen umgehen und hatte für jeden ein gutes Wort. Er fuhr mit dem Fahrrad durch das Dorf. Er kannte alle und sprach mit den Leuten. Er war ein innerlicher Priester, der viel im Gotteshaus zu sehen war und zugleich eine sehr soziale*

Einstellung hatte. Er war auch immer zufrieden und froh."[20] Kaplan Hillewaere sorgte sich um die Jugend der Nachkriegsjahre, die während des Krieges liberale Ideen aufgenommen hatte und im Glauben unsicher geworden war. Mit Weitblick und Unterscheidungsvermögen versuchte er, die Zeichen der Zeit zu verstehen und ein guter Hirte für die Menschen zu sein. In späteren Jahren schrieb Julia über ihn: *"Er war ein geistlicher Vater für diese Generation, die aus den Zerstreuungen der Nachkriegswirren kam, durch neue Beziehungen und neue Ideen beeinflusst war und nach einem besseren Lebensstandard strebte, der nur auf materiellem Wohlstand sowie kultureller und technischer Entwicklung aufbaute."*[21]

Pfarrer Hector Deslypere, ein umsichtiger und geschätzter Seelsorger, und sein neuer Kaplan verstanden es, sich gegenseitig zu ergänzen und miteinander die pastoralen Aufgaben zu bewältigen. In Einheit mit dem Schuldirektor Vervaeke und den Schwestern des heiligen Vinzenz von Paul standen sie den heimkehrenden Flüchtlingen mit Rat und Tat zur Seite und förderten in ihnen das Vertrauen, dass Gott eine neue Zukunft schenken werde.[22]

Bald richtete sich der Blick von Kaplan Hillewaere auf die junge Julia, die ihm unter den Mädchen von Geluwe aufgefallen war. Er schrieb: *"Sie war ein sehr sensibles Mädchen, nachdenklich, schüchtern und schweigsam."*[23] Gott fügte es, dass er nach einiger Zeit ihr Beichtvater wurde und ihr inneres Wachstum begleitete.

Seit ihrer Rückkehr aus Lembeek besuchte Julia die Volksschule bei den Barmherzigen Schwestern. Sie ging gerne in diese Schule und freute sich, Wissen und praktische Fähigkeiten zu erwerben. Schon zu dieser Zeit besaß sie ein feines Gespür für das, was bei ihren Mitschülerinnen und Lehrpersonen echt und aufrichtig war. Über Schwester Clara, eine ihrer Lehrerinnen, schrieb sie: *"Sie war eine echte Ordensfrau: geduldig, hingebungsvoll, unparteiisch und ehrlich gegenüber ihren Schülern."*[24]

Als Julia vierzehn Jahre alt war, wurde sie immer wieder mit der unehrlichen Gesinnung einer Lehrerin konfrontiert. Enttäuscht zog sie sich von ihr zurück: *"Ich spürte ihr gegenüber eine innere Abneigung. In meinem Verhalten, Denken und Tun war ich trotzig und widerwillig. Ich bin sehr unglücklich gewesen."* [25] In der Folge erlag sie der Versuchung, sich auch von anderen Menschen schweigend abzuwenden. Eines Tages wurde ihr bewusst, dass dieses ichbezogene Schweigen nicht richtig sei. Sie erkannte, dass sie sich ändern und Akte der Tugend setzen müsse. Julia bemühte sich deshalb bewusst, bei bestimmten Gelegenheiten zu sprechen, auf andere zuzugehen und durch Taten der Nächstenliebe diese Versuchung zu überwinden. Dadurch reifte sie in der Selbsterkenntnis und durfte mit der Zeit einsehen, wie sehr Schwachheiten das menschliche Verhalten bestimmen können. Reifer geworden an Lebenserfahrung, konnte sie der Lehrerin, mit der sie sich damals schwer getan hatte, von Herzen verzeihen: *"All das will ich ihr nicht nachtragen. Ich bitte den barmherzigen Gott, dass Er uns beiden gnädig sei."* [26]

Am 8. Juli 1924 empfing Julia das Sakrament der Firmung. Die Kraft des Heiligen Geistes gab ihr den gläubigen Mut, das Leben anzupacken und die Verbundenheit mit Jesus zu suchen. In dieser Zeit verspürte sie zum ersten Mal ein stilles Verlangen, ihr Leben Gott zu schenken und Schwester zu werden. Eine Lehrerin, Schwester Emilie, hatte ihre Seele im Innersten angerührt: *"Manchmal durfte ich mit ihr allein sein. In den Ferien lehrte sie mich sticken. Dies tat ich sehr gerne. Ihr gottgeweihtes Sein übte einen guten Einfluss auf mich aus und erweckte in mir das stille Verlangen, auch einmal eine gottgeweihte Schwester zu werden."* [27]

In ihrem 15. Lebensjahr wurde Julia von zwei Ereignissen innerlich berührt, die sich ihrem Gedächtnis bleibend einprägten. Am 17. Mai 1925 wurde Theresia von Lisieux heiliggesprochen. Julia, die bis zu diesem Tag keine besondere Beziehung zu der Heiligen hatte, bezeugte viele Jahre später: *"Ich weiß, dass es zu einer solchen Erfahrung zum ersten Mal in meinen Jugendjahren kam, und zwar 1925 am Tag der Heiligsprechung von Theresia von Lisieux. Die heilige Theresia hat mich auf den kleinen Weg des*

Glaubens und des Vertrauens auf Gottes barmherzige Liebe gerufen. Sie orientierte mein Gewissen, das durch die konkreten Erfahrungen in mir und um mich herum bedrückt und belastet war. Sie führte mich zur Hingabe an das göttliche Herz, die Quelle aller Barmherzigkeit." [28] Am 11. Dezember desselben Jahres veröffentlichte Papst Pius XI. (1922-1939) das Apostolische Schreiben "Quas Primas", mit dem er für die ganze Kirche das Christkönigsfest einsetzte; damals wurde in Julias Seele die Liebe zu Christus, dem König, grundgelegt. *"Ich erinnere mich noch"*, erklärte Julia, *"welch tiefen Eindruck und Aufruf diese beiden Ereignisse in mir hinterließen und wie sie mein Leben durchdrungen haben."* [29]

Rückblickend auf die Zeit des Ersten Weltkrieges und die darauf folgenden Jahre bezeugte Julia: *"Diese Heimsuchungen haben meine Kindheit und Jugend, meine Erziehung und meine ganze menschliche, religiöse, geistige und geistliche Formung geprägt."* [30] Durch solche Erfahrungen hindurch begann Gott sie für eine Sendung vorzubereiten, die ihr erst nach vielen Jahren bewusst werden sollte: *"Erst später im Leben, als das Charisma in mir immer konkretere Gestalt annahm, konnte ich so manche Kindheitserlebnisse im Licht des Planes Gottes in das stille Werden des Charismas in meiner Person einordnen - und zwar so, wie ich eben war, mit den guten und weniger guten Seiten meines Charakters. Ich war in meiner Kindheit nicht besser als andere, ich war anders. In mir war nicht alles Harmonie und Einheit, aber es trieb mich immer und in allem zur Einheit, zum Wesentlichen. Dies hatte ich nicht in mir, es wurde mir geschenkt."* [31]

Begegnung mit dem Apostel Paulus

Am Anfang des 20. Jahrhunderts breitete sich in vielen Ländern die liturgische Bewegung aus. Der Kongress der katholischen Vereine 1909 in Mechelen wurde zum Ausgangspunkt dieser Bewegung in Belgien, die zum Ziel hatte, die heilige Messe wieder zur Mitte des christlichen Lebens zu machen. Seit Jahrhunderten war nämlich die Liturgie weitgehend eine Angelegenheit des Klerus. Das Gottesvolk war zwar in seiner Glaubenshaltung innig mit dem Messopfer verbunden, hatte Ehrfurcht vor der eucharistischen Gegenwart des Herrn und vertraute auf dessen Gnade. Es konnte aber am konkreten Verlauf der Messfeier nur in begrenztem Maß Anteil nehmen. Die Gläubigen begnügten sich während der Messe oft mit persönlichen Frömmigkeitsübungen, die nicht immer eng genug mit dem liturgischen Geschehen verbunden waren. Die liturgische Bewegung bereicherte das geistliche Leben vieler Menschen. Auf dem genannten Kongress in Mechelen schlug der Benediktinermönch Lambert Beauduin vor, das Messbuch als Gebetbuch zu verbreiten und dem gläubigen Volk den gesamten Text der damals ganz lateinischen Messliturgie und der Sonntagsvesper in einer muttersprachlichen Übersetzung zugänglich zu machen. Er sagte: *"Die Liturgie ist das wahre Gebet der Gläubigen; sie ist ein kräftiges Band der Einheit und eine vollständige religiöse Unterweisung."* [1]

Kaplan Hillewaere förderte die liturgische Bewegung sehr. Als treuer Seelsorger wollte er dem religiösen Verlangen der jungen Julia eine gesunde Orientierung und die nötige geistliche Nahrung geben. Er erkannte, dass sie begnadet war. Deshalb schenkte er ihr - sie war damals fünfzehn oder sechzehn Jahre alt - ein lateinisch-niederländisches Volksmessbuch. Dadurch konnte sie die Lesungen und Gebete der heiligen Messe besser verstehen und bewusster aus dem Reichtum der Heiligen Schrift und der Liturgie schöpfen. Dieses Volksmessbuch bekam eine große Bedeutung für ihre religiöse Entwicklung und Formung.

Rund siebzig Jahre später erzählte Julia über ihre Erfahrung mit diesem Volksmessbuch auf eine Weise, als wäre es gestern gewesen: *"In jener Zeit war die Heilige Schrift noch nicht vielen in der Muttersprache zugänglich.*

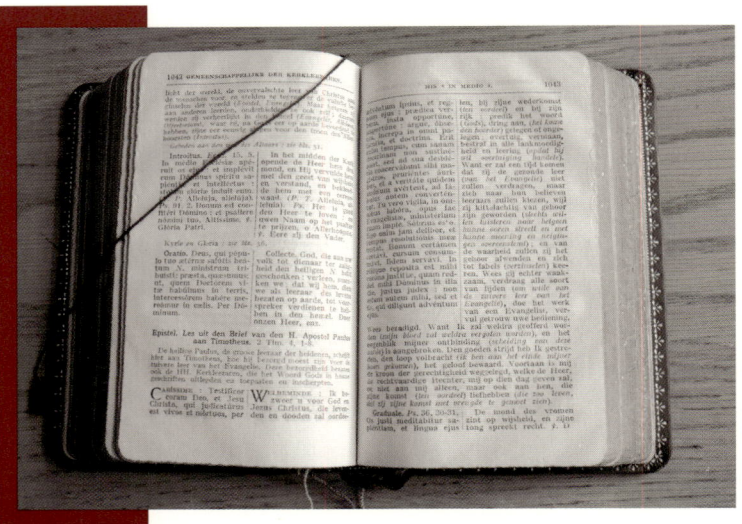

Aus dem lateinisch-niederländischen Volksmessbuch vom Jahr 1921: Messformular mit dem 2. Brief des Apostels Paulus an Timotheus

Zum ersten Mal bekam ich ein Missale in die Hand, in dem die Lesungen und das Evangelium nicht nur auf Lateinisch, sondern auch auf Niederländisch abgedruckt waren. Ich habe dieses Kleinod mit viel Freude und Liebe geöffnet. Es war mir, als ob ein Feuer in mich kommen würde. Ich konnte es selbst nicht erklären. Schon am ersten Tag versuchte ich, abends alle Gebete und Texte zu betrachten: die Lesung, das Evangelium, alles, was in der heiligen Messe am nächsten Morgen gebetet oder gesungen werden sollte. Die Worte der Heiligen Schrift faszinierten mich. Für uns Kinder und Jugendliche war es selbstverständlich, dass wir täglich in die heilige Messe gingen." [2]

Julia befand sich damals in einer schwierigen Situation. Einige Zeit, bevor Kaplan Hillewaere ihr das Volksmessbuch gegeben hatte, war sie einmal gebeten worden, bei einem vornehmen Mahl den Servierdienst zu übernehmen. Während sie bediente, hörte sie, wie ein Seelsorger in spöttischer Weise über Dinge des Glaubens sprach und andere darüber lachten. Dass sich Priester über heilige Dinge lustig machten, war ihr ein großes

Ärgernis. Sie fühlte sich im Tiefsten ihrer Seele verletzt und beunruhigt. Noch nie hatten sie menschliche Schwächen in der Kirche so schmerzhaft berührt.

Neue Herausforderungen, besonders die Konfrontation mit dem Hochmut und der Unehrlichkeit mancher Menschen, trugen dazu bei, dass sie immer mehr in eine innere Ohnmacht geriet: *"All das trieb mich langsam in eine Art Glaubenskrise. Ich war ganz unglücklich, einsam, verschlossen und wie gefangen in mir selbst. Ich bemühte mich um eine lautere und echte Beziehung zu Gott durch stille Opfer und durch ein aufrichtiges Streben nach Tugend. Trotzdem kam es zu einer Art Verfremdung im Glaubensleben. Eine gewisse Oberflächlichkeit oder Passivität begann mich zu überwältigen."*[3] Der Zustand der Verunsicherung ihrer Seele hielt an. Ihr Vertrauen in die Kirche war getrübt. Wegen der Versuchungen, die sie hin und her rissen, wusste sie nicht mehr weiter und sehnte sich nach Hilfe: *"In diesem Zustand griff die barmherzige Gerechtigkeit Gottes auf einfache und für mich doch wunderbare und souveräne Weise in mein Leben ein."*[4]

Eines Abends - nicht lange, nachdem sie das Missale erhalten hatte - bereitete Julia sich wieder auf die heilige Messe vor und las die liturgischen Texte des darauf folgenden Tages. An jenem Abend war ihr nichts Besonderes aufgefallen. Bei der heiligen Messe am nächsten Morgen wurde sie jedoch während der Lesung von Worten des heiligen Paulus plötzlich im Tiefsten ihrer Seele so ergriffen, dass sie ihre Umgebung für eine kurze Zeit nicht mehr wahrnahm: *"'Es wird eine Zeit kommen, in der man die gesunde Lehre nicht erträgt' (2 Tim 4,3). Ich wurde von diesem Aufruf des heiligen Paulus so sehr ergriffen, dass es mir schien, als wäre ich ganz in den Inhalt dieses Textes eingetaucht. Es kam mir vor, als würde mir Paulus dessen tiefsten Sinn offenbaren und mich einladen, mein Leben danach auszurichten."*[5]

Die Worte, die sie überwältigt hatten, stammen aus dem zweiten Brief an Timotheus. Sie sind wie ein Testament des großen Apostels an seinen geistlichen Sohn:

Innenansicht der Pfarrkirche von Geluwe, in der Julia dem heiligen Paulus begegnen durfte

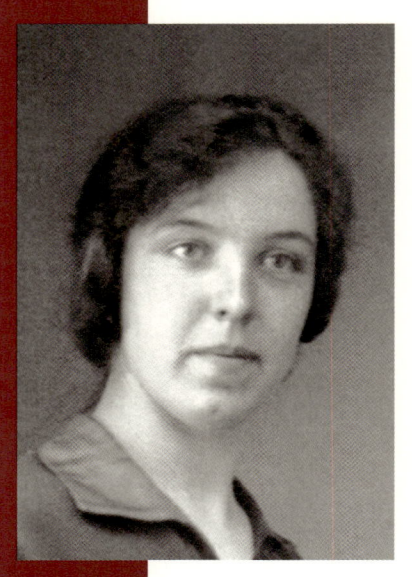

Julia als 16-jährige Jugendliche

"*Ich beschwöre dich bei Gott und bei Christus Jesus, dem kommenden Richter der Lebenden und Toten, bei seinem Erscheinen und bei seinem Reich:*

Verkünde das Wort, tritt dafür ein, ob man es hören will oder nicht, weise zurecht, tadle, ermahne, in unermüdlicher und geduldiger Belehrung. Denn es wird eine Zeit kommen, in der man die gesunde Lehre nicht erträgt, sondern sich nach eigenen Wünschen immer neue Lehrer sucht, die den Ohren schmeicheln, und man wird der Wahrheit nicht mehr Gehör schenken, sondern sich Fabeleien zuwenden. Du aber sei in allem nüchtern, ertrage das Leiden, verkünde das Evangelium, erfülle treu deinen Dienst! Denn ich werde nunmehr geopfert, und die Zeit meines Aufbruchs ist nahe. Ich habe den guten Kampf gekämpft, den Lauf vollendet, die Treue gehalten. Schon jetzt liegt für mich der Kranz der Gerechtigkeit bereit, den mir der Herr, der gerechte Richter, an jenem Tag geben wird, aber nicht nur mir, sondern allen, die sehnsüchtig auf sein Erscheinen warten." *(2 Tim 4,1-8)*

Der Apostel Paulus
Ölgemälde eines unbekannten Meisters
der römischen Schule aus der Mitte des 17. Jahrhunderts

Gegen Ende ihres Lebens bezeugte Julia: *"Dieser Text war wie ein Ruf der Vorsehung Gottes für mein ganzes Leben bis zum heutigen Tag. Dies war das erste Samenkorn des Charismas des 'Werkes'."* [6]

Damals erlebte sie etwas von der Unvergänglichkeit des Wortes Gottes. Die Heilige Schrift, in der Gottes Licht in seiner übernatürlichen Herrlichkeit aufstrahlt, wurde ihr zu einer Quelle des Trostes, der Kraft und der Freude. Später schrieb sie, dass das Wort Gottes *"machtvoll jenen Orientierung schenkt, die es im Glauben empfangen, auf dieses Wort hören, es mit bereitem Herzen aufnehmen und beantworten"*. [7] Doch nicht am Vorabend, als sie den Paulustext persönlich las, sondern erst während der Eucharistiefeier wurde sie davon ergriffen. Auf diese Weise gewann die Liturgie, in der das Wort Gottes seinen eigentlichen Platz hat, im Leben Julias grundlegende Bedeutung.

Von diesem Zeitpunkt an wurde der Apostel Paulus Julias Lehrmeister, der sie mehr und mehr in den Reichtum des Glaubens sowie in das Geheimnis der Kirche einführte. Er half ihr, den inneren Frieden wieder zu erlangen und in der Liebe zur Kirche zu wachsen: *"Seine Briefe wurden mir innerlich zu einer kraftspendenden und geliebten Nahrung. Ich entdeckte in ihnen, wenn ich so sagen darf, die heilige Kirche und empfing eine große Liebe für den Mystischen Leib Christi. Dieses Geheimnis ist mir gleichsam eingegossen worden und hat mich immer begleitet. Der Apostel Paulus wurde für mich zu einem Werkzeug Gottes, zu einem geistlichen Führer und einem geliebten Bruder, dessen Nähe ich erfahren und erleben durfte. Es war mir in jener Zeit, als durchlebte ich eine zweite Bekehrung und Umkehr, hin zum Herzen Jesu und zu seinem Leib, der Kirche."* [8]

Unerwartet war Paulus in das Leben der jugendlichen Julia eingetreten. Sie fand in ihm einen Freund, der ihr Gewissen formte. Schritt für Schritt vollzog sich in ihr ein Gesinnungswandel, der sie befähigte, für die Gaben der göttlichen Barmherzigkeit offen zu sein. Die Menschen, die ihr begegneten, durften erfahren, dass eine innere Kraft von ihr ausging. Ihr Beten wurde innerlicher. Ein Gläubiger, der oft in der Pfarrkirche von Geluwe betete, bezeugte: *"Es war meine Gewohnheit, jeden Tag am Morgen in die Kirche zu gehen. Die erste Person, die mir dort auffiel, war eine feine, junge Frau, die für gewöhnlich in der Nähe des Altares kniete. Ihre ganze Haltung strahlte Innerlichkeit aus. Sie war gleichsam ins Gebet versunken."* [9]

Nach und nach öffnete Paulus ihr auch die Augen für den Glaubensverfall, der sich wie ein dunkles Gewitter ankündigte. Sie spürte, dass der Apostel ihr Orientierung und Hilfe in der Not der Zeit geben wollte. Die große religiöse Armut, der Verfall der Sitten, die zunehmende Abwendung von der Kirche, die Schwächen innerhalb des Volkes Gottes sowie die fortschreitende Säkularisierung aller Bereiche des Lebens drohten zu einem modernen Heidentum zu führen.[10] Paulus ließ Julia erkennen, dass Umkehr und Glaube die Kraft schenken, um inmitten neuer Herausforderungen die Treue zu halten: *"Dieser geliebte Bruder und Vater hat mich auf dem Weg einer sehr tiefen Bekehrung und im Geist der Unterscheidung vorangeführt."* [11]

Julia bewahrte das Gnadenlicht des Apostels Paulus wie einen kostbaren Schatz in ihrem Herzen, auch in Zeiten des inneren Suchens und Ringens. Gegen Ende ihres Lebens schrieb sie: *"Ich bin mir sehr bewusst, dass der heilige Paulus, der mich das Wort Gottes lehrte, das Werkzeug der Gnade in meinem Leben war. Er hat mir geholfen, die Augen meiner Seele für die Gnade und die Gunsterweise der barmherzigen Liebe Gottes zu öffnen, die im Goldfaden, der mein Leben durchwob, geborgen war. Er hat mir einen Schlüssel geschenkt, der mein Herz für die göttlichen Gebote und Gesetze öffnete. So konnte ich innerlich verstehen, dass die Werke Gottes übernatürlichen Gesetzen gehorchen, die unsere menschlichen Berechnungen oft durchkreuzen; dass das Wort Gottes, das von offenen Herzen angenommen wird, eine staunenswerte, umgestaltende Kraft in sich birgt; dass das Verdienst unseres Lebens und dessen übernatürliche Strahlkraft nicht vom Maß unserer Aktivität abhängen, sondern von der Liebe, die uns beseelt und die durch den Heiligen Geist in unsere Seelen ausgegossen ist. Denn die Liebe ist es, die es uns möglich macht, Gott in allem und in allen zu sehen."* [12]

Neue Erfahrungen in der Welt

In der ersten Hälfte des 20. Jahrhunderts mussten in Belgien Hunderttausende von jungen Frauen als Dienstmädchen arbeiten und zum Unterhalt ihrer Familien beitragen.[1] Es gab damals in der Regel keine schriftlichen Arbeitsverträge, sondern nur mündliche Absprachen. Die jungen Frauen waren deshalb sehr von der Gunst ihrer Dienstgeber abhängig.[2] Dies führte dazu, dass manche von ihnen ausgenützt, andere aber wie eigene Familienmitglieder aufgenommen wurden.

Auch Julia gehörte zu jener Generation der Bevölkerung, in der es keine unbeschwerte Jugendzeit gab: Auf die Jahre der Kindheit folgte unmittelbar der Sprung in die oft harte Arbeitswelt.[3] Trotz vielseitiger Begabungen konnte sie keine weiterführende Schule besuchen. Sie arbeitete als Kindermädchen und Haushaltsgehilfin in verschiedenen Familien in Belgien und vor allem in Frankreich.

Für Julia öffnete sich in den Jahren, in denen der Apostel Paulus in ihr Leben eintrat, eine andere, ihr bisher wenig bekannte Welt. Später schrieb sie Kaplan Hillewaere: *"Ohne das Böse und die Gefahren der Welt zu kennen, musste ich früh einen Dienst antreten. Ich vermag nicht in Worten auszudrücken, wie sehr ich unter der plötzlichen Veränderung der Lebensumstände gelitten habe. Nun war es mir nicht mehr möglich, täglich zur heiligen Messe und zur Kommunion zu gehen. Nur mehr selten konnte ich Jesus in der Kirche besuchen, gerade jetzt, wo ich Ihn so notwendig brauchte. Doch ein Gedanke machte mir Mut: 'Bald werde ich erwachsen sein und dann kann ich in ein Kloster eintreten. Alles, was ich jetzt lerne, werde ich später sicher brauchen können.' Ich nahm mir deshalb vor, genau und treu zu sein: in meinem Gebetsleben, in der Selbstverleugnung und in allem, was man von mir verlangte."*[4] Kaplan Hillewaere schrieb über ihre Entwicklung in dieser Zeit: *"Die Gnade lässt sie nicht los und hilft ihr im harten Kampf gegen die Gefahren und die Verlockungen der Welt."*[5]

Julia musste in diesen Jahren in einem verweltlichten Milieu leben. Sie lernte den materiellen Reichtum einzelner Familien kennen. Sie erlebte, welche Möglichkeiten der zunehmende Wohlstand den Menschen bot und welche Gefahren für den Glauben und das christliche Leben damit verbunden waren. Der Kampf, dem Geist Gottes oder dem Geist der Welt zu dienen, blieb ihr nicht erspart.

Bei einem kinderlosen Ehepaar ging es ihr nicht gut. Sie fühlte sich einsam und bekam nicht einmal genug zu essen: *"Außer den Befehlen, die mir erteilt wurden - und das geschah nur einmal am Tag -, herrschte vollständiges Stillschweigen. Meine Gesundheit begann zu leiden, weil ich viel arbeiten musste. Manchmal hatte ich sogar großen Hunger. Ich erkannte es als meine Pflicht, nicht länger dort zu bleiben."* [6] Um sie zu bewegen, die Kündigung rückgängig zu machen, bot man ihr den doppelten Lohn an. Auf dieses verlockende Angebot ging sie aber nicht ein, sondern stellte lediglich die Frage: *"War ich denn vorher nicht gleich viel wert wie jetzt?"* [7]

Julia durfte aber auch schöne und bereichernde Erfahrungen machen. In einer Familie mit sieben Kindern im französischen Tourcoing lernte sie schon als Jugendliche große Verantwortung tragen. Das jüngste Kind war gerade geboren, die Mutter durch Krankheit an das Bett gefesselt. Auch die Großeltern lebten in der Familie. Der Tag war lang: Julia arbeitete von früh am Morgen bis spät am Abend. Sie hatte für alle im Haus zu sorgen. Durch die Art, wie sie sich einsetzte und diente, gelang es ihr, den frohen Familiengeist zu bewahren und zu fördern, die Kinder gut zu erziehen und alle Familienmitglieder bei der Bewältigung der Aufgaben in gegenseitiger Ergänzung einzubeziehen. Sie fühlte sich ganz in diese Familie aufgenommen: *"Wir waren Familie, ganz Familie: in der Sorge füreinander, im gegenseitigen Helfen und im gemeinsamen Suchen, was für das Ganze und für jeden Einzelnen das Beste war."* [8]

In dieser Familie lernte sie die französische Sprache besser kennen. Sie bat die Kinder, die ihrer Sorge anvertraut waren, ihre Fehler zu korrigieren. Mit großer Freude spielten diese den Lehrer. Julia war froh über alle Verbesserungen und ließ die Kinder spüren, dass sie dafür dankbar war. Auf diese Weise vertiefte sich die Beziehung zwischen ihr und den Kindern, die sie liebten und ihr spontan halfen, wo sie konnten. Julia war den Kindern wie eine Mutter zugetan. Sie hatte großen Einfluss auf ihre Erziehung, weil sie es verstand, Güte und Festigkeit miteinander zu verbinden. Noch im hohen Alter erinnerte sie sich sehr gut an diese Familie: *"Damals habe ich unter anderem gelernt, was es bedeutet, Mutter zu sein. Wenn ich jetzt davon erzähle, fühle ich mich fünfzig Jahre jünger. Die Großeltern wurden Tag für Tag jünger: Es gab viel für sie zu tun; sie fühlten sich nützlich. Nie geriet eines der Kinder oder sonst jemand in eine Krise. Dafür hatten sie keine Zeit, ich auch nicht. Wo Liebe ist, wird das Dienen einfach. Ich war damals kaum sechzehn Jahre alt."* [9]

In den Jahren als Dienstmädchen verbrachte Julia gelegentlich einige Tage in ihrem Elternhaus. Der wachsamen Mutter fiel auf, dass ein junger Mann ein Auge auf sie geworfen hatte. Sobald Julia daheim war, kam er auf Besuch. Er suchte auch Gelegenheiten, sie außer Haus zu treffen. Julia erzählte: *"Manchmal geschah es, dass er mich auf der Straße traf und anredete. Aber da ich nicht an eine engere Freundschaft dachte, wurde mir nicht bange. Vielleicht sprach er mich deshalb manchmal an, weil wir in der Art einander ähnlich waren. Das war mein einziger Gedanke und gab mir Selbstvertrauen."* [10] Diese Begegnungen waren der Mutter zu Ohren gekommen. Sie stellte ihre Tochter zur Rede: *"Zu Hause wurde ich deshalb getadelt. Doch ich schwieg. Umso mehr wurde ich beschuldigt. Man meinte, dass ich die Wahrheit nicht sagen wollte."* [11]

In dieser Situation war Julia froh, dass sie gebeten wurde, einige Monate lang zwei Kinder einer kranken Mutter an die Nordsee zu begleiten. Bei diesem Aufenthalt in het Zoute-aan-Zee, in der Nähe von Knokke, schenkte Gott ihrer Seele wiederum einen tiefen Frieden. In der Schönheit und Stille der Natur ließ er sie seine Herrlichkeit spüren und in einer kleinen Kapelle mitten in den Dünen Ruhe finden.

Kaplan Hillewaere berichtete darüber: *"Fünf Monate blieben sie am Meer, an einem weit abgelegenen kleinen Badeort. Es sollte eine Zeit der Einkehr und Besinnung werden."* [12]

Und Julia schrieb: *"Die Stille, die dort herrschte, tat mir gut. Ich sehnte mich sehr danach. Noch nie hatte ich die Natur so schön, so stimmungsvoll empfunden. Wie viel erzählten mir die ausgedehnten Wälder und Dünen, in deren Mitte der 'Einsame' wohnte, oft alleingelassen im Tabernakel! Es war so still in der kleinen Kapelle, in die sicher nur selten jemand einkehrte. Ich fühlte mich so hingezogen. Alles schien mich hier so herzlich und vertraulich anzusprechen, auch die große, wunderbare Weite des Meeres. Alles kündete von Gottes Größe, Weisheit, Allmacht, Güte und Schönheit. Ich lauschte und lernte die Natur lieben, von der ich so viel empfangen hatte und die mich zum Nachdenken anregte. In der Stille hatte meine Seele deutlich die Stimme der Gnade vernommen. Künftig werde ich den Weg des schweigenden Hörens gehen, auf dem ich Gott entdecke und mich selbst kennen lerne."* [13]

Blick auf die Nordsee

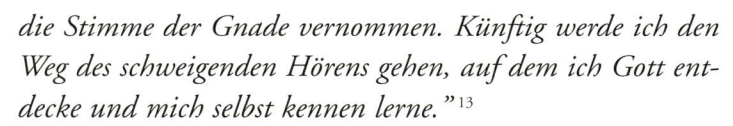

Kapelle in het Zoute bei Knokke

Dünen am Strand

In dieser Zeit nahm Julia immer wieder Zuflucht zur Mutter des Herrn. Von Kindheit an war sie von der Gottesmutter innerlich ergriffen. In den Jahren des Reifens erfuhr sie immer stärker deren mütterliche Nähe. Sie schrieb Kaplan Hillewaere: *"Wissen Sie, wie ich alles kennen und beantworten lerne, wie ich das*

Geheimnis der Liebe entdeckt habe? Durch Maria, meine Mutter. Was für ein Glück, ihr Kind zu sein! Ihre Liebe ist so groß und so erfinderisch. Jederzeit weiß sie einen Rat oder eine Lösung, zwar nicht immer unmittelbar, aber dann warte ich eben auf sie." [14]

Zu Weihnachten 1928 musste sich Julia unerwartet einer Operation unterziehen. Sie war gezwungen, ihren Dienst zu unterbrechen, und wurde in das Krankenhaus in Menen eingeliefert. Von neuem erfuhr sie Gottes einladenden Ruf zu einem Leben größerer Hingabe: *"Es war gerade einige Tage vor dem schönen Weihnachtsfest. Das kleine Jesuskind wollte mich in diesem Jahr nicht dazu einladen, das Geheimnis der Liebe in der Krippe zu betrachten, sondern mir etwas anderes gewähren: das Geheimnis der Liebe am Kreuz. Gerade über meinem Bett hing ein großes Kreuz. Es kam mir vor, dass der leidende Jesus mich immer anblickte, wenn ich zu Ihm aufschaute. Unsere Blicke begegneten einander und unsere Gedanken tauschten sich aus. Ich fühlte, dass ich nicht übernatürlich liebte. Zu sehr liebte ich die Geschöpfe. Ich fasste den ernsten Vorsatz, mich tiefer zu bekehren und ein neues Leben zu beginnen. Ich nahm mir vor, jeden Tag mit einer Gewissenserforschung zu beenden. Von nun an sollte mich der Kalvarienberg die Opferliebe lehren. Das Verlangen nach dem Kloster war wieder sehr stark geworden."* [15]

Maria mit dem Jesuskind, Gemälde von Rogier van der Weyden (1400-1464)

Inmitten vieler Erfahrungen und Prüfungen wusste sich Julia vom Herrn beschützt und geführt: *"Meine Kinder- und Jugendjahre waren von Entbehrungen an Leib und Seele geprägt. Aber zugleich zeigten sich auch Gottes barmherzige Gerechtigkeit, seine souveräne Führung in der erlösenden Liebe, seine königliche Allmacht, mit der Er alles zum Ziel führt: zur Verherrlichung des Vaters in der Wiederaufrichtung seines Königsreiches auf Erden."* [16]

Eingriff Gottes im Kino

Es war im Jahr 1929. Julia stand im Dienst des Industriellen Adriaen De Clerck und seiner Gattin in Kortrijk, nicht weit von Geluwe entfernt: *"Ich war allein, um das Haus für die neu Vermählten einzurichten. Bei ihrer Ankunft übergab mir die junge Frau die Führung des Haushalts. Dadurch hatte ich persönliche Freiheit bei der Erfüllung meiner Aufgaben."* [1] Julia gewann rasch die Wertschätzung des Ehepaares. Weil sie die Arbeit gut verrichtete, wurde ihr die Möglichkeit gegeben, regelmäßig die heilige Messe zu besuchen. Sie dachte damals viel über den Plan Gottes mit ihrem Leben nach.

Aus Dankbarkeit schenkte Frau De Clerck ihr eines Tages eine Kinokarte. Sie lud sie ein, den Film "Der König der Könige" anzusehen, in dem das Leben Jesu dargestellt wurde. Aus Liebe nahm Julia die Einladung an, auch wenn sie es nicht passend fand, in der Fastenzeit ins Kino zu gehen. Dieser Film war 1927 in den Vereinigten Staaten von Amerika gedreht worden und galt als ein Meisterwerk; der Herr gebrauchte ihn, um von neuem kraftvoll in ihr Leben einzugreifen.

Julia schrieb darüber: *"Es war während der Fastenzeit des Jahres 1929. Der Film 'Der König der Könige' wurde vorgeführt. Es war ein guter Film. Ich befand mich in einem Kino, das ich mit Widerwillen besucht hatte. Ich tat es nur, um Frau De Clerck eine Freude zu bereiten. Damals empfing ich die Gnade meiner Bekehrung. Wie*

Aufnahmen aus dem Film vom Jahr 1927 "Der König der Könige": Maria Magdalena zu Füßen Jesu

Das Letzte Abendmahl

wurde ich doch im Tiefsten meiner Seele ergriffen! Ich werde es nie mehr vergessen: dieser Blick und dieses Wort Jesu beim Abschied von seiner Mutter, sein Wort zu Maria Magdalena, zu Petrus, der feierliche Einzug in Jerusalem, das Letzte Abendmahl, sein Testament, seine Apostel, und dann das Liebesdrama seines Leidens! Vor dem Ende des Films ging ich weg. Über mir war ein so schöner Himmel, voller Sterne, und rund um mich herum eine wohltuende Abendstille. Alles schien in Harmonie und zog mich unwiderstehlich hin zu Ihm, obwohl ich mich vor mir selbst schämte. Ich habe verstanden und gespürt, dass der Herr mich um etwas bat, und zwar deutlich und ohne jeden Vorbehalt. Ein durchdringendes Licht hatte mich übermächtig getroffen. Gottes barmherzige Liebe hatte mit starker und zugleich sanfter Anziehungskraft von meiner Seele und meinem ganzen Wesen Besitz ergriffen. In jenem Augenblick habe ich mich ganz Gott hingegeben, so wie ich war. Im Ausmaß, als es mir an jenem Abend im Gewissen klar wurde, habe ich mich zum guten Kampf verpflichtet, zu einem Leben tieferer Selbstverleugnung und Entsagung." [2]

Diese innere Erleuchtung gab dem Leben der bald 19-jährigen Julia eine entscheidende Wende. Sie betrachtete diesen Eingriff Gottes immer als den gnadenvollen Ruf zu einer tieferen Bekehrung und einer umfassenderen Hingabe. Sofort nach ihrer Heimkehr aus dem Kino nahm sie einschneidende Änderungen an ihren Lebensgewohnheiten vor. Schon viele Jahre bemühte sie sich um ein Leben aus dem Glauben. Aber im Licht dieser neuen Erfahrung wurde sie zutiefst von der Heiligkeit Gottes und von der Größe seiner barmherzigen und gerechten Liebe ergriffen.

In Jesus Christus, dem König der Könige, durfte sie ihr Leben gleichsam neu sehen - mit seinen guten und seinen weniger guten Seiten. So wurden ihr auch die Unvollkommenheiten deutlicher bewusst, die ihrer ausschließlichen Liebe zum Herrn im Weg standen: *"Noch am selben Abend räumte ich mein Zimmer auf. Alles, was mir unnötig schien, legte ich weg, um mich davon zu lösen. Ich merkte zum ersten Mal, an wie vielen kleinen und unbedeutenden Dingen ich hing. Ich nahm das Kreuz von der Wand herab und schrieb auf die Rückseite: 'Für Dich, o Jesus, hilf mir!' Ich fasste den*

Entschluss, jeden Tag um 5.30 Uhr aufzustehen. Ich nahm mir vor, täglich zur Messe zu gehen und eine halbe Stunde vor der heiligen Messe einen Abschnitt aus dem Leben und Leiden Jesu zu betrachten. Vom darauf folgenden Tag an begab ich mich noch entschiedener auf den Weg der inneren und äußeren Selbstverleugnung und übte mich, in der Gegenwart Gottes zu leben. In der heiligen Kommunion fand ich sehr viel Hilfe und Kraft." [3]

Dornengekrönter Christus

Gott wählte das Mittel des Filmes, das im 20. Jahrhundert eine solche Bedeutung im Leben der Menschen bekommen sollte, um in Julias Seele die Sehnsucht nach Heiligkeit zu wecken. Der liebende Blick Jesu hatte ihr Herz getroffen. Sie sprach ein radikales Ja zum Herrn und begab sich auf den mühsamen und doch beglückenden Weg der täglichen Bekehrung, getragen von Gottes Kraft und Liebe. Entschieden und geduldig kämpfte sie den guten Kampf. Sie wusste: *"Die Bekehrung ist nicht das Werk eines Tages, sie ist auch nicht unser eigenes Werk."* [4] Julia kam damals in eine umfassende Konfrontation mit einigen Zügen ihres Charakters, die noch der Läuterung und Umgestaltung bedurften.

Vom heiligen Paulus hatte sie gelernt, in allen inneren Nöten fest auf Gottes barmherzige Liebe zu vertrauen. Mehr als bisher erkannte sie, dass das Bemühen um persönliche Heiligung von diesem Vertrauen durchdrungen und umfangen sein muss:

Christus auf dem Kreuzweg

"Schon öfter fühlte ich mich gedrängt, mich dem Herrn noch mehr hinzugeben, mich vorbehaltlos seiner verkannten Liebe auszuliefern, aber dieser Gedanke erschreckte mich und ich zögerte." Der Herr aber schenkte ihr Kraft und Mut: *"Ich habe erkannt, dass ich vor die freie Wahl zweier Wege gestellt war, die mir beide bekannt waren. Wenn du mich liebst, dann nimm dein Kreuz auf dich und folge mir nach* (vgl. Mt 10,38). *Ich erhob mich, um den Weg zu wählen, der mich zum Haus des Vaters führt. Ich habe um die Liebe der Maria Magdalena und um die Reue des Petrus gefleht. Es wird Freude herrschen über die Rückkehr eines Sünders, denn in ihm wird die barmherzige Liebe Gottes aufstrahlen, die uns in seinem Erlösungswerk geoffenbart wurde. Es war mir, als würde ich nun durch diese Liebe vorangetragen."*[5]

Sturz von der Treppe

Mit Freude erfüllte Julia ihre Aufgaben und Dienste in Kortrijk. Die junge Frau De Clerck erwartete ihr erstes Kind. Julia bemühte sich, ihr tatkräftig zur Seite zu stehen.

Eines Tages putzte sie, wie gewohnt, die Treppe, die in den ersten Stock führte. Als jemand an der Haustür läutete, eilte sie die Treppe hinunter, um zu öffnen. Dabei glitt sie aus, stürzte über mehrere Stufen und fiel unglücklicherweise auf den eisernen Wassereimer, der am Fuß der Treppe stand. Sie spürte heftige Schmerzen: *"So plötzlich wie durch einen Blitzstrahl wurde mein Leib durch einen für das menschliche Auge unbedeutenden Fall vom Leiden getroffen. Aber in diesem Augenblick stand Jesus mir bei. Ja, so war es. Ich sah es voraus und hörte im Tiefsten meiner Seele die Stimme des Meisters, die mich einlud, mit Ihm den Kalvarienberg zu besteigen."* [1]

Mit einem Sturz von dieser Treppe begann für Julia eine Zeit des Leidens

Die Geburt des Kindes von Frau De Clerck stand kurz bevor. In ihrer feinfühlenden Art wollte Julia alles vermeiden, was ihre Dienstgeberin hätte belasten können. Deshalb klagte sie nicht über die Folgen des Sturzes. Zudem war sie sich des Ernstes ihres Zustandes nicht bewusst. Als die Schmerzen nach einigen Tagen etwas erträglicher wurden, hoffte sie auf Genesung.

Kurz darauf erkrankte Julias Mutter so ernsthaft, dass man um ihr Leben bangte. Julia wurde rasch nach Hause gerufen und nahm sich mit großer Liebe ihrer Mutter an. Trotz des eigenen

Julia einige Monate nach dem Unfall

Leidens wollte sie allein die Nachtwache am Krankenbett übernehmen. Nach einiger Zeit ging es der Mutter wieder etwas besser.

Julias Schmerzen nahmen aber von neuem zu. Bei verschiedenen ärztlichen Untersuchungen stellte sich heraus, dass einige Rippen gebrochen und zersplittert waren. Dies führte zu Entzündungen. Nach einiger Zeit durfte sie mit ärztlicher Erlaubnis nach Kortrijk zurückkehren, um Frau De Clerck in den Wochen nach der Geburt des Kindes beizustehen. Doch es dauerte nicht lange, da wurde sie wegen der Folgen des Sturzes gezwungen, wiederum nach Hause zu gehen. In den kommenden Jahren sollte Julia schwere körperliche und seelische Leiden zu ertragen haben. Es war ein ständiges Auf und Ab; nach hoffnungsvollen Anzeichen für eine Besserung folgten ständig neue Rückfälle.

Im Oktober 1929 übernahm Julia bei der vornehmen Familie Tiberghien in Tourcoing, einer Stadt in Frankreich, die Dienststelle ihrer Schwester Augusta, die geheiratet hatte. Frau Tiberghien hatte schon früh ihren Gatten, den angesehenen Chef einer Textilfabrik, verloren. Die junge Witwe besass einen guten Ruf und war für ihre Glaubenstreue bekannt. Sie pflegte ein überaus herzliches Verhältnis zu Julia und war besorgt um ihre angegriffene Gesundheit. Sie verhalf ihr zu weiteren medizinischen Untersuchungen und Behandlungen. Weil keine zufriedenstel-

Frau Madeleine Tiberghien-d'Halluin mit Tochter Denise und Enkelin Françoise

lende Besserung eintrat, musste Julia auch diese Dienststelle verlassen und zum großen Bedauern von Frau Tiberghien nach Hause zurückkehren. Sie schrieb: *"Frau Tiberghien wollte für mich eine Mutter sein und suchte zu verhindern, dass ich von ihr wegging."* [2]

Im Januar 1930 schloss sich Julia dem "Apostolat der Kranken" an. Dadurch wurde sie in eine Vereinigung mit einer großen Anzahl von Kranken aufgenommen. Zusammen mit ihnen bemühte sie sich, ihr Leiden für das Heil der Seelen fruchtbar zu machen.[3] Sie berichtete darüber: *"Rein zufällig bekam ich einen Brief des Krankenapostolats zu lesen. Ich wurde davon beeindruckt. Ich wollte nicht nur Opfergabe, sondern auch Apostel sein. Ich spürte, dass Jesus mich dazu rief. Ich war bereit, in meiner Krankheit Jesu Apostel zu sein. In diesem Apostolat fühlte ich mich unaussprechlich glücklich."* [4]

Im Jahr 1930 wurde Julia in das "Apostolat der Kranken" aufgenommen.

Im selben Jahr folgten zwei Operationen im Krankenhaus von Menen. Doch auch diese ärztlichen Eingriffe brachten nicht die ersehnte Hilfe. Wegen ihrer Krankheit konnte Julia für mehrere Jahre keine Dienststelle mehr annehmen, sondern musste weitgehend in ihrem Elternhaus bleiben. In dieser Zeit machte ein Arzt sie darauf aufmerksam, dass sie nicht auf ein langes Leben hoffen dürfe. Im Gewissen erkannte sie, dass der Herr von ihr das Opfer der Gesundheit forderte. Freiwillig gab sie ihre Zustimmung: *"Da Jesu Liebe mich einlud, gab ich mich Ihm erneut hin, opferte Ihm meine Gesundheit und nahm alles an, was die Zukunft bringen sollte."* [5] Der Sturz von der Treppe bedeutete den endgültigen Eintritt der Krankheit in das Leben von Julia. Nie mehr sollte sie die volle leibliche Gesundheit wiedererlangen.

Durch ihre Gottverbundenheit besaß Julia eine große Ausstrahlung und einen bleibenden Einfluss. Wiederholt wandten sich suchende Menschen an sie, obwohl es damals keineswegs selbstverständlich war, eine junge Frau um geistlichen Rat zu fragen. Einer Person, die sie gut kannte und um Hilfe bat, gab sie folgenden Ratschlag: *"Wenn du mit jemandem einen Streit hast und dich innerlich verletzt fühlst, dann ist es gut, nicht zu schnell den anderen zu beschuldigen. Denn es kann sein, dass die Schuld oder die Mitschuld bei dir liegt. Vielleicht gibt es bei dir noch eine eckige Kante, an der sich der andere stößt. Die Überempfindlichkeit hat ihre Wurzel oft in der verletzten Eigenliebe."*[6] Inmitten aller Prüfungen bewahrte sich Julia ein feines Gespür für die seelischen Nöte anderer Menschen. Sie selbst war von der gläubigen Gewissheit erfüllt, dass alle Heimsuchungen im Letzten dem geheimnisvollen Plan Gottes dienen: *"In Demütigung und Leiden hatte ich einen verborgenen Schatz gefunden. Darin erkannte ich den Weg, den ich zu gehen hatte."*[7]

Trotz allem blieb Julia nicht untätig. Sie half, soweit es ihre Gesundheit zuließ, im Haushalt der Eltern mit und fertigte für eine Firma Stoffservietten sowie andere Näharbeiten an. Sie zeichnete sich dabei durch Fleiß und Können aus. Ihre Arbeiten wurden überaus geschätzt und galten, wie ihr Arbeitgeber bezeugte, als die besten und die feinsten. Julia freute sich, dass sie auf diese Weise ihre Familie unterstützen konnte.

Die Not war in diesen Jahren sehr groß. Die Weltwirtschaftskrise 1929 hatte zur Folge, dass sich überall Armut ausbreitete. Auch Belgien wurde davon nicht verschont. Die Arbeitslosigkeit nahm sprunghaft zu. Wer das Glück hatte, einen Arbeitsplatz zu finden, erhielt einen so geringen Lohn, dass dieser kaum ausreiche, um die lebensnotwendigen Nahrungsmittel zu erwerben.[8] Julia schrieb: *"Durch meine Heimarbeit versuchte ich, so weit es mir möglich war, die Last der finanziellen Opfer zu erleichtern, die ich meinen Eltern verursacht hatte. Ich fühlte mich nicht arbeitslos. Vom Morgen bis zum Abend beschäftigte ich mich mit allem, was ich durch Handarbeit anfertigen konnte. Dabei hatte ich auch die Möglichkeit, über mein Leben nachzudenken und einen Blick in die Vergangenheit und in die Zukunft zu werfen."* [9]

Die ärztlichen Behandlungen an den beim Sturz von der Treppe verletzten Rippen hatten nicht viel genützt. Die Wunden heilten nur langsam und brachen zeitweise wieder auf. Oft blieb Julia an ihr Bett gebunden: *"Doch es war eine Zeit großer Gnaden. Während der vielen Monate des Leidens schöpfte ich Kraft aus dem Opfer. In Gottes Licht durfte ich seine barmherzige Liebe und vor allem seine Güte schauen."* [10]

Julia fühlte sich immer mehr zum kontemplativen Leben hingezogen. Sie dachte zeitweise sogar daran, sich einem beschaulichen Orden anzuschließen. Dies war jedoch nicht möglich, vor allem auf Grund ihrer gesundheitlichen Probleme. Deshalb trat sie am 11. Februar 1934 dem Dritten Orden der Karmeliten in Wervik bei. Sie liebte die großen Heiligen des Karmelordens, vor allem Theresia vom Kinde Jesu und Elisabeth von der Dreifaltigkeit, obwohl sie deren Leben kaum kannte. Damals war es üblich, dass Mitglieder des Dritten Ordens einen eigenen Patron erhielten. Julia wurde Elisabeth von der Dreifaltigkeit anvertraut, die - wie sie selber - von einer großen Liebe zum Apostel Paulus erfüllt war. Diese 1906 verstorbene Karmelitin wurde für sie eine wichtige innere Begleiterin: *"Sie rief mich nach innen, das heißt, sie führte mich tiefer in das beschauliche Leben ein. Sie half mir, aus der stürmischen und unruhigen Welt, die mich umgab, herauszutreten. Sie lehrte mich, auf das barmherzige Herz Jesu mit Sehnsucht und großem Verlangen hinzuhören."* [11]

Im Rückblick auf ihren inneren Weg in der Kindheit und Jugend schrieb Julia: *"Bereits in diesen Jahren empfing ich vom Herrn besondere Gnadenerweise. Damals war ich mir dessen nicht bewusst. Ich hatte vom geistlichen Leben, wenn ich es so sagen darf, nicht die geringste Ahnung, und ich war solcher Gnadenerweise nicht würdig. Ich drücke mich vielleicht nicht ganz richtig aus: Auf meine Weise versuchte ich einfach, den Herrn zu lieben; ich hätte mich sonst nicht zurechtfinden können, und wir haben einander verstanden."* [12]

ENTSTEHUNG EINES NEUEN CHARISMAS

1934-1943

Das "Heilige Bündnis"

Während Julia in der Stille und Einfachheit des kleinen Hauses in Geluwe die Ereignisse in Kirche und Gesellschaft verfolgte und betend zum Herrn brachte, zogen sich die Gewitterwolken auf internationaler Ebene immer mehr zusammen. In vielen Ländern führte die anhaltende Weltwirtschaftskrise zu tiefgreifenden politischen Veränderungen. Mit dem Versprechen, Arbeitsplätze zu schaffen und soziale Nöte zu lindern, kamen diktatorische Regierungen an die Macht. Am 30. Januar 1933 wurde Adolf Hitler zum deutschen Reichskanzler ernannt. Bald kam es in Deutschland zur "Gleichschaltung": Staat, Wirtschaft, Kultur und das gesamte öffentliche Leben wurden auf die Ziele des Nationalsozialismus verpflichtet.[1] Im Jahr 1934 waren Abrüstung und Sicherheit die Hauptschlagworte in der Außenpolitik. In Wirklichkeit wurde jedoch überall aufgerüstet. Eine Reihe von internationalen Bemühungen um Abrüstung scheiterten. Der Rüstungswettlauf war voll im Gang.

Infolge dieser Entwicklung kam es zur so genannten Politik der Bündnisse. Die Großmächte versuchten, durch Verträge ihre Macht zu festigen und auszubauen. In einer historischen Chronik heißt es: *"1934 ist daher ein Jahr der zwischenstaatlichen Bündnisse: Der Deutsch-Polnische Nichtangriffspakt, der Balkanpakt zwischen Griechenland, Jugoslawien, Rumänien und der Türkei, die Römischen Protokolle zwischen Italien, Österreich und Ungarn, der Baltenpakt zwischen Estland, Lettland und Litauen, und andere Verträge dienen der Absicherung von Einflussgebieten und nationalen Sicherheitsinteressen. Mit der großen Zahl der Bündnisse verschärfen sich jedoch die Interessengegensätze und Spannungen zwischen den Machtblöcken. Die Kriegsgefahr wächst."*[2]

Auch für Julia wurde das Jahr 1934 sehr bedeutsam. Wiederum war sie an das Krankenbett im Haus ihrer Eltern gefesselt. Am Hochfest des Herzens Jesu wurde ihr durch *"ein gnadenvolles Licht"*[3] eine tiefe Erfahrung mit dem dornengekrönten Herrn geschenkt. Sie wurde im Tiefsten ihrer Seele von seinem Leiden am Kreuz erschüttert und von der unendlichen Liebe seines Herzens ergriffen. Unaussprechliche Trauer erfüllte sie, und sie spürte, wie Jesus sie noch mehr an sein Herz binden wollte und zu einem

Leben der bräutlichen Hingabe rief. Sie vernahm die Einladung, seinen Liebesdurst nach Seelen zu teilen, vor allem nach Seelen für das gottgeweihte Leben. Julia nahm diese Einladung an. Es war ihr, als ob die göttliche Liebe von ihrem Herzen Besitz ergreifen würde. Von dieser Liebe durchdrungen, gab sie sich dem Herrn für das Wohl der Kirche hin: *"Das Jawort, das ich damals dem Herrn gab, war wie ein 'Heiliges Bündnis' mit dem gottmenschlichen Herzen Jesu, das sich fortwährend hinopfert in seinem Leib, der Kirche."* [4]

Diese Gnade führte Julia tiefer in das Erlösungswerk hinein. Angezogen von der Liebe des Gekreuzigten, wurde ihr ein inneres Licht über das Geheimnis des Neuen Bundes geschenkt, den Gott mit den Menschen geschlossen hat. Einige Jahre früher hatte der heilige Paulus sie zum Herzen Jesu und zu seinem Leib, der Kirche, hingeführt. Nun erfasste sie in der Liebe des Herzens Jesu tiefer die Bedeutung des Neuen und Ewigen Bundes, dessen herausragender Zeuge der heilige Paulus war: In diesem Bund werden die Sünden der Menschen hinweggenommen (vgl. Röm 11,27), ihre Herzen gewandelt und mit dem Heiligen Geist erfüllt (vgl. Röm 5,5); der Neue Bund ist kein Bund des Buchstabens, sondern ein Bund des Geistes (vgl. 2 Kor 3,6), in dem die Kinder Gottes zur wahren Freiheit geführt werden (vgl. Gal 4,24).

Durch das "Heilige Bündnis" gelangte Julia zu einer tieferen Liebesvereinigung mit dem Herrn. Als sie die Größe dieses "Bündnisses" später schauen durfte, schrieb sie in einem Gebet:

"Jesus, mein Herr und mein Christus,
Du wolltest mir die Pforte Deines Herzens öffnen,
das verwundet ist durch die Beleidigungen
und die Missetaten der Sünden.
Du hast mir das herrliche Geheimnis des 'Bündnisses' geoffenbart,
das Deinem barmherzigen Herzen entströmt.

O Erlöser, welches Vertrauen,
welche Gnaden, welche Verzeihung in Fülle!
Immer hast Du Mitleid mit Deinem auserwählten Volk,
unaufhörlich hörst Du sein Klagen und Rufen
und rettest es für das ewige Leben.

Dir sei Ehre und Herrlichkeit
jetzt und immerdar in alle Ewigkeit.

Du hast mich an Dich gebunden
in der Gnade des 'Heiligen Bündnisses'.
Dieses große Geschenk darf ich mit Dir in tiefer Liebe leben.

Jesus, mein König und mein Bräutigam,
mein Leben, meine Freude, mein Alles,
Dein Herz, Feuerglut von Liebe,
ist für immer mein Ruheort geworden.
Dort weisest Du mir voll Klarheit den Weg,
Dir ohne Angst oder Zweifel nachzufolgen.

Eingehüllt in Deine Barmherzigkeit,
gebe ich mich Deinem Gesetz und Deinem Befehle hin.
Du hast mich hineingenommen
in eine tiefe Einheit mit Dir,

um am Werk der Erlösung mitzuwirken
und für die Sünden der Welt zu sühnen." [5]

Julia erfuhr das "Heilige Bündnis" als ein ganz und gar unerwartetes Geschenk Gottes, das sie mit Dankbarkeit und ehrfürchtigem Staunen erfüllte. Es half ihr, die Taufgnade zu vertiefen und zu weiterer Entfaltung zu bringen. Das "Heilige Bündnis" stellte ihr Leben noch bewusster in die große Heilsgeschichte hinein: in eine Geschichte, in der immer wieder neu die unverbrüchliche Treue Gottes trotz der Untreue der Menschen aufleuchtet. *"Das 'Heilige Bündnis' sollte aufs Neue den Sinn für die Heilsgeschichte wecken!"* [6], schrieb sie in späteren Lebensjahren. Sie durfte begreifen, dass die Geschichte des Heiles zu allen Zeiten weitergeht und Gott Großes wirkt in den Herzen jener, die seinem Sohn in Glaube, Hoffnung und Liebe nachfolgen.

Jesus mit dem geöffneten Herzen

Als Julia das "Heilige Bündnis" geschenkt wurde, war sie eine junge Frau von noch nicht einmal 24 Jahren. Damals wurde ihr deutlich, dass die Dornenkrone ihr weiteres Leben prägen werde. Verbunden mit Christus, der mit seiner Dornenkrone den Stolz der Welt gesühnt hat, vernahm sie in ihrem Gewissen die Einladung, für den geistigen Hochmut der Menschen freiwillig Sühne darzubringen und stellvertretend für viele zu beten und zu leiden: *"Ich durfte begreifen, dass die Dornenkrone in meinem Leben von großer Bedeutung sein werde. Ich habe sie angenommen. Der Inhalt dessen, was damit gemeint war, sollte mir erst später deutlich werden. Ich gab mich selbst als Opfergabe hin."* [7]

Zugleich erweckte der Herr in ihr den Durst nach Seelen. Darüber legte sie mit folgenden Worten Zeugnis ab: *"Ich wurde gleichsam von einem unlöschbaren Durst erfüllt, Jesus zu lieben und mich dafür einzusetzen, dass Er auch von anderen geliebt werde, und zwar indem ich mich einer sehr tiefen Läuterung und Bekehrung im Blick auf die Sendung auslieferte, die Er mir allmählich zu erkennen gab und die sich in der Gnade und im Charisma des 'Werkes' entwickelte."* [8]

Dieser Liebesdurst nach Seelen wurde in ihrem Herzen zu einem lodernden Feuer. Die Bereitschaft, sich zusammen mit den Priestern für das Heil der Seelen hinzuopfern, erfüllte ihr ganzes Wesen. Sie schrieb Kaplan Hillewaere: *"Es ist das innigste Verlangen Jesu, dass noch mehr Opferseelen heranreifen und geformt werden, die sich vollkommen hingeben für die Priester und an der Seite der Priester."* [9] Im Geist des heiligen Paulus fühlte sie sich gedrängt, ihr Leben für die Erlösung vieler Menschen *"als lebendiges und heiliges Opfer darzubringen, das Gott gefällt"* (Röm 12,1).

Strahlende Dornenkrone, Emblem der geistlichen Familie "Das Werk"

Dieses Opfer war nichts anderes als ihre vorbehaltlose Hingabe an Christus in bräutlicher Liebe: *"Als ich 1934 dem Herrn mein Jawort gab, um von jetzt an seinem Plan zu dienen, trat ich gleichsam in eine neue Welt ein, die Er selbst war, der Herr, der gekreuzigte und dornengekrönte Menschensohn, der König dieser Zeit und aller Ewigkeit, wenn ich es so sagen darf. Seither gehörte ich in einer ganz eigenen Weise Ihm. Ich wurde die 'Seine'."* [10]

Noch am Abend ihres Lebens legte Julia von der Gnade Zeugnis ab, die ihr im Jahr 1934 geschenkt worden war: *"Mein Jawort war wie ein Meilenstein auf dem Weg zum 'Werk'. Dieses Charisma sollte sich inmitten der Zeichen der Zeit entwickeln, um der sich in Not befindenden Kirche beizustehen. So durfte ich es sehen und erfahren."* [11]

Weitere Gnaden und Prüfungen

Die Jahre von 1934 bis 1938 verbrachte Julia auf Grund ihrer Krankheit größtenteils in Geluwe. Zeitweise konnte sie leichte Arbeiten verrichten, dann half sie im Haushalt der Eltern und machte Heimarbeit, um ihre Familie finanziell zu stützen. Die Bündnisgnade, die sie am Herz-Jesu-Fest 1934 empfangen hatte, war zunächst eine rein persönliche Gabe. Julia wusste damals noch nicht um ihre zukünftige Sendung, Werkzeug für eine neue Gemeinschaft in der Kirche zu sein.

In dieser Zeit spürte sie vermehrt die Sehnsucht nach einem beschaulichen Leben des Gebetes und der Stille. Aber ihr war klar, dass ihre angegriffene Gesundheit für eine klösterliche Gemeinschaft eine Belastung werden könnte. Eines Tages wurde Julia mitgeteilt, dass ein Karmel bereit wäre, sie trotz ihrer schwachen Gesundheit aufzunehmen. Nach Gebet, Besinnung und nüchterner Überlegung kam sie jedoch zu der Einsicht, dass ihr Zustand Ausnahmen von der Ordensregel fordern und nicht zu unterschätzende Folgen für eine klösterliche Gemeinschaft mit sich bringen würde. Darum sagte sie über einen möglichen Eintritt in den Karmel: *"Ich wusste, dass ich dafür nicht die nötige Gesundheit hatte und die Opfer für den Karmel zu großen Belastungen führen würden."* [1] Freiwillig verzichtete sie deshalb auf den Eintritt und brachte dem Herrn ihre Sehnsucht nach einem kontemplativen Leben als Opfergabe dar: *"Er hat mich von läuternden und heiligenden Prüfungen nicht verschont und mich zu tiefster Entsagung geführt. Gott hat von mir das Opfer meiner Zukunft gefordert, das Opfer meiner Berufung."* [2]

Die Menschen in der Nachbarschaft nahmen an ihrem Leiden Anteil. Darüber berichtete Julia: *"Die Nachbarn haben zweimal eine Novene für mich gehalten, als ich schwer krank war. Sie machten neun Tage lang zu Fuß eine Bittwallfahrt nach Dadizele. Sie gingen morgens um 4 oder 5 Uhr weg, um der ersten heiligen Messe um 5.30 oder 6 Uhr beiwohnen zu können. Dies war ein lobenswerter Brauch, wenn jemand in der Nachbarschaft schwer krank war. Die Menschen glaubten noch an die Kraft des Gebetes und des Opfers."* [3]

Julia wollte nur eines: ein gefügiges Werkzeug in der Hand Gottes sein, sich ganz seiner Führung überlassen und seinem Plan dienen. Dem dornengekrönten König wollte sie bedingungslos nachfolgen, auch wenn sie keine Klarheit hatte, wie ihr Verlangen nach dem gottgeweihten Leben in der Gnade des "Heiligen Bündnisses" konkrete Gestalt annehmen sollte. Jeden Tag nützte sie, um dem Herrn und den Mitmenschen ihre Liebe zu bezeugen: *"In allem strebe ich nach Vollkommenheit. Alles will ich vermeiden, wodurch ich Jesus missfallen könnte. Nur danach verlangt mich: Jesus aufrichtig und ganz zu lieben und danach zu streben, dass Er auch von anderen geliebt werde. Ich bin davon überzeugt, dass Jesus die Herzen der Menschen durch und durch kennt und uns seine Gnade nicht vorenthält, wenn wir zu allem bereit sind und mit der Gnade mitwirken. Unendlich groß ist seine Liebe zu uns, vor allem, wenn wir sie ehrlich zu beantworten suchen. Ist es nicht einfach: jeden Tag tun, was Er verlangt, treu und pünktlich die Pflicht gegenüber Gott und den Mitmenschen erfüllen? Gute und schöne Gedanken, Gefühle und Vorsätze allein werden mir keinen Frieden bringen."* [4]

In dieser Zeit des Suchens und des Ringens, wo ihr konkreter Platz in der Kirche sein könnte, fand Julia immer wieder Trost bei Maria, der Mutter des Herrn: *"Ich habe sie immer sehr geliebt und oft ihre Hilfe erfahren. Ich tue nichts mehr ohne sie. Sie lehrt und formt mich nach dem Willen Jesu, und das ist ganz einfach. Mit Maria lerne ich, den Willen Jesu zu lieben, alles zu empfangen, alles anzunehmen und alles zurückzuschenken. So wird jeder Tag, jede Stunde und jeder Augenblick ein Magnifikat, ein Fiat. Um Maria zu verstehen, müssen wir ihr Kind sein, demütig im Geist und frei von uns selbst, zufrieden mit allem, auch mit uns selbst, so wie wir sind. Wenn unsere Liebe echt, rein, aufrichtig und dienend ist, ohne Selbstsucht und eigenwillige Wünsche, werden wir mit Maria, unserer Mutter, in Jesus wohnen und leben."* [5]

Weitere Heimsuchungen blieben nicht aus. Der Gesundheitszustand von Julias Mutter verschlechterte sich zunehmend. Am Palmsonntag 1935 empfing sie das Sakrament der Krankensalbung, weil man mit ihrem baldigen Tod rechnete. Nach einer kurzen Besserung verstarb sie am 16. Dezember des gleichen Jahres. Auf ihrem Sterbebildchen heißt es: *"Ihr Glaube war stark und lebendig. Inmitten vieler Prüfungen wankte ihr Vertrauen auf die göttliche Vorsehung nicht."*[6] Am 14. Februar 1937 verschied unerwartet auch Julias Vater. Von ihm wurde gesagt: *"Er war ein Mann, der Gott fürchtete. Der Glaube war in seiner Seele verwurzelt wie eine Eiche im Felsen."*[7] Die Hoffnung auf das ewige Leben half Julia, den leidvollen Abschied von den Eltern im Glauben anzunehmen. Sie hatte immer große Achtung vor ihnen bewahrt: *"Nie habe ich zu Hause als Kind einen Streit zwischen meinen Eltern gehört. Als ich älter geworden war, erkannte ich wohl deutlicher die Eigenheiten eines jeden, aber Einheit und Liebe verband sie."*[8] Julia blieb ihren Eltern immer dankbar, weil sie wusste, wie viel sie von ihnen empfangen hatte.

Woraus schöpfte sie die Kraft, um auf ihrem einsamen Weg in Treue durchzuhalten? In ihrem Herzen brannte das Feuer der Liebe. Sie schrieb: *"Ohne mich könnt ihr nichts tun, sagt der Herr. Er lässt uns nie allein, auch dann nicht, wenn es scheint, dass Er sich von uns entfernt. Wie wahr ist das! Wie sehr will ich Ihn loben und Ihm danken, der mich durch die Kelter des Leidens und der Entäußerung geführt hat! Dort schenkte Er mir sein mildes Licht. Gott ist Vater. Er ist Liebe. In seiner Liebe schenkte Er mir eine Stütze und einen Führer: den heiligen Paulus."*[9]

Durch den Apostel Paulus wurde Julia mit dem Geheimnis der Kirche vertraut. In dieser Zeit schenkte Gott ihr besondere Gnaden, die zu einer weiteren Entfaltung des "Heiligen Bündnisses" führten. Während

Julias Eltern einige Jahre vor ihrem Heimgang

ihre Mutter am Palmsonntag 1935 die Krankensalbung empfing, ließ Gott sie den Reichtum tiefer erfassen, der im mütterlichen Schoß der Kirche geborgen liegt:

"Es war eine innere Erfahrung, die mir das Geheimnis der Kirche, des Mystischen Leibes Christi, unserer heiligen Mutter, sowie die unaussprechlichen Schätze der Sakramente offenbarte, die uns in Gottes barmherziger Liebe geschenkt werden, besonders im Priestertum, in der Eucharistie, im Sakrament der Buße und in der Krankensalbung. Diese innere Erfahrung hat in mir gleichsam ein Feuer entzündet, das brennt und erleuchtet: eine starke Liebe zu dieser Mutter, der Kirche, die unbefleckt und mächtig ist." [10]

Die Sakramente sind die Quellen unseres Heils

Julia wurde wiederum von der übernatürlichen Größe und Schönheit der Kirche ergriffen. Seit der Begegnung mit Paulus trug sie die Liebe zur Kirche im Herzen. Diese Liebe reifte mit den Jahren und wurde stets reiner, stärker und umfassender.

Als in der Seele Julias das Geheimnis der Kirche einen großen Raum einzunehmen begann, war das Leben des Volkes Gottes in vielen Ländern stark von der damals aufblühenden Katholischen Aktion geprägt. Diese hatte ihren Vorläufer in einer umfassenden Katholischen Bewegung in Europa, die im Zeitalter der Romantik viele

Kleriker und Laien in ihren Bann gezogen und für die Erneuerung des kirchlichen Lebens angespornt hatte. Der einflussreiche französische Priester Félicité Lamennais (1782-1854) gebrauchte erstmals das Wort "Katholische Aktion". Teile dieser Bewegung, vorweg Lamennais selbst,[11] wurden jedoch von liberalen Ideen erfasst und stießen auf den Widerspruch des kirchlichen Lehramtes.

Unter veränderten Umständen griffen später die Päpste Leo XIII. und Pius X. die Idee einer "Aktion der Katholiken" wieder auf. Als feste Organisation ist die Katholische Aktion das Werk von Papst Pius XI., das seit 1925 reife Gestalt annahm.[12] Dieser Papst erkannte schon am Beginn seines Pontifikates, dass die Katholische Aktion wertvolle Kräfte der Erneuerung in sich tragen könnte. Daher legte er in seinem Rundschreiben "Ubi arcano" (1922) die Grundlage für einen Zusammenschluss vieler Initiativen und Bewegungen des Laienapostolates unter der Leitung der kirchlichen Hierarchie: Die Katholische Aktion sollte zu einem Schutz gegen jene neuen Strömungen werden, die nach dem Ersten Weltkrieg eine Gesellschaft ohne Gott aufbauen und die Religion aus dem öffentlichen Leben verbannen wollten. Als grundlegende Prinzipien für die Bewegung erwähnte der Papst die Unterordnung unter die alles umfassende Herrschaft Christi, die Ausrichtung auf die universale Kirche zur Überwindung des Nationalismus und des religiösen Liberalismus, ein tieferes Verständnis für die Kirche, den Mystischen Leib

Papst Pius XI.

Christi, und eine neue Zusammenarbeit zwischen Klerus und Laien sowie zwischen den verschiedenen katholischen Vereinigungen und Bewegungen.

Die Katholische Aktion breitete sich in vielen Ländern aus. Sie brachte einen Aufschwung des religiösen Lebens, eine neue Begeisterung für die Kirche sowie ein tieferes Verständnis für die Notwendigkeit des apostolischen Einsatzes in der Gesellschaft. Der Einfluss der Katholischen Aktion betraf nicht nur das innere Leben der Kirche: Vielmehr gewann der christliche Glaube plötzlich eine seit langer Zeit nicht mehr gekannte Bedeutung im öffentlichen Leben. So eröffnete sich die Möglichkeit, Gesellschaftsschichten, die in den vergangenen Jahrzehnten für die Kirche weitgehend verlorengegangen waren, wie zum Beispiel die Arbeiterschaft, für das Christentum zurückzugewinnen. Es ging im Grunde darum, den Menschen durch eine neue Evangelisierung zu helfen, nicht dem anbrechenden neuen Heidentum zu verfallen.

Kaplan Hillewaere arbeitete als geistlicher Leiter in verschiedenen Gruppierungen der Katholischen Aktion mit. Julia sah in dieser Bewegung, so wie Papst Pius XI. sie gewollt hatte, eine Gabe des Heiligen Geistes, eine Antwort Gottes auf die Nöte in Kirche und Gesellschaft sowie eine neue Möglichkeit für die Laien, an der apostolischen Sendung der Kirche mitzuwirken und die Welt mit dem Geist des Evangeliums zu durchsäuern. Über die Bedeutung der Katholischen Aktion schrieb sie: *"Sie kam zur Stunde Gottes als ein Aufruf und eine Gabe seiner nie nachlassenden Liebe und barmherzigen Güte für die Menschen. Sie schien mir Zeichen eines mächtigen Eingreifens Gottes zu sein."* [13]

Joseph Cardijn
und die Katholische Arbeiterjugend

In Belgien war unter dem Einfluss und der Führung des späteren Kardinals Joseph Cardijn (1882-1967) in den Jahren nach dem Ersten Weltkrieg die Katholische Arbeiterjugend entstanden. Cardijn verstand es, die Prinzipien der Katholischen Aktion auf die jungen Arbeiter und Arbeiterinnen und ihre je eigene Lebenswelt anzuwenden. Mit einem Kern von jungen Menschen wollte er die Massen erobern und so auf eine große Herausforderung der Zeit antworten: 1920 hatte Belgien rund sieben Millionen Einwohner, davon zählte man eine Million Jugendliche im Alter von 14 bis 21 Jahren. Besonders unter der Arbeiterjugend gab es auf Grund des Ersten Weltkrieges große religiöse, moralische und soziale Nöte und wenig Hoffnung auf eine bessere Zukunft.[1]

Cardijn und seine Mitarbeiter wollten die jungen Menschen wieder zu den Idealen des christlichen Lebens hinführen, ihnen ihre Würde als Kinder Gottes bewusst machen und Lösungen für ihre sozialen Probleme suchen. Zur ersten Generation dieser Bewegung gehörten nicht nur junge Arbeiter und Arbeiterinnen, sondern auch Priester und Laien aus der Mittelschicht, denen die religiöse und menschliche Bildung der Jugend im Arbeitermilieu am Herzen lag. Auf nationaler Ebene wurde 1924 der männliche und 1925 der weibliche Zweig der Katholischen Arbeiterjugend errichtet.[2] Die Initiativen Cardijns, der ein großer Pionier war, wurden damals nicht von allen verstanden. Wegen zunehmender Spannungen auf kirchlicher und gesellschaftlicher Ebene ersuchte Cardijn Papst Pius XI. um eine Audienz. Bei dieser Begegnung schenkte der Papst ihm sein volles Vertrauen.[3] In religiöser Hinsicht stand die Katholische Arbeiterjugend anfangs unter dem Einfluss des "Eucharistischen Kreuzzugs" von Priester Poppe. Zu Beginn der Dreißigerjahre kam es zu einer gewissen Loslösung von dieser Spiritualität, die für die apostolischen Zielsetzungen Cardijns als ungenügend betrachtet wurde. In der geistlichen Ausrichtung blieben jedoch weiterhin einige Prinzipien von Priester Poppe wirksam.[4]

Die Katholische Arbeiterjugend hatte in diesen Jahren, die stark von der Weltwirtschaftskrise[5] geprägt waren, einen großen Einfluss. Inmitten aller moralischen und sozialen Nöte vermochte die Bewegung Cardijns vielen jungen Menschen Sinn und Hoffnung zu geben, sie wurde immer aktiver und breitete sich rasch in ganz Belgien und in anderen Ländern aus.[6]

Umso weniger konnte Mutter Julia innere Erfahrungen einordnen, mit denen sie in diesen Jahren konfrontiert wurde. Obwohl ihr der positive Einfluss der Katholischen Arbeiterjugend klar vor Augen stand, sah sie innerlich auch zunehmend Gefahren, denen manche Führungskräfte und Mitglieder der Bewegung ausgesetzt waren. Auf Grund der raschen Ausbreitung und des großen Eifers, die Massen zu gewinnen,[7] mangelte es nicht wenigen an Reife und Standhaftigkeit. Julia schrieb: *"Es fehlt an Innerlichkeit im Apostolat. Alles muss zunächst im ausdauernden guten Kampf geprüft und geläutert werden. Viele haben zu wenig begriffen, dass sie sich zuerst durch das Vorbild und dann durch Wort und Tat im aktiven Apostolat mit Beharrlichkeit einsetzen müssen. Dies gilt vor allem für jene, die sich in besonderer Weise engagieren."*[8]

Auch über die Formung der jugendlichen Führungskräfte war Julia besorgt. Zu Beginn der Dreißigerjahre änderte sich die apostolische Ausrichtung der Bewegung und erhielt, wie eine historische Studie von Leen Alaerts ausdrücklich bekräftigt, *"eher einen propagandistischen als erzieherischen Wert"*.[9] Die Jugendlichen wurden dazu aufgerufen, nach dem Prinzip "sehen - urteilen - handeln" die verschiedenen Bereiche des Lebens zu analysieren und viele neue Mitglieder anzuwerben. Dies führte zu einer Akzentverschiebung in der Bewegung, die *"zu einem Mittel der Eroberung und weniger zu einer Methode der Formung"*[10] wurde. Julia wies wiederholt darauf hin, dass es für die vielen jungen Menschen zu wenige Verantwortliche gab, die den fordernden Aufgaben der Leitung und der Gewissensbildung gewachsen waren und den nötigen Weitblick hatten: *"Es geht um eine weitergehende und gründlichere Formung, die nicht nur die Bewegung selbst im Blick hat. Es geht um eine Formung in einem ganz umfassenden Sinn, um eine 'persönliche Formung'."*[11] Julia blieb es immer ein

Anliegen, die jungen Menschen auf ihren Lebensweg in der Ehe, in der engeren Nachfolge Christi oder in einem anderen Stand vorzubereiten.

Kaplan Hillewaere zählte zu den persönlichen Freunden und Mitarbeitern von Joseph Cardijn. Er bemühte sich, in seinem seelsorglichen Einsatz für die Katholische Aktion, insbesondere auch für die Katholische Arbeiterjugend, alles Wertvolle auf religiösem, sozialem und erzieherischem Gebiet zu fördern und den ursprünglichen, von der kirchlichen Hierarchie gewollten Geist lebendig zu erhalten. Andererseits bereiteten auch ihm manche Entwicklungen in der Bewegung Sorge, besonders was die jugendlichen Führungskräfte betraf.[12] Er fühlte sich deshalb gedrängt, im Laufe der Jahre öfter mit Kanonikus Cardijn darüber zu sprechen. Dieser teilte in mancher Hinsicht seine Bedenken. Nach einem Besuch verschiedener Gruppen der Katholischen Arbeiterjugend schrieb er später: *"Ich bin betroffen, denn die Formung der jugendlichen Führungskräfte ist vernachlässigt worden. Der gute Wille ist da, auch eine bewundernswerte Bereitschaft, aber es gibt Mängel im Wissen über die Bewegung und in der Umsetzung der Prinzipien, im geistlichen und moralischen Leben, im Lebensstil und in der Disziplin."*[13]

Der spätere Kardinal Joseph Cardijn und Kaplan Arthur Cyriel Hillewaere

Darüber hinaus spürte ein Freund Cardijns - gestützt auf Persönlichkeiten, die wie er selbst die Katholische

Arbeiterbewegung schätzten - bereits 1932 eine andere Gefahr: *"Wie mir scheint, kommt es im Feuer des Eifers, den ich anerkenne und bewundere, vor, dass Führungskräfte der Arbeiterjugend ihre Bewegung als 'totalitär' vortragen. Ich denke, dass dies allmählich einen Geist schafft, der, wenn er verallgemeinert wird, Übertreibungen und Gefahren mit sich bringt. Dieser totalitäre Geist führt zu einem Mangel an Zusammenarbeit mit anderen katholischen Werken und Organisationen, die nicht zur Katholischen Aktion gehören, aber für das Allgemeinwohl notwendig sind; er führt auch zu einem mangelnden Interesse an anderen Anliegen und Sorgen der Kirche. Die Katholische Aktion umfasst nicht die gesamte Tätigkeit der Kirche. Die Katholische Arbeiterjugend ist nicht der einzige Weg, um ein höheres Ziel zu erreichen; sie muss sich anpassen und unterordnen. Ich glaube, dass diese Fehlhaltungen der Bewegung von innen und vor allem von außen schweren Schaden zufügen werden."* [14]

Julia litt unter derartigen Entwicklungen. Ihr inneres Gespür für das Wirken Gottes in der Heilsgeschichte ließ sie erkennen, wie bedeutsam es ist, dem Plan Gottes zu dienen, in den oft verborgenen Ereignissen des Alltags seine Ehre zu fördern, im apostolischen Dienst Mühe und Opfer nicht zu scheuen und zugleich auf "die Stunde Gottes" warten zu können. Kaplan Hillewaere unterstützte und orientierte mit großer Ehrfurcht ihr Gewissen, vor allem seit 1935, als Julia es noch deutlicher als Gottes Willen erkannt hatte, alle ihre inneren Erfahrungen mit ihm zu besprechen. In Dankbarkeit und mit liebendem Gehorsam folgte sie seinen Weisungen und arbeitete verantwortungsvoll mit der Gnade des Charismas mit, das in ihrem Herzen in aller Stille heranreifte.

Fünf Jahre vor ihrem Heimgang schrieb sie über diese Zeit: *"Wie mir scheint, war diese Periode eine Zeit tiefer Bekehrung und Läuterung, in der der Herr meine ganze Person und mein ganzes Sein durch ein inneres und äußeres Wachstum auf Ihn hin umgestalten wollte, um mich auf die Mitwirkung an seinem Plan und an seinen Verfügungen vorzubereiten."* [15]

DIE GRÜNDUNG DES "WERKES"

Ecce Venio...

Im Jahr 1938 wurde die Lage in Europa sehr bedrohlich. Adolf Hitler, der eine immer aggressivere Politik betrieb, übernahm in diesem Jahr den Oberbefehl über die gesamte Wehrmacht.[1] Sein Machtwahn erfüllte die Menschen mit Angst: Wird ein neuer Krieg über die Welt hereinbrechen? Mit vielen anderen litt Kaplan Hillewaere unter diesen Entwicklungen und bemühte sich, den Menschen in ihrer Not zur Seite zu stehen. Die Sorge um die politische Lage Europas und die Situation innerhalb der Katholischen Aktion gingen ihm mehr und mehr zu Herzen. Neben seinen seelsorglichen Aufgaben in der Pfarrei hatte er seit Jahren in verschiedenen Gruppierungen der genannten Bewegung als geistlicher Ratgeber und Beichtvater mitgearbeitet. Er hielt Exerzitien, Einkehrtage und Vorträge und setzte sich mit allen Kräften für die Jugend ein.

Bei dieser Tätigkeit bemerkte er immer mehr, dass sich die Katholische Arbeiterjugend in manchen Punkten von ihren ursprünglichen Zielsetzungen entfernte. Er geriet zunehmend in Gewissenskonflikte und musste sich deshalb von bestimmten Entwicklungen innerlich distanzieren, ohne aber seine bereitwillige Mitarbeit in der Bewegung aufzugeben. Vor allem sah er die Notwendigkeit der Heranbildung einer größeren Anzahl gut geformter Führungskräfte, die Reife und Innerlichkeit mit apostolischem Einsatz mitten in der Welt verbinden sollten.

Der Gedanke an gottgeweihte Frauen, die in den Mädchengruppen einen Kern bilden und Führungsaufgaben an der Seite des Priesters übernehmen könnten, beschäftigte ihn sehr.[2] Zugleich wurde er von der Gnade angezogen, die in einer jungen Frau seiner Pfarre in Stille heranreifte. Weil er seinem Gewissen in lauterer Weise zu folgen suchte und durch seine Studien ein Gespür für geistesgeschichtliche Entwicklungen aufgebaut hatte, erkannte er im Gnadenleben der jungen Julia Verhaeghe eine Antwort auf seine damaligen Fragen und Nöte.[3]

Am 18. Januar 1938 feierte er seinen 50. Geburtstag. Während der heiligen Messe legte er seine Anliegen bezüglich der Entwicklungen in der Katholischen Aktion auf den Altar. Er vereinigte sich mit dem Sühnopfer

Bei der Messfeier am 18. Januar 1938 wurde Kaplan Hillewaere in dieser Kapelle der Schwestern "Unserer Lieben Frau zu Bunderen" in Geluwe die Gnade des "Heiligen Bündnisses" geschenkt

Christi und bat Gott inständig, ihm seinen Willen kundzutun. Dabei erfuhr er den inneren Ruf, sein Leben als Priester für die Erneuerung der Katholischen Aktion und für die Entwicklung jener Gnadengabe des "Werkes" hinzugeben, deren Heranreifen er in Julia als geistlicher Vater seit Jahren mitbegleitet hatte. Julia brachte diese bedeutsame Erfahrung im Leben von Vater Hillewaere mit folgenden Worten zum Ausdruck: *"Damals offenbarte der barmherzige Gott ihm seine Willensverfügungen über sein 'Werk': das Charisma, das Er wegen der Not des Gottesvolkes schenken wollte."*[4] Sein Jawort war eine reine Glaubenstat, eine vertrauensvolle Übergabe an Gottes Führung. In diesem Akt der Hingabe wurde ihm die Gnade des "Heiligen Bündnisses" zuteil, die Julia schon vier Jahre zuvor durch Gottes barmherzige Liebe geschenkt worden war.

Die Tragweite dieses Eingriffes der göttlichen Vorsehung blieb ihm bis zum Ende seines Lebens bewusst. So schrieb er viele Jahre später in einem Brief: *"Der 18. Januar 1938 ist nicht nur mein Geburtstag gewesen, sondern auch der Tag, an dem ich dem Herrn den Rest meines Lebens für das 'Werk' gegeben habe."*[5]

Am gleichen Morgen des 18. Januar wurde Julia mit unaussprechlicher Freude erfüllt. Sie durfte sich mit dem Messopfer von Kaplan Hillewaere innerlich in einer Weise vereinigen, dass sie noch Jahrzehnte später mit tiefer

Ergriffenheit sagen konnte: *"In dieser heiligen Messe hat sich gemäß dem Plan des Herrn wahrhaft eine tiefe und innige Einswerdung unserer Seelen vollzogen. Ich weiß nicht, wie ich dies anders ausdrücken oder wiedergeben kann. Es war etwas so Herrliches und Wunderbares, dass es alle Gedanken und jede menschliche Erkenntnis übersteigt."* [6]

> Dieu m'a donné comme un cœur nouveau. Le fait m'a placée dans une toute autre situation face à la vie dans ce monde et face à mes relations avec Dieu. A partir de ce moment je voyais et je vois la vie, les choses autour de moi et en moi-même, tout autrement. -

Julias Handschrift des darunter zitierten Textes

Die Liebe zu Gott erfüllte ihr ganzes Wesen. *"Gott hat mir gleichsam ein neues Herz geschenkt. Diese Tatsache stellte mich in eine vollkommen andere Situation hinein, was mein Verhältnis zur Welt und zu Gott betraf. Von diesem Augenblick an sah ich das Leben, die Dinge um mich herum und in mir selbst ganz anders."* [7]

Beide, Julia und Kaplan Hillewaere, durften erkennen, dass Gott in dieser Gnadenstunde die Gabe des persönlichen Charismas und die Gnade des amtlichen Priestertums in gegenseitiger Ergänzung miteinander verbunden und zum Aufbau der Kirche in Einheit zusammengefügt hatte.

Mutter Julia wenige Jahre nach der Gründung des "Werkes"

Damals war Julia 27 Jahre alt. Seit vielen Jahren hatte der Herr sie auf diesen Tag vorbereitet, den sie immer den

Geburtstag des "Werkes" nannte und an dem Gott wiederum unerwartet in ihr Leben eingegriffen hatte. *"Es war ein Geschehen, das einen großen Wendepunkt in mein Leben gebracht hat. Meine Seele durfte damals ein Geheimnis der Liebe schauen, so wie eine Braut, die den Lebenstraum ihres Bräutigams erkennen und begreifen darf. Gottes tiefste Geheimnisse liegen am Ursprung der Berufung. Am Anfang war nichts - außer der Gnade Gottes mit uns. So erblickte die Berufung das Tageslicht."* [8]

Julia wurde klar, dass die Entstehung des "Werkes" für sie mit einer neuen Verantwortung verbunden war. Gott hatte ihr ein besonderes Charisma für die Kirche anvertraut. Von nun an bestand ihr Leben ausschließlich darin, "Mutter" des "Werkes" zu sein und sich ganz für dessen weitere Entwicklung hinzugeben. Sie schrieb: *"Der 18. Januar ist ein Tag der Freude und der tiefen Dankbarkeit für das Licht und die Gnaden, durch die mein ganzes Wesen 'Werk' geworden ist."* [9] Nie hatte Mutter Julia daran gedacht, selbst eine Gemeinschaft ins Leben zu rufen. Gott aber hatte sie dazu bestimmt, durch sie der Kirche ein neues Charisma zu schenken. Darüber legte sie mit folgenden Worten Zeugnis ab: *"Es hat Gott gefallen, mich zu erwählen, nach seinem Willen Werkzeug für sein 'Werk' zu sein. Ich fühle mich inner-*

In der Haltung dieses später entstandenen Gebetes gab sich Kaplan Hillewaere dem Willen Gottes hin.

"Ecce venio".
Bei seinem Eintritt in die Welt spricht Christus:
"Schlacht- und Speiseopfer hast Du nicht gefordert,
doch einen Leib hast Du mir geschaffen.
Ja, Ich komme, um deinen Willen, Gott, zu tun" (Hebr 10,5-8).

Jeden Morgen ein "Ecce venio":
Ja, ich komme,
  um deinen Willen, o Herr, zu tun, hier, jetzt und heute,
  vereint mit deinem Opferleben,
    zur Verherrlichung des Vaters,
    zum Aufbau des Mystischen Leibes, der Kirche,
in Liebe,
im Frieden nach innen,
in Freude nach außen.

lich gedrängt klarzustellen, dass ich nie die Idee, nie die Absicht hatte, selbst ein 'Werk' zu gründen. In der Lebenssituation und in dem Zustand, in dem ich mich befand, war es mir unmöglich, ähnliche Gedanken und Ideen aufkommen zu lassen. Aber Gott hat mich, wie andere aus meiner Generation, vom Zeitgeist geheilt, aus ihm gerettet und in mir eine große Liebe zur Kirche, dem Mystischen Leib Christi, entzündet. Ich habe nichts gegründet. Seit Jesus Christus die heilige Kirche gegründet hat, ist alles gegründet. Er braucht nur Menschen, die diese Gründung gründlich leben in Gottesfurcht und liebender Hingabe." [10]

Kaplan Hillewaere hatte die gläubige Gewissheit, dass das "Werk" eine Gabe Gottes ist. Er schrieb: *"Wir haben geglaubt und vertraut. Wir mussten glauben und vertrauen. Dies war uns eine Verpflichtung."* [11] Er wusste, wie er selbst bezeugte, um Mutter Julias *"tiefes innerliches Leben und ihre Gnadengaben, ihr stilles, verborgenes und ganz einfaches, gewöhnliches Leben, ihren nüchternen und gesunden Verstand"*.[12]

Ihre Gaben und Gnaden sowie seine Hingabe als Priester boten eine tragfähige Grundlage für dieses neue Charisma sowie für den neuen Auftrag, den er als geistlicher Vater für dessen weitere Entwicklung übernehmen sollte. Wegen dieses Auftrags nannte Mutter Julia ihn meistens nicht Kaplan, sondern einfach "Vater".

Vater Arthur Cyriel Hillewaere, Kaplan in Geluwe (1922-1939) und geistlicher Begleiter von Mutter Julia

Die innere Verbundenheit mit Vater Hillewaere erfüllte sie stets mit tiefem Glück. Einige Jahre danach richtete sie die folgenden Worte an ihn: *"Mir scheint, Vater, dass wir in heiliger Einheit und höchstem Vertrauen zusammenwirken und alles miteinander teilen müssen. Dabei denke ich an die äußere Entwicklung des 'Werkes' wie auch an das gnadenvolle Wirken unseres Herrn, an dem Er uns teilhaben lässt."*[13]

Von Anfang an gebrauchte Mutter Julia für die ihr geschenkte Gnadengabe den Namen "Das Werk". Über dessen Ursprung bezeugte sie: *"Den Namen 'Das Werk' als Bezeichnung für die Gemeinschaft habe ich nicht nachdenkend und überlegend gesucht, ich bin ihm vielmehr im Tiefsten meiner Seele begegnet, als ich mir mehr und mehr bewusst wurde, dass der Herr nicht nur meine persönliche Bekehrung forderte, sondern mich rief, mich nach dem Willen des Vaters ganz und vorbehaltlos in den Dienst der Kirche, seines Mystischen Leibes, zu stellen."*[14]

Dieser einfache Name verweist auf das Werk Jesu Christi, von dem Er am Abend vor seinem Leiden zum Vater spricht: *"Ich habe Dich auf der Erde verherrlicht und das Werk zu Ende geführt, das Du mir aufgetragen hast"* (Joh 17,4). Sein Werk der Verherrlichung des Vaters und der Erlösung der Menschen wird durch die Kirche in der Kraft des Heiligen Geistes fortgesetzt. Der Name ruft dazu auf, an dieser Sendung der Kirche durch einen großmütigen und lebendigen Glauben mitzuwirken gemäß der Einladung des Herrn: *"Das ist das Werk Gottes, dass ihr an den glaubt, den Er gesandt hat"* (Joh 6,29).

Der Geburtstag des "Werkes" stand am Beginn der Gebetswoche für die Einheit der Christen. Diese Woche des Gebetes war 1907 in der anglikanischen Glaubensgemeinschaft entstanden. Papst Pius X. hatte sie 1909 den Katholiken anempfohlen, und die nachfolgenden Päpste legten sie den Gläubigen immer wieder ans Herz.[15] Die Sorge um eine größere Einheit brach in den Herzen vieler Christen unterschiedlicher Konfessionen auf. Mutter Julia war dieses Anliegen immer wichtig. Sie erkannte jedoch, dass die Einheit in einem umfassenden Sinn im alltäglichen Leben Wirklichkeit werden müsse, vor allem auch innerhalb der katholischen Kirche. *"Alle sollen eins sein"* (vgl. Joh 17,21-23), so betete Jesus im Abendmahlssaal. Mutter Julia schrieb darüber: *"Seit dem 18. Januar 1938 hat der Herr mich und mit mir andere berufen, diese Einheit in einer Familie zu leben, sein Leben und sein Gebet uns zu eigen zu machen und für Ihn und mit Ihm für diese Einheit zu wirken, die in unserer Zeit so sehr gefährdet ist. Er schenkte uns für diesen Auftrag in der heiligen Berufung eine charismatische Gnade. Er wollte, dass diese in einem 'Heiliges Bündnis' besiegelt und an sein Heiligstes Herz gebunden sei."* [16]

Im damals geltenden liturgischen Kalender stand am Beginn der Weltgebetswoche für die Einheit der Christen das Fest Kathedra Petri, an deren Ende, wie heute noch, das Fest der Bekehrung des heiligen Paulus. Die beiden Apostelfeste, die die Gebetswoche umrahmten, brachten zum Ausdruck, dass die Treue zur katholischen Lehre und zum Nachfolger Petri sowie die Bereitschaft zu aufrichtiger Liebe und einem tiefgehenden Gesinnungswandel nach dem Vorbild des heiligen Paulus das Fundament für die wahre Einheit in Christus bilden. In der gegenseitigen Ergänzung dieser beiden Apostel sah Mutter Julia auch ein leuchtendes Vorbild für die Einheit und die gegenseitige Ergänzung verschiedener Berufungen und Gaben.

Wiederum wurde Mutter Julia von der Herrlichkeit des dreifaltigen Gottes ergriffen, die in der heiligen Kirche aufleuchtet. Zugleich wurde sie eingeladen, für den Glaubensverfall, für die Gefährdungen der wahren Einheit sowie für die vielen anderen Wunden, die der Kirche zugefügt werden, Sühne zu leisten. Dieser Ruf hatte nun nicht mehr länger einen privaten Charakter, sondern wurde zu einer öffentlichen Sendung, die für die ganze Kirche von Nutzen sein sollte. Ergriffen vom wunderbaren Geheimnis und von der übernatürlichen Schönheit der Kirche, rief Mutter Julia später die Mitglieder des "Werkes" auf: *"Mögen wir uns durch unsere Treue zur Berufungsgnade als würdige Söhne und Töchter der Kirche erweisen, vorbehaltlos hingegeben an ihren Dienst und ihre Belange, stolz auf ihre Herrlichkeit und ewige Jugend, wagemutig in Hingabe und Einsatz, damit wir kraftvoll und fruchtbar neues Leben tragen - für sie und mit ihr."* [17]

"Gottes tiefste Geheimnisse liegen am Ursprung der Berufung.

Am Anfang war nichts ~ außer: Die Gnade Gottes mit uns.

So erblickte die Berufung das Tageslicht."

Mutter Julia

Erste Entfaltung des Charismas

Von Anfang an war Mutter Julia vom göttlichen Ursprung des Charismas überzeugt: *"Es ist mir ganz klar, dass das 'Werk' Gottes Werk ist. Er selbst hat Instrumente erwählt, die Er dafür bestimmt hat. Wir haben uns einfach seinen Weisungen zu fügen. Man spürt es: Gott allein will derjenige sein, der alles bewirkt und voranführt."* [1]

In den Wochen nach dem 18. Januar 1938 stellte Vater Hillewaere die Frage, welche konkrete Gestalt das Charisma nach Gottes Ratschluss nun annehmen sollte. Mutter Julia gab zur Antwort, dass das "Werk" kein Orden im traditionellen Sinn sei: *"Es ist kein Orden, es ist etwas anderes. Es braucht Prinzipien für ein gemeinschaftliches Leben."* [2] Sie erkannte, dass sich die Berufenen Gott weihen, aber ihre Hingabe mitten in der Welt zur Ausbreitung des Reiches Christi leben sollten. Außerdem schrieb sie: *"Schön und ernst ist diese Berufung. Darum wird die Regel ein wenig streng sein. Man wird sie in den Briefen des heiligen Paulus finden."* [3]

Über die Lebensweise der künftigen Berufenen - sie hatte damals die Schwestern vor Augen - sagte sie: *"Sie haben eine eigene apostolische Sendung in der Welt von heute zu erfüllen und sich an der Seite des Priesters hinzugeben. Deshalb sollen sie sich von anderen Menschen durch ihre Liebe zu Gott und zu den Seelen unterscheiden. Vor allem müssen sie danach trachten, die evangelischen Räte zu leben, denn darin ist alles enthalten, was sie zur innigsten Vereinigung mit Jesus führt und was sie den Seelen näher bringt."* [4] Mutter Julia wies ausdrücklich darauf hin, dass sie ein tiefes innerliches Leben führen müssten. Um dieses Ziel zu erreichen, bedürfe es einer umfassenden und gläubigen Ausbildung: *"Die Berufenen müssen zu starken, freien Kindern Gottes geformt werden."* [5]

Die Zeit für die konkrete Umsetzung dieser Worte war allerdings noch nicht gekommen, denn bisher bestand das "Werk" nur aus zwei Personen: Mutter Julia und Vater Hillewaere. Diese beiden bildeten das Samenkorn, aus dem im Laufe der Jahre die Schwestern- und die Priestergemeinschaft herauswachsen sollten.

Geborgenheit fand Mutter Julia wiederum bei Maria, die sie in kindlicher Einfachheit und Liebe verehrte. Während einer Zugfahrt schrieb sie im Mai 1938 das folgende Gebet, in dem sie ihr Vertrauen auf die Gottesmutter zum Ausdruck brachte:

"Liebe Mutter, reich mir die Hand,
führe du mich, dann halt' ich stand.
In der Einheit, die mich bind't,
mach mich einfach wie ein Kind.
Lehr' mich werden Instrument
im Erlösungswerk des Herrn!

Wohin Jesus mich auch ruft,
gib mir deinen starken Mut,
dass ich folge seinem Weg:
treu zu geben und zu dienen,
fest und pflichtbewusst zu stehn
bei den Menschen, die vergehn." [6]

Am Herz-Jesu-Fest 1938 wurde Mutter Julia wiederum eine innere Erfahrung zuteil, die ihr die Bedeutung des "Heiligen Bündnisses" für die zukünftige Entwicklung des "Werkes" gemäß dem Plan Gottes erschloss: *"In seinem Licht durfte ich erkennen, dass die Gnade des 'Heiligen Bündnisses' auch für viele andere vorgesehen ist, die ihr Leben in dieser Zeit der Liebe und Barmherzigkeit Gottes schenken werden. Sie sollen ein Abglanz des Geheimnisses der Kirche sein und die Wunden heilen helfen, die in der ganzen Welt und selbst innerhalb der Kirche durch falsche Lehren und Lebensweisen geschlagen werden."* [7]

In aller Stille suchte sie nach Wegen, das Charisma in Lauterkeit und Dienstbereitschaft zu weiterer Entfaltung zu bringen. Sie vernahm den einladenden Ruf, sich selbst mit noch größerem Vertrauen dem Herrn hinzugeben: *"Ich spüre, dass Er mich darum bittet, unbegrenzt auf seine allmächtige Liebe zu vertrauen, um die Aufrufe zu beantworten, die Er mir gibt. Das stärkt in mir das Verlangen, mich aufzuopfern und mehr und mehr, vereint mit Christus, in Gott verborgen zu leben."*[8]

Zugleich hielt sie Ausschau nach Menschen, die Gott zu einem Leben der Hingabe für die Entwicklung des "Werkes" erwählte. Einige kranke Frauen, die bei ihr Halt und Stütze fanden, erklärten sich bereit, ihre Leiden und Krankheiten für das neue Charisma aufzuopfern. Dazu gehörte auch ihre kränkliche Schwester Madeleine. Diese Opferseelen konnten den Geist des "Werkes" von innen her verstehen und bereiteten den Boden für die ersten Berufenen.

Vater Hillewaere sprach gelegentlich mit Kanonikus Cardijn über das "Werk" und die Sendung, die dieses neue Charisma innerhalb der Katholischen Aktion erfüllen könnte. Er hatte die Überzeugung, dass unter den Führungskräften der Katholischen Aktion gottgeweihte Personen sein sollten, die zu ihrer Verinnerlichung und Erneuerung gemäß ihren ursprünglichen Zielsetzungen beitragen und sich um die Formung von Verantwortlichen kümmern müssten. Kanonikus Cardijn bewegten ähnliche Gedanken.[9] Bereits im Jahr 1919 hatte er während seines Erholungsaufenthaltes in Cannes einem seiner engsten Mitarbeiter geschrieben: *"Manchmal träume ich von einem Laienorden!"*[10] Zu den Gedanken von Vater Hillewaere sagte er: *"Dies war meine ursprüngliche Absicht."*[11] Und bei einer anderen Gelegenheit fügte er hinzu: *"Schon seit dreißig Jahren denke ich über dieses Problem nach. Ich muss mich darauf verlassen, dass andere diese Initiative ergreifen."*[12]

Schon kurze Zeit nach der Entstehung des "Werkes" fühlte sich Mutter Julia im Gewissen gedrängt, das Charisma, das in ihrem Herzen Gestalt annahm, in Demut der bischöflichen Autorität zu unterbreiten: *"Das 'Werk' muss in den Schoß der Kirche aufgenommen und deshalb bald der höheren Geistlichkeit vorgelegt werden."*[13] Im Herbst 1938 schien der Zeitpunkt gekommen, sich an den zuständigen Bischof von Brügge zu wenden. Am 30. September empfing Bischof Henri Lamiroy Vater Hillewaere, der ihn über das Charisma des "Werkes" informierte. Vater Hillewaere suchte auch regelmäßig den Kontakt mit Prälat Mahieu, dem Generalvikar der Diözese, der als Theologe und Verfasser zahlreicher geistlicher Schriften bekannt war. Schon seit längerer Zeit war Vater Hillewaere mit diesem erfahrenen Priester innig verbunden, auf dessen Rat er immer wieder hörte.

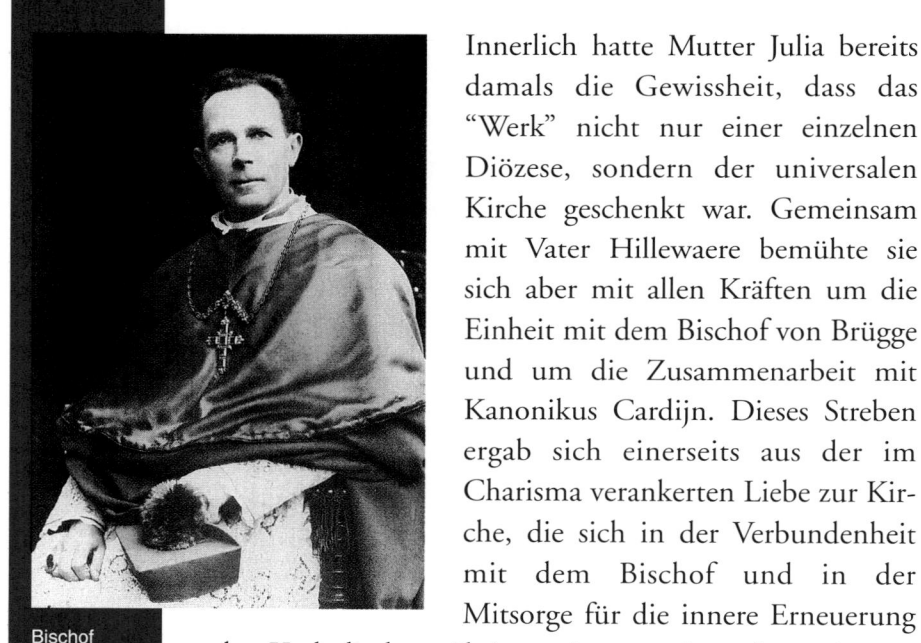

Bischof Henri Lamiroy

Innerlich hatte Mutter Julia bereits damals die Gewissheit, dass das "Werk" nicht nur einer einzelnen Diözese, sondern der universalen Kirche geschenkt war. Gemeinsam mit Vater Hillewaere bemühte sie sich aber mit allen Kräften um die Einheit mit dem Bischof von Brügge und um die Zusammenarbeit mit Kanonikus Cardijn. Dieses Streben ergab sich einerseits aus der im Charisma verankerten Liebe zur Kirche, die sich in der Verbundenheit mit dem Bischof und in der Mitsorge für die innere Erneuerung der Katholischen Aktion zeigte, sowie andererseits aus der damaligen kirchlichen und gesellschaftlichen Situation in Belgien. Dort prägte die Katholische Aktion als das von der Hierarchie gewollte Apostolat das kirchliche Leben so sehr, dass sich neue Charismen zumeist nur in ihrem Einflussbereich entwickeln konnten. Dies galt auch für die Berufung des "Werkes".

Gemeinsam mit Vater Hillewaere suchte Mutter Julia den Weg, auf dem sich das Charisma in dieser konkreten Situation entfalten könnte. Sie schrieb ihrem geistlichen Begleiter: *"Das Werk ist eine selbständige Gründung, eine eigene Gemeinschaft und Familie. Es hat seine eigene Sendung."*[14] Zusammen mit Vater Hillewaere war sie der Überzeugung, dass die wahre Erneuerung eher von kleinen Kerngruppen ausgehen müsse, die durch ihr Beispiel und ihren apostolischen Einsatz auf andere ausstrahlten. Zugleich lag ihr aus Liebe zur Kirche die Mitarbeit an der Katholischen Aktion sehr am Herzen. In diesem Sinn schrieb sie einer Schwester: *"In der Anfangszeit waren wir in einem gewissen Sinn der Überzeugung, dass sich das 'Werk' innerhalb der Katholischen Aktion entwickeln und zu einem Kern heranreifen müsste. Auf diese Weise konnten wir an der Sendung und am Auftrag der Kirche mitarbeiten. So kam es, dass wir uns mit dem Licht der uns eigenen Berufungsgnade in den Dienst der Katholischen Aktion stellten."*[15] Im Laufe der Jahre wiederholte sie: *"Die Katholische Aktion ist eine von Gott gewollte Berufung in der Kirche. Deshalb muss sich die Kirche ihrer Anliegen annehmen."*[16] Mutter Julia hatte ein unerschütterliches Vertrauen in die Kirche und wusste zugleich um die Notwendigkeit der Bekehrung aller ihrer Glieder: *"In Christus ist alles gegründet, in der Kirche und in ihrer Hierarchie ist alles grundgelegt. Auch die Hierarchie besteht aus Menschen, die der Erlösung bedürfen."*[17]

Bischof Lamiroy, dem nicht nur die Priester, sondern auch die Laien sehr am Herzen lagen, förderte die Katholische Aktion in seiner Diözese mit allen Mitteln. Er wollte sie jedoch streng diözesan ausrichten und ganz seiner bischöflichen Autorität unterordnen. Darin unterschied er sich wesentlich von den Auffassungen Cardijns, und dies führte bald zu Spannungen zwischen den beiden. In einem Buch über das Bistum Brügge heißt es: *"Die Katholische Arbeiterjugend war vor allem national ausgerichtet. Für Bischof Lamiroy sollte sie jedoch in erster Linie diözesan orientiert bleiben. Bereits vor dem Zweiten Weltkrieg kam es deshalb zu Spannungen, die nach Kriegsende noch heftiger wurden."*[18] Über die Persönlichkeit von Bischof Lamiroy, der das Bistum Brügge von 1931 bis 1952 mit großem Verantwortungssinn leitete und damals auch mit schweren Sorgen über den sich anbahnenden neuen Weltkrieg belastet war, steht in dem genannten Buch: *"Bischof Lamiroy hatte immer etwas Ernstes an sich, das Ehrfurcht und Respekt einflößte, aber den herzlichen Dialog nicht erleichterte."* [19] In diesem spannungsreichen Umfeld, das für Mutter Julia mit vielen Glaubensprüfungen verbunden war, musste sich das Charisma des "Werkes" in den darauf folgenden Jahren weiter entfalten und einen Weg in die Zukunft bahnen.

Im Stillen hoffte Mutter Julia, dass Vater Hillewaere bald ganz für das "Werk" und dessen Sendung innerhalb der Katholischen Aktion freigestellt würde; dies war auch sein Verlangen. Zugleich wollte sie nur den Verfügungen Gottes dienen und schrieb deshalb ihrem geistlichen Begleiter: *"Seien Sie ruhig, wenn der Bischof andere Vorschläge macht. Wir dürfen der Stunde der göttlichen Vorsehung nicht vorauseilen."* [20]

Im Jahr 1939 wurde Vater Hillewaere von Bischof Lamiroy zum Pfarrer von Komen-ten-Brielen ernannt, das nur einige Kilometer von Geluwe entfernt ist. Die Gläubigen in Geluwe bedauerten, dass ihr Kaplan sie verlassen musste, weil sie sein priesterliches Wirken überaus schätzten. Dies geht deutlich aus einem Nachruf hervor, der nach seinem Tod im Jahr 1972 – 33 Jahre nach seinem Abschied - von ehemaligen Mitgliedern der Katholischen Aktion verfasst und im Pfarrblatt von Geluwe veröffentlicht wurde: *"Er war ein Priester mit einem weiten Geist. Wir lernten ihn als einen Mann des Studiums kennen, der ein Gespür dafür hatte, welche Strömungen unsere Zeit beherrschten. Als ein neuer Paulus begann er mit kleinen Kerngruppen ein bedeutsames Werk der Formung. Bei den Zusammenkünften bereitete er die Mädchen und Burschen der Katholischen Jugend auf das Leben vor. Verschiedene Menschen bezeugen, dass Kaplan Hillewaere auf sie einen tiefen und bleibenden Einfluss ausgeübt hat. Seine Methode bestand darin, von der Wirklichkeit auszugehen und bei deren Bewältigung auf Bücher zurückzugreifen. Er hatte ein feines Gespür, welche Autoren der Zeit ihren Stempel aufdrücken würden. Er war still und bescheiden. Stets spornte er dazu an, in die Tiefe zu gehen. In seiner Kaplanszeit wies er darauf hin, dass die Lehre über den Mystischen Leib Christi in den nachfolgenden Jahren an Bedeutung gewinnen werde."* [21]

Im Februar 1939 starb Papst Pius XI. In einem kurzen Konklave wurde am 2. März desselben Jahres Eugenio Pacelli, der bisherige Kardinalstaatssekretär, zum neuen Oberhaupt der katholischen Kirche gewählt. Mutter Julia sah in diesem weisen und glaubensstarken Papst (1939-1958) ein Geschenk Gottes für eine Zeit, die schweren Heimsuchungen entgegenging: *"Ich habe den Heiligen Vater so gerne. Er ist wirklich ein heiliger Mann und so entschieden."* [22]

Schon zu dieser Zeit spürte sie eine innere Sehnsucht nach der Anerkennung des "Werkes" durch den Nachfolger Petri. Am 18. April 1939 schrieb sie:

Papst Pius XII.

"Rom steht mir vor Augen.
Der Heilige Vater
muss seinen Segen über das 'Werk' geben.
Ich denke,
dass ich Jesus darum bitten
und danach streben darf." [23]

Beginn des Zweiten Weltkrieges

Wie die Kindheit von Mutter Julia von einem Weltkrieg überschattet wurde, so auch die Anfänge des "Werkes". Mit dem Einmarsch der deutschen Soldaten in Polen am 1. September 1939 begann ein neuer Krieg, der weite Teile Europas und später der ganzen Welt in ein Schlachtfeld verwandelte. Bisherige Machtverhältnisse und politische Strukturen wurden umgeworfen. Die militärische Macht Hitlers versetzte die Völker in Schrecken. In kurzer Zeit gelang es den Nationalsozialisten, mehrere Staaten unter ihre direkte Herrschaft zu bringen.[1]

Die tiefgehende Krise, die hinter diesem Krieg stand, war eine Fortsetzung jener Probleme, die schon zum Ersten Weltkrieg geführt hatten. Die Bemühungen, nach dem Ersten Weltkrieg eine neue Weltordnung aufzubauen, konnten keinen wahren und dauerhaften Frieden zwischen den Völkern herstellen. Mit der Einführung des Christkönigsfestes 1925 wollte Pius XI. die Menschen dazu führen, den Blick auf Jesus Christus zu richten. Doch in der ersten Hälfte des 20. Jahrhunderts breiteten sich schreckliche Ideologien aus, vor allem der Kommunismus und der Nationalsozialismus. So war der Weg frei, dass neue politische Systeme ihren Triumphzug antreten konnten. Sie eroberten das Denken vieler Menschen und ersetzten das Heil, das der lebendige und wahre Gott in Jesus Christus schenkt, durch gefährliche innerweltliche Ideologien.

Am 3. September 1939 erklärten England und Frankreich Deutschland den Krieg. Die belgische Regierung bestätigte am gleichen Tag die Neutralität ihres Landes, mobilisierte aber zugleich 650 000 Soldaten für den Ernstfall des Durchmarsches des deutschen Heeres durch Belgien.[2] In den frühen Morgenstunden des 10. Mai 1940 begann auf Befehl der nationalsozialistischen Regierung Deutschlands der "Fall Gelb", die 18-tägige Westoffensive von der Nordsee bis zur Südgrenze Luxemburgs. Unter Verletzung der Neutralität fielen Divisionen der deutschen Wehrmacht und Lufteinheiten in den Niederlanden, in Belgien und in Luxemburg ein.[3] Um dem Einmarsch Widerstand zu leisten, wurden sofort die Abwehrkräfte mobilisiert. Auch in Geluwe überstürzten sich die Ereignisse.[4]

Mutter Julia, die damals noch im Haus ihrer verstorbenen Eltern wohnte, erinnerte sich an diesen Tag: *"Schon früh am Morgen rückten von allen Seiten französische und belgische Soldaten heran, die in der Nacht einberufen worden waren. Überall herrschten Trauer und Niedergeschlagenheit. Dies habe ich selbst erfahren, als ich um 5.30 Uhr auf dem Weg zur Frühmesse war. Der Himmel war schwarz wegen der vielen Flugzeuge. Viele junge Männer mussten einrücken. Dieser Anblick war furchterregend. Mütter und Kinder liefen weinend und klagend hinter den Lastwagen her, die mit Soldaten überfüllt waren, welche Fahnen schwangen und Musik spielten, als ob sie zu einem Fest führen. Man hatte diese jungen, unerfahrenen Männer betrunken gemacht, um sie mit Begeisterung in den Krieg zu schicken. Wie grausam ist ein Krieg, welches Leid bringt er mit sich!"* [5]

Kanonikus Cardijn, der großes Vertrauen in Vater Hillewaere hatte, ahnte, dass Brüssel bald eingenommen werden könnte, und bat ihn um Hilfe. Zeitweise ließ er Archivstücke der Katholischen Arbeiterjugend in dessen Pfarrhaus in Komen-ten-Brielen verstecken. Im Mai 1940 verließ Cardijn zusammen mit einigen seiner engsten Vertrauten Brüssel. Kurz vor der Einnahme der Hauptstadt kamen sie am 14. Mai zu Vater Hillewaere und fanden Unterkunft in seinem Pfarrhof.[6] Eine von Cardijns Mitarbeiterinnen erinnerte sich noch im Jahr 1975: *"In Komen-ten-Brielen wohnten wir bei einem Pfarrer mit einem weiten Herzen, einem sehr, sehr guten Seelsorger der Katholischen Arbeiterjugend."*[7] Kanonikus Cardijn und seine Begleiter blieben vier Tage dort und setzten dann ihren Weg nach Toulouse in Südfrankreich fort, wo sie sich im Auftrag des belgischen Premierministers um die vielen jungen Leute kümmerten, die auf Befehl der Regierung vor den Nationalsozialisten geflüchtet waren.[8] Mit unermüdlichem Einsatz kümmerten sich die Führungskräfte der Katholischen Arbeiterjugend sowie ihre Mitarbeiter um Zehntausende von jugendlichen Flüchtlingen, die in Südfrankreich übermüdet und unterernährt nach Hilfe suchten.[9]

Am 25. und 26. Mai 1940 kam es in Geluwe zu heftigen Kämpfen zwischen belgischen und deutschen Truppen. Auf beiden Seiten gab es viele Tote und Verletzte. Eine große Anzahl belgischer Soldaten geriet in Kriegsgefangenschaft. Während dieser Kämpfe suchte die Zivilbevölkerung Schutz in den Kellern, aber auch dort mussten viele ihr Leben lassen.[10] Am 28. Mai unterzeichnete König Leopold III. die Kapitulation der eigenen Armee. Vier Jahre lang stand Belgien nun unter nationalsozialistischer Herrschaft.[11] Deutsche Soldaten stürmten Ende Mai 1940 den Pfarrhof von Vater Hillewaere in Komen-ten-Brielen.[12] Mutter Julia schrieb darüber: *"Der Überfall deutscher Soldaten auf das Pfarrhaus von Vater Hillewaere im Jahr 1940 war sehr schlimm. Eine Gruppe betrunkener Männer wollte ihn erschießen. Wie durch ein Wunder ist er ihnen entkommen. Gerade in dem Augenblick, als einer der Männer sein Gewehr lud, kam ein deutscher Offizier, der ihn davon abhielt zu schießen. Die Soldaten hatten inzwischen viele lebensnotwendige Dinge gestohlen. Sie hielten das stattliche Pfarrhaus einige Tage lang besetzt."*[13]

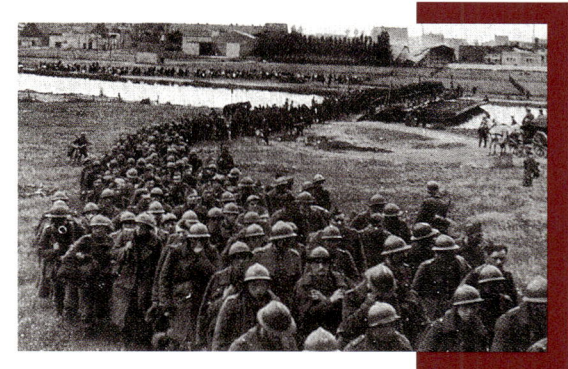

Zug der belgischen Kriegsgefangenen auf dem Weg nach Deutschland Ende Mai 1940

Pfarrhaus in Komen-ten-Brielen

Eine Chronik über Geluwe im Zweiten Weltkrieg berichtet, dass ungefähr zwei Millionen Menschen während des 18-tägigen Feldzuges der deutschen Wehrmacht vom Osten in den Westen Belgiens flüchteten. Hunderttausende von ihnen zogen durch Geluwe.[14] Mutter Julia beschrieb diese furchtbaren Ereignisse mit folgenden Worten: *"Von allen Seiten strömten Menschen in das Grenzgebiet in der Hoffnung, der Kriegsgewalt zu entkommen. Viele in Panik geratene Menschen, die fliehen mussten, kamen in unserem Dorf zusammen und konnten nicht mehr weiter. Die Kirche, die Schulen und andere öffentliche Gebäude wurden in Beschlag genommen, um den Menschenmassen eine Unterkunft zu gewähren. Auf den Gehwegen und überall, wo eine freie Stelle zu finden war, ließen sich die Menschen verzweifelt und erschöpft nieder. All das habe ich gesehen und erlebt. Meine drei Schwestern und ich zogen ins Dorf zu einer alten, alleinstehenden Frau. Wir taten dies wegen meiner kranken Schwester Madeleine und um im dortigen Keller größeren Schutz gegen Granatenbeschuss und Angriffe auf die Zivilbevölkerung zu finden. Die Not des Krieges ist mit keinem Wort zu beschreiben. Die Augen meiner Seele erkannten die tiefsten Ursachen dieses Elends, und ich half, wo immer ich konnte."*[15]

Mutter Julia litt unter den schrecklichen Ereignissen des Krieges. In Belgien waren im Mai 1940 17 000 Häuser zerstört worden, 6 448 Menschen waren dabei ums Leben gekommen, 22 524 wurden verwundet und 844 vermisst.[16] Unter den gefallenen Soldaten befanden sich 190 junge Mitglieder der Katholischen Arbeiterjugend, 1 600 wurden zu Beginn der Besatzung wegen ihres Einsatzes für ihr heimgesuchtes Volk und wegen ihrer Treue zu christlichen Prinzipien verhaftet.[17] Mutter Julia war innerlich erschüttert vom menschlichen Leid, das die kriegerischen Auseinandersetzungen mit sich brachten, vor allem aber von der Macht der Sünde, des Hasses und der Gottlosigkeit in den Herzen vieler. Auch die verheerenden Folgen des Krieges für die Menschheit und für die Kirche standen ihr vor Augen.[18]

In dieser Kriegssituation gab es keine Möglichkeit, dass sich das "Werk" nach außen hin entwickeln konnte. Wiederum blieb Mutter Julia nur der

Weg eines bedingungslosen Glaubens, den sie mit folgenden Worten zum Ausdruck brachte: *"In Christus alles für das 'Werk'!"* [19] Sie hatte die innere Gewissheit, dass Er das "Werk" voranführen werde, und wollte nichts anderes als *"Jesu Werkzeug sein in dem Sinn und in der Weise, wie Er es wünscht"*. [20]

Inmitten aller Bedrohungen und Dunkelheiten wusste sie sich durch die Gnade des "Heiligen Bündnisses" getragen und gestützt: *"Nie ruft Jesus, ohne die nötigen Gnaden zu geben. Mögen sie doch angenommen werden! In vielen Umständen, aber vor allem in der Stunde der Prüfung erfuhr ich, wie die Berufungsgnade in mir lebte. Diese Zeit war für mich in jeder Hinsicht auch eine Zeit tiefer Läuterung. Gott stärkte mich, und das Licht der Berufungsgnade, das mich umfing, gab mir Kraft, voranzugehen und den Ruf zu beantworten, den Christus durch die Hingabe im 'Heiligen Bündnis' in mich gelegt hatte."* [21]

Verlassen des Elternhauses

Schon länger dachte Mutter Julia daran, ihr Elternhaus um des Charismas willen zu verlassen. Bereits 1938 hatte sie dies erwogen und mit Vater Hillewaere darüber gesprochen. Auf seinen Rat hin blieb sie jedoch weitere drei Jahre zu Hause. Die Stunde Gottes für den Weggang vom Elternhaus schien noch nicht gekommen zu sein. Der Gehorsam gegenüber ihrem geistlichen Begleiter gab ihr die Sicherheit, auf dem richtigen Weg zu sein: *"Für mich bedeutet der Gehorsam, in abgesicherter Freiheit zu handeln und zu leben."* [1]

Im Juli 1941 gelangte sie zu der inneren Gewissheit, dass sie von ihrem Elternhaus wegziehen sollte, so wie Abraham auf den Ruf Gottes hin seine Heimat hinter sich gelassen hatte. Sie bat um die Zustimmung von Vater Hillewaere. Er machte sie auf das Wagnis aufmerksam, das sie einging, gab ihr jedoch zur Antwort: *"Tu, was Gott in dein Herz gelegt hat!"* [2] und segnete sie. Er wusste um ihren starken Glauben und ihren nüchternen Blick auf die Wirklichkeit. *"Gott führte sein 'Werk' voran"*, erzählte sie später, *"wenn ich daran denke, wie ich mein Elternhaus verlassen habe."* [3] Seit längerer Zeit war ihr bewusst, dass die Situation zu Hause nicht mehr jene Voraussetzungen bot, die für die Entwicklung des Charismas notwendig waren. Im Blick auf die Zukunft hatte sie keine einzige menschliche Sicherheit, und der Abschied von ihrer kranken Schwester, mit der sie offen über das "Werk" und die Belange der Kirche sprechen konnte, fiel ihr nicht leicht: *"Madeleine, meine geliebte Schwester, war schwer krank; eine tiefe Seelenverwandtschaft hat uns verbunden."* [4] Gerne wäre Madeleine mit

Madeleine, Julias Schwester

Mutter Julia von zu Hause weggezogen. Doch wegen ihrer Krankheit konnte sie nicht daran denken. Ihr schweres Herzleiden opferte sie aber bereitwillig für die Entwicklung des Charismas auf.

Der Krieg vermochte Mutter Julia nicht davon abzuhalten, dem Ruf des Herrn zu folgen: *"'Vergiss dein Volk und dein Vaterhaus!' (Ps 45,11) - 'Folge mir nach!' (Joh 1,43). Der Seelendurst Jesu hat mich ganz tief durchdrungen und die Bereitschaft zum Opfer war in mir. Durch alles hindurch erklang in meiner Seele das Lied: 'Näher mein Gott zu Dir'."* [5] Mit angegriffener Gesundheit, ohne erlernten Beruf, ohne Arbeit und ohne menschliche Sicherheit verließ sie mitten im Krieg am 16. Juli 1941 ihr Elternhaus und ihre Schwestern, die noch zu Hause lebten. Sie wusste sich dabei von Maria, der Mutter des Karmel, geführt, deren Gedächtnis an diesem Tag gefeiert wurde. Später schrieb sie darüber: *"Voll Glauben legte ich meine Hand in die Hand der Karmelmutter. Sie hielt mich fest und half mir, den heiligen Willen Gottes inmitten der weiteren Kriegsjahre zu erfüllen. 'Magnificat anima mea Dominum!' - 'Meine Seele preist die Größe des Herrn!' Maria war meine einzige Sicherheit für die Gegenwart und für die Zukunft, die Gott allein bekannt war. Es schien mir, dass sie, unsere Mutter, die Verantwortung für mein Leben übernahm und mich Tag für Tag vorantrug."* [6]

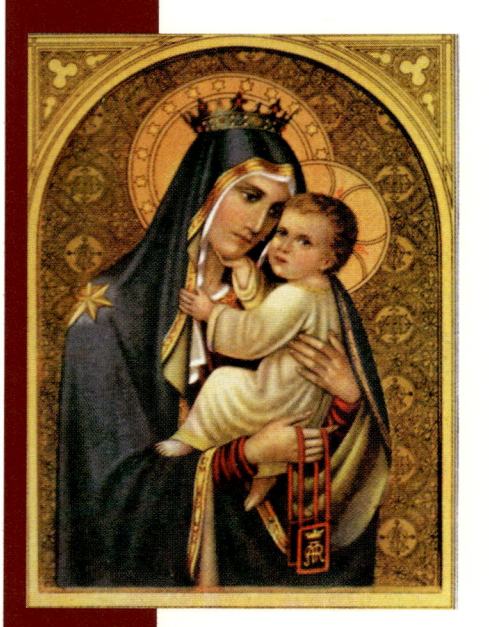

Karmelmutter

In Liebe gehorchte Mutter Julia dem Ruf des Herrn und begab sich auf einen Pilgerweg des Glaubens. Das "Heilige Bündnis" half ihr, die Heiterkeit des Geistes zu bewahren. Sie wusste sich von der Gnade Gottes getragen, mit der sie aus freiem, großherzigem Entschluss mitarbeitete: *"Die Gnade wirkt nicht automatisch, sie drängt sich auch nicht auf. Sie ist für Gottes Kirche und Volk ein Geschenk seiner unausschöpflichen Barmherzigkeit und seiner unbegrenzten Güte zur Erlösung und Heilung vieler. Die Gnade ist umhüllt und erfüllt vom Gesetz der göttlichen Liebe. Darum ist sie ihrem Wesen nach fordernd. So durfte ich die Gnade kennen lernen, sehen, erfahren und leben in einem Glauben, der einte, was zerteilt war, der heilte, was verwundet und krank war, der befruchtete, was unfruchtbar war."*[7]

Mutter Julia ahnte, dass sie mit diesem Ja zu Gottes Ruf das Ja ihrer künftigen Schwestern und Brüder mitverdienen durfte. Ihre gläubige Hingabe sollte im Leben vieler Menschen ein Echo finden. Rückblickend auf diesen Tag schrieb sie viele Jahre später an die Mitglieder des "Werkes": *"Es lag im Willen Gottes und in seinem ewigen Ratschluss, dass in dem einen Ja, das ich Ihm gab, als ich unter dem Schutz der Karmelmutter meinen Pilgerweg begann, auch euer aller Ja eingeschlossen und geborgen war. Vergesst dies nie, denn auch euer Ja birgt in sich den Ruf zum gleichen Pilgerweg, den ihr durch diese Zeit, durch dieses Jetzt zu gehen habt, das die Geschichte eures Lebens ist."*[8]

Wo zog Mutter Julia hin, als sie Geluwe verließ? Zuerst reiste sie nach Kortrijk, wo sie im Exerzitienhaus Bethanien der Schwestern des heiligen Vinzenz von Paul Unterkunft fand. Kurz darauf wurde ihr von einer Bekannten eine Dienststelle bei einer Familie in Sint-Niklaas vermittelt, das etwas mehr als neunzig Kilometer von Geluwe entfernt liegt.

Dort gewann Mutter Julia rasch das Vertrauen ihrer Arbeitgeber, die intelligent und aufgeschlossen waren. Diese führten mit ihr viele Gespräche und hielten sie für eine sehr gebildete Frau, die - wie sie meinten - höhere Studien absolviert haben müsse. Ihre Dienstgeber staunten, als sie hörten, dass sie in Wirklichkeit nur die Volksschule besucht hatte. Obwohl sie verwundert waren, respektierten sie ihre Bedingung, jeden Morgen die heilige Messe besuchen zu dürfen. Die Pfarrkirche lag weit entfernt. Mutter Julia erinnerte sich: *"Das Haus lag sehr abgelegen. Auch bei Frost, Kälte und Finsternis hielt ich durch. Die heilige Messe war mein Halt. Ich stand sehr früh auf."*[9] Der zuständige Pfarrer war von der Opferbereitschaft dieser jungen Frau beeindruckt. Gerne war er bereit, für sie und für ein Mädchen, das sie kennen gelernt hatte und mit der sie eine innige Freundschaft verband, die Kirche eine halbe Stunde früher zu öffnen.

Der Frau, bei der Mutter Julia Arbeit gefunden hatte, fiel bald auf, dass deren Gesundheit angegriffen war. Deshalb entschied sie, schwerere Hausarbeiten selber in die Hand zu nehmen und ihrer Bediensteten mehr die Erziehung der vier Kinder zu überlassen. Die Kinder liebten Mutter Julia und kamen gerne zu ihr. Sie schätzte das Wohlwollen ihrer Dienstgeberin, mit der Zeit kamen ihr jedoch im Gewissen ernste Bedenken. Sie war nämlich davon überzeugt, dass sie nicht den Platz der Mutter einnehmen durfte, die in erster Linie für die Kindererziehung verantwortlich war.

Diese Gewissensfragen und die schwierigen Situationen, die der Krieg mit sich brachte, veranlassten Mutter Julia, eine andere Stelle zu suchen. Die Dienstgeberin, eine feinfühlige Frau, spürte etwas von ihrer gottgeweihten Berufung. Deshalb bot sie ihr vor dem Weggang aus der Familie an, ihr bei einem eventuellen Eintritt in einen Karmel behilflich zu sein. Sie hatte nämlich erfahren, dass Mutter Julia dem Dritten Orden des Karmels angehörte, und ihr erlaubt, die monatlichen Versammlungen zu besuchen. Mutter Julia aber war sich bewusst, dass Gott einen anderen Plan mit ihr hatte.

Während der Zweite Weltkrieg tobte und noch nicht absehbar war, wie das "Werk" konkrete äußere Gestalt annehmen könnte, stand das Charisma immer klarer vor den Augen ihrer Seele. So bekannte sie im

November 1941: *"Mir scheint, dass der gute Gott mich mehr und mehr festigt in dem, was das 'Werk' betrifft. Gottes Wort, das ich in der Stille meines Herzens gehört habe, geht in Erfüllung."* [10]

Der 16. Juli blieb für Mutter Julia immer ein Tag der Dankbarkeit und des Staunens über die wunderbaren Wege der göttlichen Vorsehung. Als dieser Tag viele Jahre später wieder einmal näher kam, schrieb sie: *"In Vorbereitung auf den gesegneten Gedenktag, an dem die Karmelmutter mich souverän an der Hand genommen hat, um mich auf dem Weg des 'Werkes' Jesu voranzuführen, fließt mein Herz über von Dankbarkeit, Frieden und tiefer Freude. Wie ein Kind seiner Mutter, habe ich mich ihr damals übergeben und ihr den ganzen zukünftigen Weg anvertraut, der mir noch unbekannt war. Sie hat mich vor allem gelehrt, das wahre Vertrauen zu begreifen und zu leben. Dieses wahre Vertrauen, so scheint es mir, ist der Mut zur Treue in allen Prüfungen. Es ist wie die Treue der Braut, die an die Treue ihres Bräutigams glaubt."* [11]

Bei den Dienstmädchen

Im Oktober 1941 wurde Mutter Julia von Pater Berthold, einem angesehenen Karmeliten, eine neue Stelle in Kortrijk empfohlen. Dort übernahm sie den Haushalt einer reichen, vornehmen Dame, die zwei Hunde und einen Papagei besaß. Mutter Julia war von der eigenartigen Atmosphäre in diesem Haus so irritiert, dass sie ihre Koffer eine Woche lang nicht auspackte. Weil sie aber fest daran glaubte, dass die Vorsehung Gottes sie an diese Dienststelle geführt habe, entschloss sie sich zu bleiben.

Bei der heiligen Messe traf sie eine junge Frau, die sich um die vielen Dienstmädchen in den Familien in Kortrijk kümmerte. Damals war es in Flandern noch nicht allgemein üblich, dass junge Frauen einen Beruf erlernten oder ein Studium absolvierten. Viele von ihnen waren in einem Haushalt und in der Kinderbetreuung tätig, andere arbeiteten in Fabriken und Werkstätten. Zahlreiche Dienstmädchen in Kortrijk gehörten zu einer Gruppe der Katholischen Arbeiterjugend. Nach einigen Monaten wurde Mutter Julia von der Verantwortlichen der Gruppe gebeten, bei der Leitung mitzuhelfen, die sie nach kurzer Zeit zur Gänze übernahm. Für Mutter Julia eröffnete sich so auf natürliche Weise die Möglichkeit, andere im Glauben zu stützen. Obwohl Mutter Julia nicht der Katholischen Aktion angehörte und über manche Entwicklungen besorgt war, nahm sie diesen Auftrag im Gehorsam mit ganzer Bereitschaft an. Vater Hillewaere hatte sie gebeten, sich in diesem apostolischen Dienst für die Anliegen der Jugend einzusetzen.

Mutter Julia in Kortrijk

Die Arbeit an der neuen Stelle forderte von Mutter Julia alle Kräfte. Wiederum hatte sie die Verantwortung für das ganze Haus zu tragen. Weil sie die Arbeit pflichtbewusst und mit Liebe erfüllte, schenkte die Dienstgeberin ihr bald Vertrauen und Zuneigung und gab ihr die Erlaubnis, sich in der freien Zeit um die Dienstmädchen in Kortrijk zu kümmern. Neben ihrer mütterlichen Sorge um die jungen Frauen trachtete Mutter Julia danach, auch die Dienstgeberin im Glauben weiterzuführen: *"Ich will die Frau zu einem edleren Leben hinführen. Das fordert Einfühlungsvermögen, Opfer und ein vollkommenes Abstandnehmen von mir selbst. Möge sie doch Gott in ihrem Leben entdecken und erfahren und erkennen, wie gut Er ist und wie sehr Er uns liebt."* [1]

Im Hause der Dienstgeberin arbeitete auch ein junger Mann namens Vincent. Er war dankbar, dass er in den Kriegswirren dort eine Zuflucht gefunden hatte.[2] Er stammte aus einer guten, kinderreichen Familie und stand Mutter Julia helfend zur Seite. Oft gab er ihr Adressen von Mädchen, die er kannte. Während er mit den Hunden spazierenging, teilte er die Briefe aus, die sie an die Dienstmädchen richtete, und übernahm in ihrem Auftrag manche Absprachen. Da auch Mutter Julia gelegentlich die Hunde auszuführen hatte, konnte sie verschiedene Familien und Dienstmädchen immer wieder treffen. In späteren Jahren erinnerte sie sich: *"Durch Vincent lernte ich viele Dienstmädchen kennen. Meine Dienstgeberin führte mich in die vornehme Welt von Kortrijk ein. So eröffnete sich mir ein guter und segensreicher Weg zu den Dienstmädchen und zu guten Familien, die Bedienstete hatten oder suchten."* [3] Mutter Julia blieb stets wachsam, natürliche Situationen für das Reich Gottes fruchtbar zu machen. So gelang es ihr in kurzer Zeit, einen großen Kreis junger Frauen um sich zu scharen.

Eine besondere Stütze fand die 31-jährige Mutter Julia damals in Pater Berthold, der in einem Kloster unweit ihrer Dienststelle wirkte. Pater Berthold verstand es, asketische Strenge und herzliche Offenheit, kontemplative Stille und apostolischen Eifer harmonisch miteinander zu verbinden. Er war ein Mann Gottes mit einer großen priesterlichen Ausstrahlung sowie ein gesuchter Beichtvater und Prediger bei Einkehrtagen und Exerzitien. Seine Schriften über die Spiritualität des Karmels hatten großen Einfluss.[4] Er spürte, dass Mutter Julia eine tief kontemplative Seele besaß und von einem inneren Feuer erfüllt war, Seelen für Gott zu gewinnen.

Pater Berthold von Jesus OCD

Im Einsatz für die Dienstmädchen standen Mutter Julia mehrere Gruppenleiterinnen zur Seite. Sie bemühte sich, in diesen jungen Frauen die gläubige Verbundenheit mit Jesus und untereinander zu vertiefen und ihren Sinn für Verantwortung zu fördern. Sie ließ ihnen wöchentlich Rundbriefe zukommen, um sie in ihrem kirchlichen Einsatz zu ermutigen und auf den weiteren Lebensweg vorzubereiten. Manchmal legte sie diese Briefe Pater Berthold vor und bat ihn, sie durchzusehen und zu verbessern. Das Bemühen, an der Seite des Priesters zu wirken und so die gegenseitige Ergänzung zu leben, lag ihr sehr am Herzen und nahm in dem ihr geschenkten Charisma einen immer deutlicheren Platz ein. Sie schrieb damals: *"Pater Berthold ist unserem Werk sehr zugetan. In kluger Weise begleitet er alles. Ab und zu sende ich ihm den wöchentlichen Rundbrief."*[5]

Einige dieser Rundbriefe sind uns erhalten geblieben. Sie bezeugen den frohen Glaubensgeist, der von Mutter Julia ausging und der es vermochte, jungen Menschen zu helfen, ihren oft nicht leichten Alltag gläubig zu bewältigen. Es gelang ihr, das Leben der

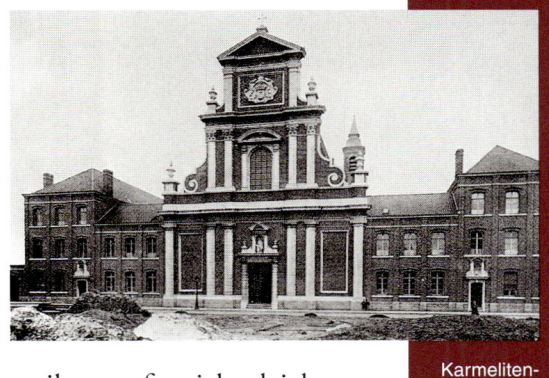

Karmelitenkirche in Kortrijk

jungen Frauen mit dem Ideal einer tiefen Christusliebe und der Freude am Wort Gottes zu erhellen. Sie schrieb: *"Wie müssen uns die Worte des göttlichen Lehrers im Evangelium ansprechen! Wie müssen sie uns begeistern bei den Zusammenkünften und bei der Erfüllung unserer Aufgaben!"* [6] Sie verwies immer wieder auf das wunderbare Geheimnis der Kirche: *"Herrlich ist es für uns, am Leben der Kirche teilnehmen zu dürfen! Haben wir das bisher genug bedacht und genug geschätzt? Wir müssen - jetzt oder nie - junge Frauen werden, die das, was sie von Christus durch die Kirche empfangen, leben und ausstrahlen können und weitergeben wollen."* [7]

Oft bat sie die Dienstmädchen, die Priester in ihrer Sendung zu stützen und ihnen in Ehrfurcht vor ihrer Berufung zu begegnen. Sie ermutigte sie, treu zu Kanonikus Josef Cardijn zu stehen. In der schwierigen Situation der deutschen Besatzung hatte er 1942 die Arbeiterjugend aufgerufen, sich unerschrocken zu den christlichen Prinzipien zu bekennen: *"Wir stehen vor zwei entgegengesetzten und unversöhnlichen Tendenzen in der Erziehung, und zwar vor einer heidnischen Auffassung und einer personal-christlichen Richtung. Jetzt müssen wir die Rückschläge und Prüfungen des Krieges als Gelegenheiten wahrnehmen, die die Vorsehung uns bietet, um unerschütterlich unseren Glauben an die persönliche Würde, an das zeitliche und das ewige Ziel des jungen Arbeiters zu bezeugen. Wir müssen die ersten Christen der neuen Zeiten sein."* [8] Als er 1942 nach dieser Ansprache für einige Monate ins Gefängnis von Saint-Gilles in Brüssel kam,[9] schrieb Mutter Julia den jungen Frauen: *"Mitfühlend denken wir an ihn in seiner Einsamkeit. Keine Mauern oder Abstände lassen uns vergessen, was er für die Arbeiterjugend aufgebaut hat. Durch die Opfer unseres Dienstes und unseres apostolischen Einsatzes vereinen wir uns mit seinem selbstlosen Opfer. Zugleich beten wir für seine Befreiung und unterwerfen uns den Verfügungen der Vorsehung Gottes."* [10]

Mutter Julia wirkte erzieherisch. Sie weckte in den Dienstmädchen, die sozial wenig angesehen waren, das Bewusstsein ihrer Würde als Frauen, als Getaufte und als Glieder der Kirche und führte sie hin zu Tugend und Innerlichkeit. Entschieden trat sie dem Geist der Unverbindlichkeit entgegen und legte deshalb Wert darauf, dass niemand ohne Angabe von

Gründen den gemeinsamen Gottesdiensten und Treffen fern blieb und dass jede Einzelne den Mitgliedsbeitrag pünktlich bezahlte. Zugleich machte sie die auf rechtlichem Gebiet unerfahrenen Dienstmädchen darauf aufmerksam, dass sie persönlich dafür verantwortlich waren, manche sozialen Gesetze zu kennen und mit christlichem Gewissen anzuwenden. Sie schulte deren Charakter und formulierte konkrete gemeinsame Vorsätze. Um Gottes Segen für Exerzitien von Führungskräften der Katholischen Aktion zu erbitten, machte sie folgenden Aufruf: *"Am 20. Mai opfern wir unsere gemeinsame Messe in schwesterlicher Verbundenheit auf und bitten den Heiligen Geist, dass Er der Kirche gute Führungskräfte schenke und sie mit seinen sieben Gaben erfülle."* [11]

Eines ihrer zentralen Anliegen bestand darin, den Dienstmädchen zu helfen, gute Lebensentscheidungen zu treffen und sie für die Zukunft vorzubereiten. Sie stellte folgende Fragen: *"Haben wir schon einmal ernsthaft darüber nachgedacht, wonach wir als junge Frauen unser Leben ausrichten? Haben wir daran gedacht, dass für jede Frau durch Gottes ewige Verfügungen ein eigener Lebensweg und Lebensstand vorgesehen ist? Von Jugend an müsst ihr auf eine Zukunft zugehen, in der ihr vom Mädchen zur Frau werdet, ob ihr nun den Ehestand wählt oder ins Kloster geht. In uns und in allen Mädchen tut sich der Plan Gottes in der ganz persönlichen Art und in den Neigungen des Herzens und des Gemütes kund, wie sie sich im Laufe der Jahre nach Gottes Wink und Ruf zeigen und entwickeln."* [12]

Mutter Julia wollte nicht nur gläubige, sondern auch menschlich reife Frauen heranbilden. Sie spürte, dass viele Dienstmädchen ihre Persönlichkeit in der oft harten Arbeitswelt kaum entfalten konnten. Deshalb lag es ihr am Herzen, den jungen Frauen zu helfen, ihr Denken, Fühlen und Wollen zur Reife zu bringen. Es ging ihr nicht vorrangig um eine große Zahl. Sie schenkte den Dienstmädchen Geborgenheit und bereitete sie mit Einfühlungsvermögen und Wirklichkeitssinn auf die Anforderungen des Lebens vor. Nach wenigen Wochen durfte sie mit Freude erkennen, dass sich in der Gruppe der Dienstmädchen ein neuer Geist auszubreiten begann. Sie liebte sie von ganzem Herzen und schrieb

Vater Hillewaere: *"Ich halte so viel von meinen Dienstmädchen."*[13] Auch Kanonikus Cardijn brachte seine Wertschätzung für das Apostolat in Kortrijk zum Ausdruck und sagte bei einem Treffen in Brüssel zur Leiterin, durch die Mutter Julia für die Dienstmädchen gewonnen worden war: *"Herzliche Glückwünsche! Sag allen Leiterinnen, dass ich sie segne und dass sie im großen und schönen Werk, das sie begonnen haben, durchhalten sollen. Solche Leute müssen die weibliche Arbeiterjugend führen."*[14]

Das Wirken von Mutter Julia führte bei verschiedenen Verantwortlichen der Katholischen Aktion zu Dankbarkeit und Staunen. Andere hingegen brachten weniger Verständnis dafür auf, denn sie setzte in ihrem apostolischen Wirken eigene Schwerpunkte: Es ging ihr weniger um äußere Aktivitäten, sondern mehr um Glaubensvertiefung und Gewissensformung. Ihr kam es vor allem auf die Reinheit der Absicht an, auf die wahre Freude am Leben und auf das Streben nach einer Heiligkeit, die sich in allen Situationen als echt und glaubwürdig erweisen konnte. Aus diesem Bemühen sollte der äußere Einsatz hervorgehen und zu einem lauteren und frohen Dienen werden. Sie hatte dies vom heiligen Paulus gelernt, der an seinen Schüler Timotheus schreibt: *"Kämpfe den guten Kampf, gläubig und mit reinem Gewissen"* (1 Tim 1,19). In ihrem Einsatz für die Dienstmädchen zeigte sie in der Praxis, wie das Charisma des "Werkes" im apostolischen Dienst gelebt werden sollte und welche Prinzipien dabei wichtig seien.

Obwohl Mutter Julia in der Begleitung der Jugendlichen einen eigenen Weg ging und Schwierigkeiten in der Zusammenarbeit nicht ausblieben, bemühte sie sich aufrichtig um die Einheit mit der Leitung der Katholischen Aktion in Kortrijk. In einem Brief sagte sie: *"Etwas, das gemeinsam vollbracht werden muss, kann ich unmöglich im Alleingang verwirklichen."*[15] Das Ringen um die Einheit lag ihr stets am Herzen.

Ende September 1942 nahm Mutter Julia Abschied von Kortrijk. Ihre Dienstgeberin, die auf Grund ihres guten Einflusses einen Weg der Bekehrung begonnen und sie lieb gewonnen hatte, war darüber sehr betrübt. Mutter Julia bezeugte: *"Sie kann es einfach nicht begreifen und nicht annehmen; sie versucht mich mit allen Mitteln bei ihr zu halten."* [16]

Mit ihrem Weggang war auch die Stunde gekommen, die Begleitung der Dienstmädchen anderen zu überlassen. In einem Brief berichtete Mutter Julia: *"Alle unsere Dienstmädchen kamen; sie waren traurig, weil sie Abschied nehmen mussten. Bei diesem Abschied spürte ich, wie sehr ich für sie gelebt und gearbeitet hatte, und wie ich sie und den ganzen Auftrag in meinem Herzen trug."* [17]

Warum ging Mutter Julia weg? Sie hatte in Treue zu den Anrufen Gottes in ihrem Gewissen erkannt, dass dieser Schritt der Loslösung wegen der Schwierigkeiten mit Verantwortlichen der Katholischen Mädchenjugend in Kortrijk notwendig war. *"Mehr denn je spüre ich, dass ich mich im Rahmen dieser Gruppierung in ihrer derzeitigen Entwicklung nicht bewegen kann. Ich danke dem Herrn für die Erfahrungen, die ich in Kortrijk machen konnte."* [18] Ihr wurde deutlich, dass sie von beruflichen und apostolischen Verpflichtungen freier werden und für die weitere Entwicklung des "Werkes" verfügbarer sein musste. *"In meinen Gedanken"*, so schrieb sie Vater Hillewaere, *"werde ich mehr und mehr zum Herzen des 'Werkes' hingezogen. Ich meine mit dem Herzen des 'Werkes' die Gründung. Unaufhörlich und bedingungslos biete ich Gott mein Leben an, damit sein 'Werk' sich weiter entwickle."* [19] Zudem hatte sich der Gesundheitszustand ihrer Schwester

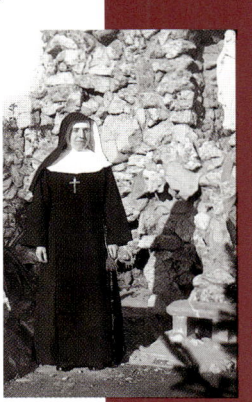

Einige Dienstmädchen, die Mutter Julia auf ihrem Lebensweg begleitete

Madeleine verschlechtert, so dass diese dringend Hilfe brauchte. Mit Einverständnis von Vater Hillewaere kehrte Mutter Julia für kurze Zeit nach Geluwe zurück, um Madeleine beizustehen, die nach einigen Monaten in die Ewigkeit heimgerufen wurde. Mutter Julia war innig mit ihr verbunden und stand ihr im Todeskampf zur Seite. Sie blieb ihrer Schwester immer dankbar, dass sie dem Herrn ihr Leben und Leiden für die Entwicklung des "Werkes" geschenkt hatte. Bei aller Liebe und Wertschätzung für ihre Geschwister war die zeitweilige Rückkehr nach Geluwe für sie mit Opfer und Verzicht verbunden: *"Ich muss mich in so viele Situationen einfügen, die mir fremd sind und meinen Absichten nicht entsprechen."* [20]

Während ihres Aufenthalts in Geluwe blieb Mutter Julia mit verschiedenen Frauen aus Kortrijk in Kontakt. Aus einem an sie gerichteten Brief geht hervor, welchen Einfluss sie auf die jungen Seelen ausgeübt hatte: *"Ich spürte, dass unsere Bewegung eine gute Entwicklung durchmachte, solange Sie daran mitgearbeitet haben. Damit meine ich vor allem die Entwicklung auf geistlichem Gebiet, die so notwendig ist und jetzt wieder vernachlässigt wird."* [21] Eine andere Frau, der sie geholfen hatte, ihre gottgeweihte Berufung zu finden, schrieb ihr: *"Ich möchte mich sehr herzlich für Ihren Brief und Ihre Gebete bedanken. Sie sind mir sehr willkommen. Ich habe keinen geistlichen Leiter. Können Sie mir helfen? Ich möchte gerne im inneren Leben weiterkommen und bin noch so schwach auf den Beinen. Ich brauche eine Stütze."* [22] Mehrere Jahre später besuchte Mutter Julia einige Dienstmädchen, die inzwischen geheiratet hatten. Sie schrieb darüber: *"Ich danke Jesus für das Gute, das Er weiterhin in diesen jungen Frauen wirkt. Ich glaube sagen zu dürfen, dass jede von ihnen auf ihre Weise versucht, eine gute Mutter zu sein und eine Familie mit christlichen Prinzipien aufzubauen."* [23]

Auch Pater Berthold äußerte sich sehr positiv über den apostolischen Einfluss von Mutter Julia in der weiblichen Jugend von Kortrijk. Er bot ihr weiterhin seine priesterliche Unterstützung an und versicherte ihr, er habe ihr Wirken bei den Dienstmädchen *"als eine Sache Gottes betrachtet"*. [24]

Sorge um die Einheit

eenheid in de liefde van Christus

Mutter Julia

Am 29. Juni 1943 veröffentlichte Papst Pius XII. die Enzyklika "Mystici Corporis Christi", in der er das Geheimnis der Kirche auf eindrucksvolle Weise darlegte und die Gläubigen zu einer vertieften Einheit mit Christus, dem Haupt der Kirche, und untereinander aufrief. Im Vorwort dieser Enzyklika heißt es: *"Wir beabsichtigen, vom Reichtum zu sprechen, der im Schoße der Kirche ruht, die Christus mit seinem Blute erworben hat, und deren Glieder sich ihres dornenumkrönten Hauptes rühmen."*[1] An anderer Stelle schrieb der Papst: *"Nunmehr halten Wir es für die Pflicht Unseres Hirtenamtes, auch das Herz zu jener innigen Liebe zum Mystischen Leibe Christi anzuregen, die sich nicht nur im Denken und Reden, sondern auch im Handeln äußert."*[2] Pius XII. gab seinem Wunsch Ausdruck, dass alle Glieder der Kirche an ihrer apostolischen Sendung mitwirken sollten. In diesem Zusammenhang erwähnte er lobend die Mitglieder der Katholischen Aktion, die den Hirten im apostolischen Dienst zur Seite stehen. Er verwies aber auch auf die Bedeutung anderer Vereinigungen. Ihm stand klar vor Augen, wie wichtig in der Not der Zeit die Mitarbeit aller an der Sendung der Kirche ist.[3]

Mutter Julia freute sich sehr über dieses Papstschreiben und sah darin eine lehramtliche Bestätigung der Sendung, die sie schon viele Jahre lang in ihrem Herzen trug und die im Charisma des "Werkes" Gestalt angenommen hatte. Ihr stand die organische Sicht der Kirche, bei der die Treue zur Hierarchie mit der gegenseitigen Ergänzung der verschiedenen Charismen und Gnadengaben verbunden war, klar und deutlich vor Augen. Auch Vater Hillewaere, der die Bedeutung der Kirche, des Mystischen Leibes Christi, seit Jahren in den Mittelpunkt seines priesterlichen Wirkens gestellt hatte,[4] betrachtete die Enzyklika als ein großes Geschenk.

In dieser Zeit verbrachte Mutter Julia im Einvernehmen mit Vater Hillewaere und in Absprache mit Bischof Lamiroy einige Monate in Brüssel, um den Plan Gottes über das "Werk" genauer zu erkennen. Sie schrieb darüber: *"Ich bin fest davon überzeugt, dass der Herr alles voranführt und sich der konkreten Umstände bedient. Ich werde stets danach trachten, von Gottes Geist abhängig zu bleiben und all mein Tun und Lassen so zu* regeln, dass nichts von dem behindert oder abgeschwächt wird, was der Herr mir anvertraut hat. Meine ganze Sorge und Hingabe gilt den Berufenen und dem 'Werk'. Die konkreten Pläne des Herrn sind mir noch nicht bekannt, doch ich bin davon überzeugt, dass Er sie in dem von der Vorsehung bestimmten Augenblick nicht verborgen halten wird."⁵

Hauptplatz von Brüssel

In Brüssel lernte sie neue Aufbrüche in der Kirche näher kennen. Sie freute sich darüber und war zugleich besorgt über die mangelnde Einheit und Zusammenarbeit unter ihnen. Immer wieder stellte sie sich die Frage, wie das Charisma, das ihr geschenkt war, für die gegenseitige Ergänzung zwischen Gemeinschaften und Bewegungen fruchtbar werden könnte: *"Es erfüllt mich ein immer stärkeres Verlangen, durch mein ganzes Sein und Streben zu größerer Einheit unter den Kindern der Kirche Gottes beizutragen."*⁶ Mutter Julia hatte das klare Bewusstsein, dass die ihr anvertraute Gnadengabe ein Charisma der Einheit in einem umfassenden Sinn war.
Zu dieser Einheit gehörte für sie auch die harmonische Verbundenheit zwischen dem apostolischen und dem kontemplativen Leben. Vater Hillewaere teilte dieses Anliegen, das ihm in seinem priesterlichen Wirken und durch vertiefte Studien sehr wichtig geworden war. In Anbetracht seiner Sorgen über manche Entwicklungen in kirchlichen Gruppierungen stellte er fest: *"Es muss Einheit bestehen zwischen dem innerlichen Leben und der apostolischen Sendung. Das aktive Apostolat muss so geordnet sein, dass es dem geistlichen Leben nicht nur nicht schadet, sondern die Innerlichkeit fördert!"*⁷

Bei verschiedenen Begegnungen in Brüssel fiel die Persönlichkeit von Mutter Julia auf. *"Sie ist außergewöhnlich nüchtern und wach und lässt sich von andern nicht so leicht beeinflussen"*,[8] meinte eine junge Frau. Und eine Akademikerin, die biblische Fächer unterrichtete, bezeugte: *"Ich finde, dass jemand mit einem Intellekt, wie Julia ihn besitzt, ins Milieu der Studierenden gebracht werden müsste!"*[9] Auch ihre genauen Kenntnisse und ihr tiefes Verstehen der Heiligen Schrift blieben nicht verborgen. Eines Tages wurden ihr einige Fragen gestellt, auf die sie folgendermaßen antwortete: Welche Bücher interessieren Sie? - *"Das Evangelium."* - Wie machen Sie sich seine Lehre zu eigen? - *"Ich suche darin die Wahrheit der Lehre Christi und versuche, mein Leben danach auszurichten."* - Wie kamen Sie dazu, das Evangelium so tiefsinnig zu erfassen? - *"Das kann ich nicht erklären; man soll nach der Wahrheit streben."*[10]

Heilige Schrift in französischer Sprache, verwendet von Mutter Julia

Aus den reinen Quellen des Evangeliums schöpfte sie jene Weisheit, welche die Welt nicht zu geben vermag. Sie unterstrich, dass jeder apostolische Auftrag in der Wahrheit des Evangeliums seine eigentlichen Wurzeln habe: *"Man muss die ganze Wahrheit anerkennen, die aus Gott kommt."*[11] In ihrer brennenden Liebe zum Mystischen Leib Christi war sie davon überzeugt, dass zwischen den Gläubigen, die an der apostolischen Sendung der Kirche teilhaben, eine herzliche Einheit, eine aufrichtige Zusammenarbeit und eine fruchtbare gegenseitige Ergänzung bestehen sollte. Sie erinnerte daran, dass der gleiche apostolische Auftrag alle Gemeinschaften zusammenschmiede: *"Ich sehe in den verschiedenen Formen des Apostolats keinen wesentlichen Unterschied: Das Apostolat ist ein Aus- und Überströmen von Gottes Gnade in die Seele und ein Weiterströmen der Gnade von Seele zu Seele."* [12]

Mit derselben Überzeugung betonte sie, dass jedes Werk Gottes seine besondere Sendung im Leib der Kirche zu erfüllen habe und seiner ihm eigenen Zielsetzung treu bleiben müsse. Es braucht viel Geist der Unterscheidung, um neben dem, was alle kirchlichen Vereinigungen gemeinsam haben, auch das zu erkennen, was ihnen jeweils eigen ist, und das Echte vom Unechten sowie den selbstlosen Einsatz für die Kirche vom Verlangen nach Karriere unterscheiden zu können. Damals stellte sie fest: *"Jemand, der sich Illusionen hingibt, kann sich nicht an der Wahrheit freuen. Es geht um ein Mitarbeiten mit der Gnade. Wir arbeiten zur Ehre Gottes. Wir arbeiten nicht, um durch unsere Werke vor anderen zu glänzen, sondern um die Herrlichkeit Gottes aufstrahlen zu lassen. Sobald nach eigener Ehre und eigenem Ansehen gesucht wird, kommt die Einheit in Gefahr. An Stelle der wahren Einswerdung entsteht große Zerrissenheit!"* [13]

Im Blick auf zwei bedeutende Apostolatswerke innerhalb der Kirche schrieb sie in einem Brief: *"Ich verstehe sehr gut, dass sich die beiden Werke in ihrer Zielsetzung und ihrem Aufgabenbereich voneinander unterscheiden. Aber es scheint mir, dass der Herr, der beide ins Leben rief, auch die für eine gute Entwicklung notwendigen Mittel bereitgestellt hat, damit sie mit echtem Verständnis füreinander und in einmütiger Gesinnung an der Festigung der Einheit zum Wohl der Kirche mitarbeiten. Sie sollen sich nicht gegenseitig das Leben unmöglich machen, sondern einander ergänzen und bereichern. Die weise Vorsehung Gottes hat jedem Werk eine eigene Sendung anvertraut. Und weil beide Werke entstanden sind, um auf eine neue Not in der Kirche zu antworten, ist es von Bedeutung, dass sie ihre Kräfte vereinen, um den Angriffen des Feindes zu widerstehen."* [14]

Wie Christus den Aposteln gedient hat, sollen die verschiedenen Werke Gottes der Kirche und einander dienen: *"Ist es nicht notwendig, dass unse-*

re Anteilnahme an der erlösenden Liebe Christi unseren Blick weiten muss, so dass wir beide Werke mit seinen Augen sehen können? Es kommt mir gerade in den Sinn: Unser Herr hat es auch nicht unter seiner Würde empfunden, den Aposteln zu dienen und ihnen die Füße zu waschen. Es hat mich getroffen, dass sich eine Gemeinschaft nicht auf die Zusammenarbeit mit anderen einlassen will."[15]

Abendmahlssaal, in dem Jesus besonders um die Einheit der Jünger gebetet hat

Mutter Julia war der Auffassung, dass die einzelnen Charismen nicht nur auf sich selbst bedacht sein dürften, sondern aus Liebe zur Kirche die Zusammenarbeit mit anderen Gemeinschaften suchen sollten. In ihrer einfachen, klaren Sprache sagte sie: *"Zuerst muss die Einheit zustande kommen, bevor von ihnen Kraft ausgehen kann. Es gibt nur eine Berufung, und das ist die Liebe. Die verschiedenen Charismen sind Kanäle, durch die Gott seine Barmherzigkeit in verschiedener Weise ausgießt und in die Kirche hineinströmen lässt, damit sie eine große Kraft seien und dem von Gott gewollten Ziel dienen."*[16] Sie trug in sich das Verlangen nach einem Zusammenwirken aller positiven Kräfte in der Kirche und in der Gesellschaft und nach einer wahren Erneuerung in Wahrheit, Gerechtigkeit und Liebe: *"Ich bin überaus glücklich zu wissen, dass es viele gibt, die als Söhne und Töchter der Kirche nach Einheit in der Liebe Christi streben. Die Einheit ist mein ganzes Verlangen. Eine große und starke Sehnsucht lebt in mir: dass Christus geliebt werde."*[17]

Um die Einheit aufzubauen und zu festigen, führte Mutter Julia nicht nur viele Gespräche, sondern brachte dem Herrn immer wieder auch ihre Opferbereitschaft, ihr Gebet und ihr sühnendes Leiden dar. Nicht alle konnten ihre Bemühungen um Einheit verstehen. Aber trotz mancher Spannungen und Schwierigkeiten erfüllte sie ein tiefes inneres Glück. Sie schrieb Vater Hillewaere: *"Ich habe in Gottes Licht erkennen dürfen, dass dies alles Ihn verherrlicht. Dies freut mich innerlich so sehr, dass ich es nicht in Worten auszudrücken vermag. Es scheint mir, dass mich einen Augenblick lang die Seligkeit jener erfüllt, die um der Gerechtigkeit willen verfolgt werden."* [18]

Während sie sich für die Einheit zwischen verschiedenen Charismen einsetzte, tobte noch immer der Krieg, der neue Mauern zwischen den Völkern aufrichtete. Die ihr eigene Gabe der Unterscheidung machte sie fähig, die sich ausbreitenden Geistesströmungen - wie etwa den Individualismus, den Liberalismus, den Kommunismus, den Materialismus - sowie deren Auswirkungen auf das menschliche Denken, Fühlen und Handeln deutlich zu erfassen. Es war ihr immer ein Anliegen, im Licht des Glaubens darauf eine Antwort zu geben: *"In diesem Licht hält mein inneres Auge Ausschau nach einer echten Erneuerung und Evangelisierung, die von Gebet und Buße, von Sühne und Abkehr von der Sünde getragen wird. Dadurch soll eine Umkehr und Hinwendung zu den Geboten Gottes in Glaube und Hingabe an Jesus Christus möglich werden."* [19]

ANFÄNGE DES GEMEINSCHAFTLICHEN LEBENS

1944-1950

Die ersten Berufenen

Im Juli 1944 kehrte Mutter Julia krank von Brüssel nach Geluwe zurück. Wegen ihrer schlechten Gesundheit musste sie wiederum einige Monate im Haus ihrer verstorbenen Eltern verbringen. Pater Berthold bemühte sich, sie nach Kortrijk zurückzurufen, um ihr zu helfen, bei den Karmelitinnen als Pförtnerin zu arbeiten und die Begleitung der Dienstmädchen wieder zu übernehmen. Doch dies war nicht möglich, denn Kortrijk wurde heftig bombardiert. In dieser Stadt fanden zwischen dem 9. Oktober 1942 und dem 21. Juli 1944 über 600 Menschen den Tod. In einer Familie, die Mutter Julia gut kannte, kamen sechs der zwölf Kinder ums Leben. Mehr als 1800 Gebäude wurden völlig zerstört.[1]

Da Pater Berthold die kontemplative Berufung von Mutter Julia erkannt hatte, hegte er die Hoffnung, dass sie eines Tages in den Karmel eintreten würde. Nach und nach spürte er jedoch, dass Gott ihr eine andere Berufung ins Herz gelegt hatte: *"Julia, ich habe lange Zeit ernsthaft gemeint, dass Sie als feuriges Mitglied des Dritten Ordens eines Tages den Weg in den Karmel fänden. Aber nun bin ich davon überzeugt, dass Sie eine erhabene Berufung für etwas anderes haben."*[2]

Auch wenn Mutter Julia bei der Verwirklichung dieser Berufung immer wieder ihre Ohnmacht erfuhr, wusste sie sich von Gottes Kraft getragen und vom heiligen Paulus begleitet: *"Mit dem heiligen Paulus, meinem geliebten Bruder im Himmel, kann ich nicht anders als bekennen: Wenn der Herr einer Seele die höchste Gabe seiner selbst schenkt, übersteigt dies alle Worte und Gedanken und kann mit nichts verglichen werden."*[3]

Gott fügte es so, dass im "Werk" durch Mutter Julia und Vater Hillewaere von Anfang an eine Schwestern- und eine Priestergemeinschaft grundgelegt waren. Konkret begann sich jedoch zuerst die Gemeinschaft der gottgeweihten Frauen zu entwickeln. Schon seit mehreren Jahren stand Mutter Julia mit einigen jungen Menschen in Kontakt, die von dem ihr geschenkten Charisma angezogen waren. Diese Frauen spürten etwas von der Gegenwart Gottes in ihrem Herzen und dankten ihr für alle geistliche Hilfe. Dazu bemerkte Mutter Julia in einem Brief an Vater Hillewaere:

"Die jungen Menschen müssen mir nicht danken, wenn ich einen Lichtstrahl in ihr Leben gebracht habe. Dieser kam nicht von mir, gewiss nicht. Ich wundere mich selber darüber. Es ist der Herr, der sich meiner bedient, um ihnen diesen Strahl des Lichtes und diese Freude zu schenken. Ihm allein gebührt der Dank. Ich habe nichts anderes als meine Pflicht getan." [4] Für diese Frauen hatte Mutter Julia eine "kleine Regel" verfasst, die ihnen helfen sollte, den Geist der Berufung kennen und lieben zu lernen.

Schon damals hatte sie klare Vorstellungen, wie die Zusammengehörigkeit im Geist des Charismas gestärkt werden könnte: *"Ich glaube, dass es gut ist, wenn die Berufenen untereinander eine spontane Herzlichkeit pflegen. Sie sollen im Familiengeist wachsen und die Gemeinschaftsbildung fördern. Damit meine ich, dass jene, die sich für die Berufung entschieden haben und im Heiligen Geist schon miteinander verbunden sind, in Einheit, edelmütiger Opferbereitschaft und Selbstverleugnung an der Verwirklichung des 'Werkes' kraftvoll mitarbeiten, und zwar in dem Maß und in der Weise, die die göttliche Vorsehung bestimmt."* [5]

Mutter Julia lud die ersten Berufenen ein, jeden Monat einmal zusammen zu kommen, um einen Punkt aus der "kleinen Regel" zu betrachten und miteinander zu besprechen. Wenn dies wegen der Schwierigkeiten, die der Krieg für die Kirche mit sich brachte,[6] nicht möglich war, blieben sie brieflich miteinander in Kontakt und legten einen Tag fest, an dem sie - jede an ihrem Platz - Einkehr hielten. Der örtliche Abstand sollte durch diese innere Verbundenheit überbrückt werden. Immer wieder wies Mutter Julia darauf hin, dass die wahre Einheit im Sakrament der Eucharistie verwurzelt sein müsse. Schon lange Zeit war sie gewohnt, nach dem Empfang der heiligen Kommunion um die Einheit zu beten.

Die jungen Frauen, die Schritt für Schritt in das gottgeweihte Leben im "Werk" hineinreiften, schlossen nach einer Zeit der Vorbereitung das "Heilige Bündnis" mit dem Herzen Jesu. Auf diese Weise erhielten sie an der besonderen Gnadengabe Anteil, die Mutter Julia im Jahr 1934 geschenkt worden war. Bald machten sie die Erfahrung, dass das "Heilige

Bündnis" sie nicht nur tiefer mit Jesus Christus verband, sondern auch untereinander zu einer Familie Gottes zusammenschmiedete. Eine von ihnen schrieb: *"Die Verbundenheit wird immer schöner, weil wir durch das 'Bündnis' miteinander geeint sind."* [7]

Über die gemeinschaftsstiftende Kraft des "Heiligen Bündnisses" legte Mutter Julia folgendes Zeugnis ab: *"Ich strebe danach, meine Aufgabe und meine Pflicht gut zu erfüllen und mein 'Heiliges Bündnis' mit der Familie des 'Werkes' jeden Tag vollkommener zu leben. Seit unser Bündnis eine vertiefte Dimension angenommen hat, scheint es mir, dass ich die Berufenen Tag für Tag noch mehr im Herzen trage."* [8]

Das "Heilige Bündnis" stärkte die Berufenen in ihrem Einsatz für die innere Erneuerung der Kirche, vor allem durch ihr Wirken in der weiblichen Katholischen Arbeiterjugend. Mutter Julia schrieb darüber: *"Der Herr führte die ersten Berufenen in Einheit zusammen und erweckte in ihnen in der verborgenen Größe seiner Liebe kraftvolles Leben. Seit damals hat Er nicht aufgehört, sie ständig daraufhin auszurichten und voranzuführen, sie eins werden zu lassen im 'Heiligen Bündnis', das sie untereinander angenommen haben. Das 'Heilige Bündnis' beinhaltet, dass die Berufenen um der Kirche willen eins seien mit Herz und Seele, dass sie hineinreifen in den Geist der Berufung und sich der Sache des Herrn weihen, damit das 'Werk' entstehe, das unter ihnen um der Kirche willen ein unverbrüchliches Band als Familie schmieden muss, woraus der Kirche*

Einige Berufene der ersten Stunde

neue Lebenskräfte zuströmen." ⁹ Die Mitglieder sollten ihre Berufung in der Einheit einer Familie Gottes leben und so der Kirche frohen Herzens dienen.

Vater Hillewaere, der seit dem 4. März 1943 Pfarrer in Menen war, stand ihnen orientierend zur Seite. Die gegenseitige Ergänzung in der Gnade des "Heiligen Bündnisses" erwies sich als eine Quelle der Kraft und half den Berufenen, die Zeichen der Zeit zu erkennen und im Geist der Unterscheidung darauf zu antworten. Im Bewusstsein der Größe dieser Gnade teilte Mutter Julia Vater Hillewaere mit: *"Ich fühle mich in der Verwirklichung des 'Heiligen Bündnisses' durch alles hindurch innig glücklich. Vater, darf ich Sie bitten, die Berufenen oft an ihr 'Heiliges Bündnis' zu erinnern, damit die Gnaden in ihnen durch alle Schwierigkeiten hindurch im Geist der Berufung heranreifen! Machen Sie sie darauf aufmerksam, dass ihnen durch die Verwirklichung des 'Heiligen Bündnisses' all jene Gnaden zuteil werden, derer sie bedürfen und die der Herr in das 'Heilige Bündnis' gelegt hat."* [10]

Am 30. November 1944 reiste Mutter Julia von Geluwe aus nach Sint-Niklaas, um dort einer Berufenen beizustehen, deren Vater durch einen Schlaganfall gelähmt und deren Mutter schwer krank war. Sie fühlte sich in dieser Familie wie eine Tochter angenommen und konnte einigen jungen Frauen, die in Sint-Niklaas dem "Werk" nahe standen, Geborgenheit und Orientierung schenken. Die Berufenen waren im Unterricht, in Büros und in verschiedenen hauswirtschaftlichen Aufgaben tätig und setzten sich tatkräftig für die Anliegen der Jugend ein. Einzelne wurden sogar gebeten, hauptamtliche Führungsaufgaben in der Katholischen Aktion zu übernehmen. Sie suchten in ihrem apostolischen Einsatz die Einheit mit Mutter Julia, Vater Hillewaere und Kanonikus Cardijn.

Nach einiger Zeit fand es Mutter Julia angebracht, eine andere Stelle zu suchen, weil die Pflege der kranken Eltern viel Zeit und Kraft in Anspruch nahm und sie sich danach sehnte, für den Herrn und für den Aufbau des "Werkes" und die Begleitung der Berufenen freier zu sein. Sie schrieb

Vater Hillewaere: *"Es scheint mir an der Zeit, mich von hier zurückzuziehen. Ich verlange danach, mehr bei Jesus und bei den Seelen zu sein. Vater, soll ich nicht am besten in Sint-Niklaas bleiben und in einer Fabrik arbeiten, um den Lebensunterhalt zu verdienen? Wie wird das mit meiner Gesundheit gehen? Ich glaube, dass Jesus mir helfen wird. In ihm finde ich die Kraft und Lebensfreude, die ich brauche, um in jedem Augenblick das Beste oder, besser gesagt, Ihn zu wählen."* [11]

Am 1. Juni 1945 begann sie ihre Arbeit in der Textil- und Strumpffabrik Verbreyt in Sint-Niklaas und wohnte zusammen mit einer anderen Berufenen in Miete bei einer Witwe. Dort machte sie wertvolle Erfahrungen, wie das Charisma im Arbeitermilieu gelebt werden könnte. Drei Monate lang war sie in dieser Fabrik beschäftigt. Darüber berichtete sie: *"In der Firma arbeiteten zwischen 300 und 500 Männer und Frauen. Die Nachkriegssituation brachte für diesen Wirtschaftszweig manchmal günstige Zeiten, in denen Hochbetrieb war. Dann mussten Überstunden gemacht werden, bei Bedarf wurde in der Nacht gearbeitet. Es gab aber auch Krisenzeiten, die zur Arbeitslosigkeit eines Teiles der Beschäftigten führten."* [12]

Mutter Julia hatte die Aufgabe, als Vorarbeiterin die Strümpfe auf ihre Fehlerlosigkeit zu überprüfen, bevor sie für den Verkauf freigegeben wurden. So lernte sie die Situation der Arbeiterinnen näher kennen: ihre Freuden

Textil- und Strumpffabrik in Sint-Niklaas

und Sorgen, ihre soziale Einstellung, ihre Leistungsfähigkeit sowie ihre Mentalität und innere Gesinnung. Sie suchte die Gewissen zu formen: Jene, die fleißig und ehrlich arbeiteten, ermutigte sie; andere, die unlauter waren und ihrer Pflicht nicht nachkamen, durchschaute sie rasch und forderte von ihnen Rechenschaft und Wahrhaftigkeit. Sie wollte die Arbeiterinnen zur treuen Pflichterfüllung, zur Ehrlichkeit und zu einem würdigen Menschsein erziehen. Von der Fabriksleitung wurde sie sehr geschätzt, weil sie ihre Arbeit mit großer Aufrichtigkeit und Liebe und ohne falsche Rücksichten auf Personen verrichtete.

Bald aber merkte Mutter Julia, dass ihre Gesundheit unter den Anforderungen der Fabriksarbeit litt und nicht so viel Zeit für die Entwicklung des Charismas übrig blieb, wie sie erhofft hatte. Sie versuchte, in der Fabrik eine Teilzeitbeschäftigung zu bekommen, doch ihre Bemühungen waren vergebens, wie sie selbst bezeugte: *"Ich hatte gehofft, mir nach und nach eine kürzere Arbeitszeit zu erkämpfen, so dass für die offenen Fragen im Zusammenhang mit dem 'Werk' mehr Raum bliebe. Doch von Seiten der Arbeitgeber ist kein Verständnis dafür zu erwarten. Ich habe mich auf verschiedenste Weise darum bemüht und Lösungen gesucht."* [13]

Deshalb verließ Mutter Julia Ende August 1945 die Fabrik Verbreyt und suchte sich eine neue Dienststelle. Bei einer anderen Firma in Sint-Niklaas wurde sie halbtags als Näherin angestellt. Die Besitzer dieses Betriebes entdeckten nach kurzer Zeit ihre Begabung und waren von ihrer Ausstrahlung beeindruckt. Sie spürten, dass von ihr eine beseelende Kraft ausging, und baten sie, auch im eigenen Haushalt zu helfen. Trotz der erleichterten Arbeitsbedingungen musste sie den Dienst krankheitsbedingt verschiedene Male unterbrechen und Erholung auf dem Land suchen.

Währenddessen aber wurden die Bande mit den Berufenen enger. Mutter Julia stand auch in einem herzlichen Verhältnis zu einzelnen Familien, bei denen sie eine innere Offenheit für das Charisma spürte und manchmal einige Tage verbrachte. Die gegenseitige Ergänzung zwischen Gottgeweihten und Familien war ihr von Anfang an ein großes Anliegen. Es ging ihr darum, die Freuden und Sorgen der Familien zu teilen und ihnen eine christliche Gewissensformung zu geben.

Obwohl die jungen Frauen noch kein gemeinsames Zuhause hatten, begannen sie mit dem Aufbau einer Bibliothek. Jede Einzelne wurde eingeladen, mit ihren Möglichkeiten einen Beitrag zu leisten. In einem Rundbrief hieß es: *"Wir haben bereits eine gute Sammlung schöner Bücher, die wir zu unserer Weiterbildung verwenden können. Wir würden einander gerne alle unsere Bücher zur Verfügung stellen. Deshalb ersuchen wir dich, uns so bald wie möglich eine Liste deines gesamten Bücherschatzes zukommen zu lassen."* [14] Die Bibliothek war zweisprachig angelegt, niederländisch und französisch. Die Verschiedenheit der Sprachen wurde von Anfang an als Reichtum erfahren.

Inzwischen war der Zweite Weltkrieg zu Ende gegangen. Schon ab September 1944 hatten die Alliierten Belgien Schritt für Schritt von der deutschen Besatzung befreit. Am 8. Mai 1945 wurde in Berlin die Kapitulationsurkunde unterzeichnet. Der Krieg hatte unsagbares Leid verursacht: Weltweit waren etwa 55 Millionen Menschen ums Leben gekommen.[15] Viele Städte lagen in Schutt und Asche. Unzählige Menschen litten an Hunger, Elend und Not. Besonders in der jungen Generation gab es eine große geistige Verwirrung.

Nach der bedingungslosen Kapitulation des Deutschen Reiches richteten die führenden Staatsmänner der alliierten Mächte - der amerikanische Präsident Truman, der britische Premierminister Churchill und der sowjetische Staatschef Stalin - Rundfunkansprachen an die Völker ihrer Länder.[16] Auch Papst Pius XII. betonte in einer Ansprache am 24. Dezember 1945, dass die Welt von einer wirklichen Ordnung des Friedens noch weit entfernt sei: *"Haben wir den Frieden auf Erden? Den wahren Frieden? Nein, sondern nur die ‚Nachkriegszeit', ein schmerzlicher und allzu bezeichnender Ausdruck! Wie viel Zeit wird erforderlich sein, um die materielle und sittliche Not zu beheben, welche Mühe, bis so viele Wunden vernarbt sind!*

... heute, wo es um den Aufbau geht, beginnen die Menschen eben erst sich Rechenschaft darüber zu geben, wie viel Scharfsinn und Umsicht, wie viel Ehrlichkeit und guter Wille notwendig sind, um die Welt aus den Verwüstungen, den physischen und geistigen Ruinen wieder zum Recht, zur Ordnung und zum Frieden zu führen." [17]

Wie viele Gläubige in aller Welt bemühten sich die Berufenen, zusammen mit Mutter Julia am Aufbau des wahren Friedens mitzuwirken. Sie suchten durch ihr Leben eine Antwort auf die Fragen zu geben, die sie sich stellten: *"Sind wir bereit, wie der heilige Paulus in der Kraft des Geistes und mit Überzeugung die Frohe Botschaft zu bezeugen? Wollen wir Schwestern mit paulinischem Geist für diese Zeit sein? Sind wir Boten des Glücks und des Friedens?"* [18]

Sehnsucht nach einem gemeinschaftlichen Leben

Bereits am 18. Januar 1945, dem 7. Jahrestag der Gründung des "Werkes", hatten sich Mutter Julia und die ersten Berufenen mit Vater Hillewaere beraten, wie die Entwicklung des "Werkes" weitergehen sollte und wie sie konkret in noch tieferer Verbundenheit miteinander leben könnten. Bei diesem Treffen spürte Mutter Julia, dass der innere Drang nach einem gemeinschaftlichen Leben bei allen zunahm. Deshalb nannte sie diese Zusammenkunft einen *"Meilenstein für ein weiteres gemeinsames Auf-dem-Wege-Sein"* und bezeugte: *"Ich bin sehr zufrieden. Ich durfte ein spontanes und herzliches Vertrauen unter ihnen feststellen."* [1]

Angesichts der Not der Zeit wurde Mutter Julia im Innersten von der Sorge um die Seelen bewegt und spürte die Einladung, sich noch mehr für die vielen jungen Menschen hinzugeben, die von den Folgen des Krieges in mannigfacher Weise gezeichnet waren und oft keine gute Erziehung erhalten hatten. Sie schrieb Vater Hillewaere: *"Diese Sorge drängt mich immer mehr zu noch größerer Vollkommenheit, zum Opfer, zum selbstlosen Zurücktreten, zur Hingabe meiner eigenen Person. Diese Sorge hält mich in lebendigem Kontakt mit den drei göttlichen Personen, lässt mich unaufhörlich durch alles hindurch ihre Hilfe und Gegenwart erfahren und weckt in meinem Inneren eine Atmosphäre des Friedens und der Freude, manchmal aber auch eine unaussprechliche Traurigkeit."* [2]

Einige Monate später kamen die jungen Schwestern zusammen, um zum ersten Mal gemeinsam Exerzitien zu halten. Vater Hillewaere hatte die Vorträge ausgearbeitet, wurde aber durch pastorale Verpflichtungen daran gehindert, die Exerzitien selbst zu leiten. Ein Ordensmann übernahm seine Aufgabe und benützte seine Unterlagen. In diesen Tagen der Einkehr und des Gebetes wurden die Berufenen in den grundlegenden Prinzipien der Nachfolge Christi im Geist des "Werkes" bestärkt. Das Schöpfen aus der Kraft der Sakramente und das Vertrauen auf die Gaben des Heiligen Geistes sollten sie befähigen, in der Heiligkeit zu reifen, die Erfüllung des Willens Gottes als höchstes Ziel zu betrachten und nach dem Vorbild der ersten Christen echte Apostel zu sein. In dieser Zeit ermunterte Mutter Julia die Schwestern, ihr Herz ganz in Christus zu verankern und menschliche Ängste zu überwinden. Einer jungen Berufenen schrieb sie: *"Betrachte Ihn und höre auf Ihn in der Stille deines Wesens, in der Stille seines lebendigen 'Seins' unter uns in der Eucharistie. Jeden Tag kommt Er, um das Leben mit dir zu teilen und es zu vervollkommnen. Warum dann diese Angst, diese befremdenden Gedanken, die Abstand schaffen?"* ³

Durch ihre Innerlichkeit und Lebenserfahrung war Mutter Julia die Seele und das Vorbild für die anderen. Wie dankbar alle dafür waren, geht aus den folgenden Zeilen eines an sie gerichteten Briefes hervor: *"Du bist unser Vorbild und verstehst es, uns immer wieder neu zu ermutigen. Immer und überall bist du die 'Berufene'. Deinem Weg wollen wir folgen. Gemeinsam wollen wir das von Gott gewollte 'Werk' sein, danach leben und darin heranreifen. Jeden Tag wollen wir feurige Apostel sein, deren Streben es ist, Gott und dem Nächsten wirklich zu dienen. Die treue Einheit in Christus sei uns dabei Stütze."* ⁴

Paulus, der Patron des "Werkes"

Sie wussten sich angespornt, als Töchter der Kirche im Geist des heiligen Paulus zu wirken. Eine von ihnen erinnerte sich: *"Schon am Anfang lehrte uns Mutter Julia, dass der Apostel Paulus der Patron des 'Werkes' ist, ein Führer und Steuermann durch seine Briefe und Weisungen."* ⁵

In Vorbereitung auf einen weiteren Einkehrtag wurden die Schwestern ermutigt, den Weg der Berufung zu gehen. In einem Rundbrief heißt es: *"Als einzelne Berufene und als Gruppe machen wir uns das Leitwort zu eigen: 'Wir bringen Leben und Erneuerung durch den Geist unserer Berufung!' Das bedeutet, dass wir jetzt als Berufene leben, dass wir das heranreifende 'Werk' sein wollen: in Christus Jesus, gehorsam gegenüber dem Willen des Vaters, in der Kraft des Heiligen Geistes, an der Hand Marias, im Dienst der Kirche."*[6]

Diese und andere Zusammenkünfte stärkten die Berufenen in der Hingabe an die Kirche und in der Liebe zum Charisma. Sie nützten die gemeinsamen Tage auch zur Vertiefung in die Grundwahrheiten des katholischen Glaubens und zum Studium aktueller Fragen, um die Zeichen der Zeit besser zu verstehen und für den apostolischen Dienst gerüstet zu sein. Zugleich konnten sie die Erfahrungen austauschen, die sie in ihrem täglichen Leben machten. Die berufliche Tätigkeit an verschiedenen Orten und apostolische Aufgaben in der Katholischen Aktion auf pfarrlicher, regionaler und nationaler Ebene befruchteten ihr inneres Leben und weiteten ihren Blick für die Nöte der Nachkriegszeit. Eine von ihnen leitete im Auftrag der Katholischen Arbeiterjugend ein Heim für Mädchen, die in den Kasernen der britischen Soldaten Arbeit gefunden hatten und dort mit vielen menschlichen und moralischen Problemen konfrontiert worden waren.

Im Sommer 1946 geriet der Bruder einer Berufenen in eine Notlage. Die junge Gemeinschaft half ihm bei der Suche nach einer Wohnung für seine Familie. Nach kurzer Zeit konnte ein kleines Haus in Sint-Niklaas gefunden und eine erste Anzahlung für die Miete gemacht werden. Der betreffende Familienvater hatte aber in der Zwischenzeit selbst ein größeres Haus gefunden. So stellte sich die Frage, was mit dem kleinen Haus geschehen sollte. Mutter Julia überlegte gemeinsam mit Vater Hillewaere, ob sie in diesem Haus mit einigen Schwestern das Gemeinschaftsleben beginnen sollte. Allerdings war zu bedenken, wie die finanziellen Mittel für die monatliche Miete und die Einrichtung aufgebracht werden könnten. Mutter Julia vertraute fest darauf, dass Gottes Vorsehung helfen werde: *"Er selbst wird für die materiellen Dinge Sorge tragen, wenn wir seinem Plan folgen."* ⁷

Zugleich rechneten Mutter Julia und Vater Hillewaere damit, dass das ständige Zusammenwohnen von jungen Menschen, die aus verschiedenen sozialen Schichten kamen und in der Not der Kriegs- und Nachkriegsjahre unterschiedliche Lebenserfahrungen gemacht hatten, keine Romantik sei und dass die Neuheit und Dynamik des Charismas in Bezug auf das Gemeinschaftsleben hohe Anforderungen stellen würde. Um einen solchen Schritt zu wagen, bedurfte es eines Zeichens vom Himmel.

Die junge Gemeinschaft betete deshalb inständig um Klarheit. Mutter Julia war fest davon überzeugt, dass Gott eingreifen werde, wenn alle in Treue zum Charisma ihre Pflicht erfüllten. Sie wandte sich an Vater Hillewaere: *"Die bisherige Lebensform der Berufenen muss zu einem gemeinschaftlichen Leben führen!"* ⁸ In ihrem Gewissen spürte sie, dass das Gemeinschaftsleben in einer dem Charisma entsprechenden Weise kommen musste; doch wie und wann dies möglich sein würde, wusste sie nicht.

Am 7. und 8. Dezember 1946 kam Mutter Julia mit den Schwestern für zwei Einkehrtage zusammen. Darüber berichtete sie später einmal: *"Vater Hillewaere gab mir den Auftrag, Gott wegen der heranwachsenden Gemeinschaft um ein klares Zeichen zu bitten, ob es seinem Willen entsprach, dass die Mitglieder des 'Werkes' in dieser Nachkriegzeit ein gemeinschaftliches Leben beginnen sollten und, wenn ja, welche Möglichkeiten es konkret gäbe. Dies war für Vater Hillewaere und für die jungen Frauen, die sich für die Berufung entschieden hatten, eine immer drängendere Frage geworden. Für den 7. Dezember wurde für alle, die frei nehmen konnten, ein Einkehrtag festgelegt. Es war ein Tag des Gebetes, um das Hochfest der Unbefleckt Empfangenen vorzubereiten. Vater Hillewaere wollte uns dann am 8. Dezember zum ersten Mal gemeinsam empfangen, um in einer Art Konfrontation zu erkennen, wie die Berufenen über diese Frage denken. Dies geschah im Pfarrhof von Menen, wo er damals Pfarrer war."* ⁹

In diesem Haus hatten die jungen Frauen oft Rat und persönliche Gewissensorientierung erhalten. Immer wieder waren sie von Vater Hillewaere und seiner Schwester, die ihm den Haushalt führte, herzlich aufgenommen worden. Leider brachte die Zusammenkunft am 8. Dezember 1946 nach einem Bericht von Mutter Julia zunächst keine Lösung: *"Es war etwas Unbefriedigendes in dieser Zusammenkunft. Nachdem alle angehört worden waren, blieben verschiedene Fragen bezüglich unseres Gemeinschaftslebens unbeantwortet. Welche Richtung sollten wir einschlagen? Sollten wir zusammen wohnen oder nicht?"* [10]

Pfarrhof der Pfarrei St. Josef in Menen

Aber noch am selben Abend schenkte die Vorsehung ein Zeichen. Dies geschah durch einen jungen Mann, den Bruder einer Berufenen, deren Eltern Mutter Julia längere Zeit gepflegt hatte: *"Als ich in Sint-Niklaas aus dem Zug stieg, traf ich diesen jungen Mann, der mir mitteilte, dass eine seiner Tanten gestorben sei. Der Tod hatte sie unerwartet getroffen, und zwar gerade in der Stunde, als unsere Zusammenkunft stattfand. Aus ihrem Erbe erhielt ich das Mobiliar des ganzen Hauses. Durch diese Mitteilung durften wir verstehen, dass wir ein Gemeinschaftsleben als Familie Gottes beginnen sollten. Was die materiellen Dinge betrifft, wurde uns alles in reichem Maße geschenkt. Der Herr Jesus und*

Einige Möbel, die Mutter Julia aus einem Erbe erhielt

seine Mutter Maria führten das 'Werk' voran. Es war für Vater Hillewaere ein großes Zeichen des Himmels, als er von diesem wunderbaren Eingriff Gottes hörte." [11]

Gott hatte ein deutliches Zeichen gegeben, und dies noch am selben Tag. Es konnte kein Zweifel mehr bestehen, dass eine Gruppe der Berufenen im kleinen, leerstehenden Haus in Sint-Niklaas ein gemeinsames Leben beginnen sollten. Durch das unverhoffte Erbe bekamen sie so viele Möbel, dass sie einige davon sogar weiterschenken konnten.

Das erste gemeinsame Zuhause

Die jungen Berufenen freuten sich sehr, als sie zusammen mit Mutter Julia das Haus einrichten konnten. Mit Hingabe kümmerten sie sich um die notwendigen Dinge. Sie bemühten sich, Innerlichkeit und Dienstbereitschaft im konkreten Leben miteinander zu verbinden. Mutter Julia bezeugte: *"Wir beten, wir vertrauen ohne Unterlass, wir bauen in Stille an unserem kleinen 'Nest'. Mit großer Zuversicht will ich weiter beten, alles besprechen und mich mit meinem ganzen Sein und Wesen dem 'Werk' Jesu hingeben. Inzwischen sind wir weiter damit beschäftigt, unser Häuschen sauber und schön zu machen."* [1]

Obwohl einige Schwestern durch berufliche Verpflichtungen stark beansprucht und die geographischen Abstände, die sie voneinander trennten, ziemlich groß waren, nahmen sie sich immer wieder Zeit, um miteinander Tage der Vertiefung und des gegenseitigen Austausches zu verbringen. Anfang 1947 kam die Gemeinschaft in einem Exerzitienhaus zu einigen Besinnungstagen zusammen, um sich innerlich auf den Einzug einer kleinen Gruppe in das neue Zuhause vorzubereiten. Nach diesen Tagen schrieb Mutter Julia: *"Ich habe den Eindruck, dass es ihnen allen gut getan hat. Ich bin sehr zufrieden. Es war für uns eine Gelegenheit, um die vorhandenen Fragen im Blick auf unser kleines Haus ruhig zu besprechen und zu überlegen. Auch die anderen Fragen bezüglich der Formung wurden in Erwägung gezogen. Schade, dass die Tage so rasch vorbei waren. Es war so gut, so ruhig beim Herrn; das Allerheiligste war immer ausgesetzt. Das vergangene Jahr war ein Jahr des Reifens; es war gesegnet."* [2]

Am 9. April 1947 war es endlich so weit: Einige Schwestern konnten im neu eingerichteten Haus in Sint-Niklaas das gemeinsame Leben beginnen. Julia war die Mutter im Haus und schenkte allen Heimat und Geborgenheit. Sie orientierte die Gewissen der Schwestern, die mit ihr das häusliche Leben teilten. Einige Wochen nach dem Einzug schrieb sie einer Berufenen: *"Denk daran, Jesus ist der Unveränderliche. Bewahre in dir die Haltung der Dankbarkeit. Schenke Ihm das Vertrauen einer Auserwählten, damit die Wahrheit dich stets begleite und dir helfe, immer auf das Licht zu schauen. Sei, was du bist - durch die Gnade Gottes!"* [3]

Mit Weisheit und Liebe setzte sich Mutter Julia auch für jene ein, die hauptberuflich an verschiedenen Orten tätig waren und an freien Tagen zur Vertiefung und zur Bereicherung des Familienlebens "nach Hause" kamen. So entwickelte sich langsam ein gemeinschaftliches Leben von gottgeweihten Frauen, die danach strebten, kontemplative Innerlichkeit, apostolischen Einsatz und Durchdringung der Welt im Geist des Charismas miteinander zu verbinden.

Über die Art der Formung legte eine Schwester der ersten Stunde das folgende Zeugnis ab: *"Wo es möglich war, zeigte Mutter Julia den Berufenen in Einfachheit und Offenheit, wie sie ihren Charakter in Tugend und Selbstverleugnung heranbilden mussten, um zu einer natürlichen und übernatürlichen Ausgeglichenheit als Gottgeweihte zu gelangen. Sie konnte so verständnisvoll und milde sein, ohne schwach zu werden oder in falscher Weise nachzugeben."* [4]

Das erste Zuhause in Sint-Niklaas

Mutter Julia setzte sich dafür ein, dass das alltägliche Leben und die vielen häuslichen Dienste, die oft im Verborgenen blieben, vom Licht des Charismas durchleuchtet wurden. Eine Schwester, die zusammen mit ihr im Haus tätig war, bezeugte: *"Eines Tages, als Mutter Julia und ich die Bettgestelle mit neuer Farbe anstrichen, fragte sie mich plötzlich: 'Bist du dir dessen bewusst, dass das, was wir jetzt tun, ein Beitrag zu einem großen Werk ist, für die Rettung der Jugend, für jene, die guten Willens sind?'"* [5]

Die jungen Schwestern sollten lernen, groß von den kleinen Dingen des Alltags zu denken und ihre Aufgaben im Geist der Berufung mit apostolischer Gesinnung zu erfüllen.

Viel Wert legte Mutter Julia darauf, dass die Arbeiten mit Glaube, Hingabe und Liebe zur Kirche verrichtet wurden. Eine junge Berufene aus jener Zeit erinnerte sich: *"Während ich an einem Nachmittag beim Nähen war und Mutter Julia einer anderen Arbeit nachging, sang sie das 'Oremus' für den Heiligen Vater und das Marienlied 'Sub tuum'. Ich wurde ganz still beim Hören des schönen Gesanges."*[6]

Von Anfang an stand Mutter Julia klar vor Augen, dass das geistliche Leben mit den praktischen Tätigkeiten des Alltags verbunden bleiben musste, um echt und gesund zu sein. Dazu gehörten auch die finanziellen Dinge. In einem Brief an Vater Hillewaere schrieb sie: *"Wir haben keine offenen Rechnungen mehr, obwohl wir in der letzten Zeit verschiedene Dinge anschaffen und den Dachboden ausbauen mussten. Doch es fehlt uns nichts und es bleibt stets ein wenig übrig. Jesus führt das heranreifende 'Werk' voran, so scheint es. Trotz aller Schwächen und Grenzen, die es gibt, wacht Maria, unsere Mutter, über dem 'Werk' Jesu. Wir können nicht anders als mit ihr im Tiefsten unserer Seele das Magnificat singen: 'Magnificat anima mea Dominum.'"*[7] In einem anderen Brief kam sie auf die Nahrungsmittel zu sprechen, die in der Not der Nachkriegsjahre knapp waren: *"Wir sorgen für eine gesunde Ernährung. Ich glaube, dass die Berufenen das nötig haben. Eigentlich machen wir uns keine übertriebenen Sorgen. Wir lassen der göttlichen Vorsehung genug Raum. Aber sicher will der Herr nicht, dass wir in vermessener Weise auf Ihn vertrauen."*[8]

Neben ihren Diensten im Haus und in der Formung half Mutter Julia den jungen Schwestern, sich von ihren Familien Schritt für Schritt zu lösen. Vor dem Einzug in das kleine Haus hatten sie zumeist noch in ihrem Elternhaus gelebt oder waren regelmäßig dorthin zurückgekehrt. Während des Krieges und unmittelbar danach gab es keine andere Möglichkeit. Nun aber hatte sich ein Weg aufgetan, die evangelischen

Räte konsequenter zu leben. Dazu gehörte auch die Loslösung und das innere Freiwerden von der Bindung an die eigene Familie. Mutter Julia stand dies klar vor Augen: *"Sich der Gemeinschaft anschließen bedeutet, das Elternhaus zu verlassen und sich dem Herrn im 'Werk' hinzugeben."* [9]

Sie half den Berufenen, diese Loslösung mit Entschiedenheit und zugleich mit Einfühlungsvermögen und christlicher Klugheit zu vollziehen. Gewiss war dies nicht immer einfach. Mutter Julia versuchte, den betroffenen Vätern und Müttern zu helfen, die Berufung ihrer Töchter im Glauben als eine Gabe Gottes anzunehmen. Manche Eltern brachten ihre Dankbarkeit und ihr Wohlwollen dadurch zum Ausdruck, dass sie die junge Gemeinschaft mit Lebensmitteln beschenkten. Eine Familie, aus der mehrere Berufungen hervorgegangen waren, schickte regelmäßig Milch, Brot und Gemüse. Andere unterstützten die Gemeinschaft durch ihre Mitarbeit im Haus und durch finanzielle Mittel.

Auch der apostolische Dienst musste vom Feuer des Charismas durchdrungen werden. Mutter Julia war darum bemüht, die jugendliche Begeisterung der Schwestern zu jener Reife zu führen, die ihr Zeugnis für Christus und die Kirche glaubhaft und anziehend machte. Sie schrieb: *"Der apostolische Dienst bei den anderen fordert von uns so viel Takt, so viel Feingefühl."* [10]

Mit unerschütterlichem Vertrauen auf Gott stand sie den jungen Menschen zur Seite, die eine Berufung zum gottgeweihten Leben im Herzen trugen. In mütterlicher Liebe gab sie ihnen Rat und Orientierung. Immer wieder wies sie darauf hin, dass sie vor allem auf die Berufungsgnade bauen und sich ohne Zögern hingeben sollten.

Eine Aspirantin, die sie im kleinen Haus in Sint-Niklaas 1947 kennen lernte, war von ihrer Persönlichkeit tief beeindruckt. Sie bezeugte: *"Vor allem die Ausstrahlung und das gewinnende Wesen von Mutter Julia zogen mich an. Sie war so einfach und echt. Sie war allen so nahe. Sie war herzlich, entspannt und dennoch war ein Abstand da, der nicht in Worte zu fassen ist.*

Mit Mutter Julia gab es ein wahres Band als Familie ohne falsche Vertraulichkeit. Sie war immer die vornehme Frau, die durch ihr ganzes Sein Ehrfurcht hervorrief, ohne dies selbst anzustreben." [11]

Durch ihr Sein und Wirken hatte Mutter Julia einen großen Einfluss auf die Gewissen. Für manche Menschen wurde sie zu einem Werkzeug, den Ruf zur engeren Nachfolge in der Stille zu hören und in Liebe zu beantworten. Einem jungen Mädchen, das eine Berufung in sich trug, schrieb sie: *"Was in der Stille der Seele heranreift, darf nicht durch den Lärm der Worte gestört werden. Es ist so heilig. Maria bewahrte alles in ihrem Herzen, was sie vom Herrn vernommen hatte, und dachte darüber nach. Stille ist die Atmosphäre, in der Gott sich mitteilen kann."* [12] Bei der Aufnahme von jungen Menschen in das "Werk" ließ sie sich nie durch weltliche Denkweisen wie Ehre und Karriere, Diplome, Reichtum, Zahl und Erfolg verleiten. Stets suchte sie den Willen Gottes zu erkennen. Alle, die sich ihr näherten, wollte sie auf dem Weg der Bekehrung und des Glaubens zu einem freiwilligen Ja zu Gottes Plan hinführen.

Mutter Julia war darauf bedacht, keine übereilten Entscheidungen zu treffen, auch nicht bei der Annahme von neuen Mitgliedern. Sie hatte einen ausgesprochenen Sinn für die Wirklichkeit und einen sehr wachen Geist der Unterscheidung. Einmal schrieb sie über eine junge Aspirantin: *"Ich glaube, wir dürfen, was ihren Eintritt betrifft, nichts übereilen, sondern müssen die Dinge zur Reife kommen lassen. Vor allem sollen auch wir selbst mit ihr reifen, damit wir zu dem werden, wozu Gott uns ins Leben gerufen hat."* [13]

Die Weite des Geistes von Mutter Julia zeigte sich daran, dass sie immer mit der ganzen Kirche lebte. Einmal teilte sie einem Priester mit: *"Wir vereinigen unser Gebet während der internationalen Gebetswoche um die Einheit mit dem Gebet aller treuen Kinder der Kirche, damit wir immer mehr eins seien - zu Gottes Ehre und Verherrlichung, für das Wohl und die Einheit der Kirche."* [14] Sie interessierte sich lebhaft für die Entwicklungen in Kirche und Gesellschaft, sie besaß ein feines Gespür für die neuen Geistesströmungen, die der Zeit ihren Stempel aufdrückten, sie hatte ein durch und durch kontemplatives und apostolisches Herz. Auf die Frage einer Frau, die in der Katholischen Jugend tätig war, wie eine Neuorientierung in der Jugendarbeit möglich sein könnte, schrieb sie: *"Wir müssen dazu kommen, einen neuen Glaubensgeist nach dem Vorbild der ersten Christen zu wecken. Für ein fruchtbares Apostolat in der Welt ist ein intensives innerliches Leben notwendig. Zugleich muss mit den äußeren Situationen und den damit gegebenen Möglichkeiten Rechnung gehalten werden."* [15]

Mehrere Schwestern waren damals im großen Restaurant der Zentrale der Katholischen Arbeiterjugend in Brüssel tätig.[16] Eine von ihnen trug die Verantwortung für die Serviermädchen. Weil diese jungen Frauen aus sehr unterschiedlichen Schichten kamen, suchte sie eines Tages Rat bei Mutter Julia. In der Antwort erhielt sie klare Richtlinien, wie sie sich als Gottgeweihte in ihrem apostolischen Dienst verhalten sollte: *"Du musst, was dein Sein in der Zentrale betrifft, beides im Auge behalten: deine persönliche Charakterformung und deinen Auftrag. Darin wirst du die Richtlinie für deine Haltung und dein Apostolat finden, die du als Berufene gegenüber den Mädchen im Servierdienst einzunehmen hast. Ich betone mit Entschiedenheit: als Berufene, weil unser Berufensein einen eigenen Geist und eine eigene Methode für das Apostolat kennt. Unser Apostolat strömt aus der Kontemplation. Der Haupteinfluss auf die anderen wird darin bestehen, dass du selbst den Servierdienst als eine von ihnen ausübst. Dies wird dir helfen, durch deine Haltung deine erzieherische Aufgabe unter den anderen zu erfüllen."* [17]

Mutter Julia setzte sich unermüdlich dafür ein, die Berufenen zu einer Familie Gottes zusammenzuführen. Immer wieder unterstrich sie, dass die Gnade des "Heiligen Bündnisses" die Kraft dazu gebe: *"Hineingebunden in die Einheit mit Christus, geben wir uns für seine Belange hin und sind geborgen in der großen Gnade des 'Heiligen Bündnisses'."* [18] Durchdrungen von diesem Licht, konnte sie der Zeit innerlich vorauseilen und eine Form des gemeinschaftlichen Lebens entwickeln, die damals in der Kirche neu war.

Am 2. Februar 1947 war die Apostolische Konstitution "Provida Mater" erschienen, in der Papst Pius XII. den Säkularinstituten eine offizielle kirchenrechtliche Anerkennung verliehen hatte. Mutter Julia und Vater Hillewaere fühlten sich in ihrer Suche nach einer rechtlichen Form für das Charisma bestärkt, da die Kirche nun das gottgeweihte Leben mitten in der Welt offiziell anerkannt hatte. Zugleich erkannten sie und wurden darin im Laufe der Entwicklung wiederholt bestätigt, dass gewisse Elemente des Charismas den Säkularinstituten ähnlich waren, andere aber davon abwichen und mit deren Zielsetzungen nicht übereinstimmten. Im Glauben und mit Geduld setzten sie ihren Weg mit der jungen Gemeinschaft fort und vertrauten darauf, dass der Herr die kirchliche Anerkennung in einer dem Charisma entsprechenden Form zu seiner Stunde schenken werde.

> "Sie hielten an der Lehre der Apostel fest und an der Gemeinschaft, am Brechen des Brotes und an den Gebeten."
> Apg. 2,42

Immer klarer durften sie erkennen, dass die Berufenen nicht ein gemeinsames Leben im traditionellen Sinn führen sollten und auch nicht zu einem individuellen Apostolat im Sinn der Säkularinstitute berufen waren. Ihre Sendung bestand vielmehr darin, als Familie Gottes im Geist des heiligen Paulus und der Urkirche zu leben. Sie schätzten die Formen des klassischen Ordenslebens und sahen ihre Bedeutung für die Kirche, waren sich jedoch bewusst, dass das "Werk" einen anderen Weg gehen müsse. Das Gemeinschaftsleben in dieser geistlichen Familie sollte sich dadurch unterscheiden, dass es keine Klausur und keine äußere Trennung von der Welt geben sollte, wohl aber eine klare Absage an den Geist der Welt. Mutter Julia wies oft darauf hin, dass die Berufenen ihre Talente, Gaben und Gnaden im Dienst der Kirche zur Entfaltung bringen und zugleich in ein echtes gemeinschaftliches Leben hineinreifen sollten.

Es war begreiflich, dass diese neue Art des Zusammenlebens in manchen Kreisen auch Fragen und Unverständnis auslöste, weil sie von den damals bekannten Formen des gottgeweihten Lebens abwich. Aber Mutter Julia war davon überzeugt, auch in Bezug auf die Art des Gemeinschaftslebens jenen Weg gehen zu müssen, den sie im Gewissen als den von Gott vorgesehenen Weg erkannte. Sie schrieb darüber in späteren Jahren: *"Die Berufenen sollen sich an den ersten christlichen Gemeinschaften inspirieren und sich in Glaube, Tugend und Hingabe üben, um durch gemeinschaftliches Denken, Fühlen und Handeln in der Gnade der Einswerdung als eine wahre Familie Gottes zu leben."* [19]

In ihrem Suchen und Ringen stand ihr die Größe des Charismas und seine Sendung für die universale Kirche innerlich klar vor Augen, obwohl äußerlich erst die Anfänge sichtbar wurden. *"Es scheint mir"*, so bezeugte sie, *"dass das 'Werk' zu einem aufbauenden Werk der Kirche für die universale Kirche heranwachsen muss. Ich sehe, wie die Berufung die Not der Kirche trägt und ihr entgegenkommt. Zugleich darf ich schauen, wie die Kirche mit ihrem Leben in die Berufung hineinströmt."* [20]

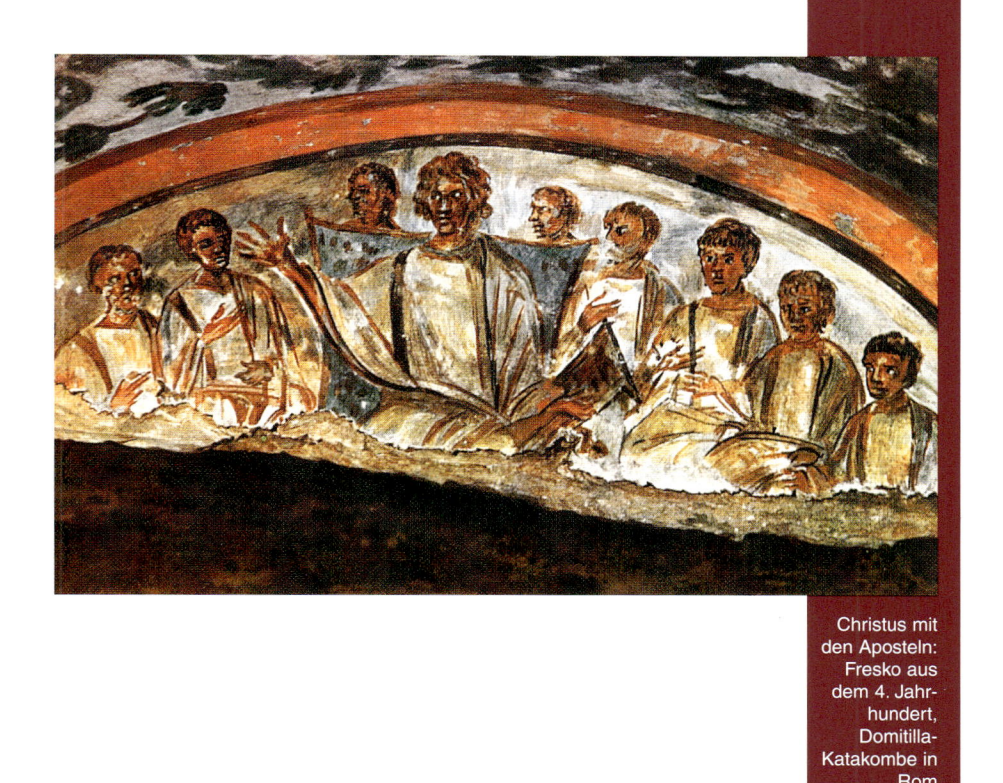

Christus mit den Aposteln: Fresko aus dem 4. Jahrhundert, Domitilla-Katakombe in Rom

Leben und Formung in der Grossstadt

Das Haus in Sint-Niklaas war klein - bald zu klein für die wachsende Gemeinschaft. So stellte sich die Frage, ob die Schwestern nicht nach Brüssel übersiedeln sollten. Schon länger trug Mutter Julia den Wunsch im Herzen, die Berufenen, die in Brüssel arbeiteten, besser begleiten zu können. Einige Schwestern wurden deshalb beauftragt, nähere Erkundigungen einzuholen. Bald fanden sie ein passendes Haus. Die hohe Kaution konnte durch eigene Einkünfte und mit der Hilfe von Wohltätern aufgebracht werden. Nach kurzer Zeit wurde der Mietvertrag unterschrieben.

Am 7. Januar 1948 verließ die Gemeinschaft Sint-Niklaas und zog in das neue Zuhause in Brüssel ein. Der Umzug brachte eine ganz neue Situation mit sich. Nun musste das Charisma in einer Großstadt gelebt werden, in der es viele Möglichkeiten, aber auch neue Herausforderungen gab. Mutter Julia war sich bewusst, welche Verantwortung auf ihr und den jungen Schwestern lastete, um ihre gottgeweihte Berufung in dieser Umgebung entfalten zu können.

Erste Niederlassung in Brüssel-St. Gilles

Das größere Haus war für das gemeinschaftliche Leben ein Segen. Während in Sint-Niklaas nur wenige Berufene ständig mit Mutter Julia zusammen wohnen konnten, wurde die Hausgemeinschaft nun durch jene verstärkt, die schon länger in Brüssel tätig waren. Andere Schwestern erfüllten weiterhin berufliche und apostolische Aufgaben in Flandern und kamen regelmäßig nach

Brüssel, um an der Quelle des Charismas neue Kraft zu schöpfen. Mutter Julia war für alle Stütze und Ansporn im gottgeweihten Leben.

Das vermehrte Zusammensein erfüllte die Berufenen mit Freude und Zuversicht. Daneben wurden ihnen die mit dem gemeinschaftlichen Leben verbundenen Forderungen deutlicher bewusst. Mutter Julia rief immer wieder dazu auf, nach dem Vorbild des heiligen Paulus den guten Kampf des Glaubens zu kämpfen und die Herausforderungen des Alltags als Chancen für das persönliche und das gemeinschaftliche Wachstum in der Nachfolge Christi zu sehen. Sie strebte danach, allen ein echtes Zuhause zu schaffen und sie höher zu führen. Eine Schwester erinnerte sich: *"Als wir in der Ducpétiauxlaan in Brüssel wohnten, führte Mutter Julia den Haushalt. Sie kochte und putzte. Was bei ihr besonders auffiel, war die Liebe, mit der sie alle Arbeiten verrichtete. Stets fand sie neue Initiativen in der Küche und in der Art und Weise, wie sie die Schwestern willkommen hieß und ihnen ein wahres Zuhause und echte Gemeinschaft schenkte, so dass jede von uns gerne heimkam."* [1]

In ihrer Verantwortung als Mutter des Hauses sorgte sie dafür, dass die vorhandenen Mittel mit Verantwortungssinn verwendet wurden. Zugleich brannte in ihrem Herzen die Flamme eines unerschütterlichen Vertrauens auf Gottes Vorsehung. Einmal wurden in der Gemeinschaft die Lebensmittel am Ende eines Monats knapp, was in den Jahren nach dem Zweiten Weltkrieg in vielen Familien vorkam. Da schlugen sie die Heilige Schrift auf und lasen die Stelle aus der Bergpredigt: *"Sorgt euch nicht um euer Leben und darum, dass ihr etwas zu essen habt … Seht euch die Vögel des Himmels an: Sie säen nicht, sie ernten nicht und sammeln keine Vorräte in Scheunen; euer himmlischer Vater ernährt sie … Euch aber muss es zuerst um sein Reich und um seine Gerechtigkeit gehen; dann wird euch alles andere dazugegeben"* (Mt 6,25-33). Eine der Berufenen berichtete: *"Am gleichen Abend kam eine Schwester von einem Besuch bei ihrer Familie zurück und schleppte einen großen Koffer mit, der mit allen möglichen Lebensmitteln gefüllt war."* [2]

Die herzliche, gottgeweihte Atmosphäre, die Julia durch ihr mütterliches Wesen schuf, tat den jungen Schwestern gut. Sie spürten, dass sie angenommen und geliebt waren. *"Ich glaube, sagen zu dürfen"*, so schrieb Mutter Julia, *"dass ich sie so liebe, wie sie vor Jesus sind."* [3] Die Kraft für diese schenkende Liebe fand sie im Herzen ihres göttlichen Bräutigams, vor allem bei der heiligen Messe und der stillen Anbetung sowie bei der Betrachtung des Evangeliums.

Mutter Julia verrichtete die Arbeiten im Haus gerne und liebte es, mit den Schwestern beisammen zu sein. Zugleich fühlte sie sich innerlich hingezogen zum Tabernakel in der Pfarrkirche; es gab in der Niederlassung nämlich noch keine Kapelle. Während der Anbetung wurde sie oft mit innerem Schmerz erfüllt, weil in der hektischen Großstadt so wenige Menschen vor dem Allerheiligsten verweilten. Einmal bekannte sie: *"Ich würde am liebsten immer dort sein und Sühne darbringen. Ich strebe mehr und mehr danach, Jesu lebendiger Tabernakel inmitten der Forderungen des Alltags zu sein."* [4]

Tabernakel in der Kirche der Pfarrei St. Alena in Brüssel

Es war Mutter Julia ein großes Anliegen, die Freude über die Berufung zum "Werk" bei allen lebendig zu halten. Am Herz-Jesu-Fest 1948 rief sie besonders zur Dankbarkeit für Gottes Wohltaten auf und schrieb darüber: *"Nach dem Frühstück sangen wir gemeinsam und innig das 'Te Deum' aus Dankbarkeit für alles, was der Herr uns geschenkt hat, um seinen Liebesdurst nach Seelen zu teilen."* [5]

Beim Lesen und Betrachten des Evangeliums wurde sie oft davon ergriffen zu sehen, wie der Herr seine Jünger erzogen hat und wie herrlich das Leben in seiner engeren Nachfolge ist. Darüber berichtete sie Vater Hillewaere: *"Ich lese gerne im Evangelium jene Stellen, die über Jesus berichten, wie Er seine Apostel erzieht. Welch ergreifende Lehren und Haltungen! Ach, Vater, wir haben so viel von Ihm zu lernen. Gestern war das Herz-Jesu-Fest. Die Erinnerung daran überwältigt meine Seele, mein ganzes Wesen jubelt in Bewunderung darüber, als seine Braut Ihm ganz hingegeben sein zu dürfen."*[6]

Neben der Sorge um das neue Haus und um eine gottgeweihte Atmosphäre in der Gemeinschaft sah Mutter Julia ihre wichtigste Aufgabe in der Formung der Schwestern. Diese bedurften einer persönlichen Begleitung in Ehrfurcht vor dem Plan Gottes, damit die Anlagen, Gaben und Gnaden jeder Einzelnen in Treue zum Charisma entfaltet werden konnten.

Obwohl Mutter Julia nach der Grundschule keine weitere Ausbildung gemacht hatte, war sie eine Erzieherin mit Leib und Seele. Dabei vergaß sie nie, dass der eigentliche Erzieher Jesus Christus selber ist. Nach einem Tag der Besinnung schrieb sie Vater Hillewaere: *"Am Sonntag war Einkehrtag. Es herrschte eine pfingstliche Atmosphäre, die weiterhin andauert. Freigebig teilt Jesus die Gnaden des 'Heiligen Bündnisses' an seine kleine Herde aus. Könnten Sie Zeuge davon sein, Ihre Seele würde jubeln und danken! Jesus ließ mich verstehen, dass Ihm seine kleine Herde viel Freude bereitet. Er will sie in besonderer Weise erziehen, damit sie dem Zeitgeist widerstehen kann."*[7]

Gerne wäre Vater Hillewaere öfter nach Brüssel gekommen, um mit der Gemeinschaft beisammen zu sein und den Berufenen Vorträge über theologische oder spirituelle Themen zu halten. Doch die starke Beanspruchung durch die pastoralen Aufgaben in der großen Pfarrei in Menen und später in Zwevegem sowie der geographische Abstand ließen nur selten einen Besuch zu. Dies bedeutete für ihn wie auch für die Gemeinschaft ein großes Opfer. Vater Hillewaere war aber dankbar, dass die Passionisten, die in Wezembeek-Oppem, unweit von Brüssel, ein Kloster hatten, Mutter Julia und der Gemeinschaft in Treue priesterlich zu

Diensten standen. Pater Herman und zwei seiner Mitbrüder zeigten eine besondere Offenheit für die Berufung des "Werkes". So kam es zu einer fruchtbaren gegenseitigen Ergänzung zwischen den beiden Gemeinschaften.

Von Anfang an bemühte sich Mutter Julia um eine ganzheitliche Bildung der Schwestern: Alle Bereiche des menschlichen Lebens mussten auf das Eigene des "Werkes" ausgerichtet werden. Sie unterstrich, dass die Berufenen nicht einer apostolischen Gruppe oder Bewegung beigetreten seien, sondern einer geistlichen Familie, der Gott ein eigenes Charisma und einen eigenen Geist geschenkt hat. Einmal brachte sie dies so zum Ausdruck: *"Die jungen Berufenen dürfen nicht eine Formung erhalten, als ob sie zu einer Bewegung gehörten und in der Welt blieben oder einen anderen Lebensstand wählen könnten. Vertrauend auf die Berufungsgnade müssen sie in einer Weise geformt werden, die ganz dem Leben und der Sendung des 'Werkes' entspricht."* [8]

Mutter Julia wies die Schwestern darauf hin, dass es im gottgeweihten Leben vor allem auf den liebenden Gehorsam gegenüber dem Willen Gottes ankommt: *"Wer eintritt, muss zur vorbehaltlosen Hingabe bereit sein. Ich verlange in allem, dass nur der Wille Gottes vollbracht und dass Gott mehr und mehr geliebt werde!"* [9] Diese Ganzhingabe hatte im "Werk" die Form eines "Heiligen Bündnisses" mit dem Herzen Jesu angenommen. Deshalb rief Mutter Julia unaufhörlich dazu auf, mit dem Herzen Jesu zu leben und fest auf die Gnade des "Heiligen Bündnisses" zu vertrauen.

Darüber hinaus half sie den Berufenen, Verantwortung tragen zu lernen. Sie wusste um die große Bedeutung der Tugend der Mäßigkeit: Gewissenhafter Einsatz, dynamische Dienstbereitschaft und selbstlose Hingabe mussten in christlicher Klugheit und Ausgewogenheit miteinander verbunden werden - und dies war für junge Menschen nicht leicht. Mutter Julia versuchte, die erste Generation durch ihr eigenes Beispiel zu dieser Haltung hinzuführen: *"Es scheint mir, dass die jungen Menschen um mich noch lernen müssen, was es bedeutet und fordert, Verantwortung zu tra-*

gen. Ich strebe danach, ihnen Einsicht zu schenken, indem ich selbst in dem Maß, als es möglich ist, ihnen Vorbild bin." [10] Neben der Verantwortung für die persönliche Christusnachfolge und die apostolischen Aufträge und Dienste in der Welt sollten die Berufenen zur Verantwortung für die eigene geistliche Familie hingeführt werden: *"Der Wille Gottes umfasst für uns, die wir uns Berufene nennen, die Dienstbereitschaft für Jesu 'Werk'. Wir haben dies Tag für Tag in dem Maß erfahren, in dem wir uns auf den Willen Gottes eingelassen und ihn beantwortet haben. Die Berufung umschließt das ganze Leben. Das Apostolat der ersten Berufenen liegt im Aufbau des 'Werkes' in seinem umfassenden Sinn."* [11]

Mutter Julia strebte danach, die Schwestern zu reifen Frauen heranzubilden. Im Geist der Einheit und der liebevollen gegenseitigen Ergänzung bemühte sie sich, ihnen *"den Weg zu einer von Gnade und Demut getragenen Selbsterkenntnis"* und zur Hingabe an die Liebe des Herzens Jesu zu zeigen. *"Ich messe dieser Gnade so viel Wert bei"*, teilte sie Vater Hillewaere mit, *"dass mir eigentlich die Worte fehlen. Ich nenne sie eine besondere Gnade, weil sie in so großem Maß die Gabe des Glaubens in Liebe umfasst, die auf dem Weg des Kreuzes zur reinen und vollen Hingabe an den Bräutigam führt. Seit mir diese Einsicht geschenkt worden ist, glaube ich, sagen zu dürfen, dass ich Jesus nichts verweigert habe, um diese besondere Gnade für die Schwestern zu verdienen."* [12]

Sehr früh erkannte sie, welche Gefahren der zunehmende Individualismus für das gottgeweihte Leben mit sich brachte. Sie half den Schwestern, sich selber ganz anzunehmen und alles Echte und Gute zu entfalten, das Gott in sie hineingelegt hatte. Zugleich warnte sie vor dem Streben nach Ehre und Karriere und wies oft darauf hin, dass die Ausrichtung auf das gemeinschaftliche Denken von grundlegender Bedeutung sei. In diesem Sinn wandte sie sich an eine Berufene, die viele Gaben hatte, aber noch zu sehr von eigenen Wünschen und Vorstellungen her dachte: *"Liebe Schwester, du hast dich nicht einem Werk angeschlossen, das nur für deine individuelle Berufung da ist. Das 'Werk' hat zum Ziel, eine geistliche Familie zu sein und ein Gemeinschaftsleben zu fördern, das alle Lebensbereiche umfasst. Es steht uns darum nicht frei, dem Denken und Fühlen eine eigen-*

willige Ausrichtung zu geben. Weil der Herr selbst es verlangt, sind wir verpflichtet, die Richtung einzuschlagen, welche Er für jene festgelegt hat, die Er zu diesem 'Werk' beruft." [13]

Mutter Julia wollte vor allem das Gewissen der Schwestern orientieren und in der Wahrheit und Liebe Christi verankern. *"Es scheint mir"*, so schrieb sie einmal, *"dass bei allen das Verlangen zunimmt, noch mehr in die Tiefe zu gehen, und zwar in einem ehrlichen und spontanen Streben nach der Wahrheit. Dürfen wir dann nicht mit umso größerem Vertrauen erwarten, dass Jesus, der von sich selbst sagt: 'Ich bin die Wahrheit', mehr und mehr unser Weg und unser Leben wird?"* [14] Mit frohem und dankbarem Herzen stellte sie fest: *"Es herrscht ein Geist der herzlichen Schwesternliebe, der Einfachheit und der Wahrheit. Es wird in vollständiger Übereinstimmung mit den grundlegenden Prinzipien am Aufbau der Berufung mitgearbeitet."* [15]

Mutter Julia gab das Licht des Charismas in allen Situationen des Lebens weiter: bei Zusammenkünften und Einkehrtagen, bei Gesprächen während der Mahlzeiten, bei der Vorbereitung der Liturgie, bei Einführungen in eine bestimmte Arbeit, bei Spaziergängen und auf dem Weg zur Kirche, bei Besuchen und unerwarteten Begegnungen, beim gemeinschaftlichen Beisammensein, in persönlichen Kontakten und im Eingehen auf Fragen, die ihr gestellt wurden.

Neben der Formung im Alltag hielt sie passende geistliche Lektüre für sehr wichtig. Sie erkannte, wie wesentlich die dienende Liebe für ein wahres kontemplatives Leben ist. Zugleich sah sie die große Bedeutung, die der reinen Glaubenslehre für eine gesunde Entwicklung im geistlichen Leben zukommt. Um gute Bücher für die Gemeinschaft zu finden, beriet sie sich von Zeit zu Zeit mit Vater Hillewaere, der sich ein umfassendes Wissen in Fragen der Theologie und der Spiritualität erworben hatte. Wenn sie den Schwestern die Lektüre bestimmter Schriften empfahl - besonders schätzte sie einige klassische Werke des geistlichen Lebens -, gab sie oft Erklärungen, wie diese Schriften in der heutigen Zeit und im Geist der Berufung verstanden werden müssten.

Einmal ging eine der Berufenen durch eine innere Läuterung. Mutter Julia spürte, dass sie Hilfe brauchte: *"Ich riet ihr, ein Buch zur Betrachtung zu verwenden, den Tagesablauf klar festzulegen und die täglichen Pflichten in Treue und Standhaftigkeit zu erfüllen, die abendliche Gewissenserforschung zu halten, während des Tages oft an den Herrn zu denken und die Verbundenheit mit Ihm lebendig zu halten."* [16] Mutter Julia wusste um die Gefahr der Genusssucht, sogar in geistlichen Dingen. Sie wollte deshalb, dass Bücher im Geist der Unterscheidung und mit innerer Disziplin gelesen würden und dass das erworbene Wissen in Taten des Glaubens umgesetzt werde. Darin stimmte sie ganz mit Vater Hillewaere überein: *"Die große Gefahr besteht darin, dass man die Hauptsache vergisst: den Heiligen Geist. So vergisst man auch, die Seelen darauf auszurichten, dass sie für die Einwirkungen des Heiligen Geistes empfänglich werden, nämlich durch Entsagung, Demut und Vertrauen, durch die lautere Gesinnung, durch ein Leben des Gebetes. Man 'weiß' zwar viel, aber man 'tut' nicht viel."* [17]

Kirchenfenster im Petersdom in Rom (G. Bernini)

Manchmal warnte Mutter Julia in diesem Zusammenhang vor ungeläuterter Neugierde beim Lesen. Sie selbst hatte schon in jungen Jahren im Gewissen gespürt, dass sie nicht einfach alle Schriften lesen durfte, die ihr unterkamen. Einige Jahre vor ihrem Tod erzählte sie einer Schwester, wie der Herr sie durch diese Enthaltung vorangeführt und so vor mancherlei Schwierigkeiten verschont hatte: *"Die Berufung konnte sich auf ganz natürliche und übernatürliche Weise nach Gottes Plan entwickeln. In mir gab es kein Vergleichen und keine Sucht nach mystischen Büchern. Ich wurde zum Opfer getrieben. Ich habe die Berufung empfangen, ich habe sie nicht selbst entdeckt oder erarbeitet. Die Gnaden, die uns geschenkt werden, müssen wir beantworten und dürfen sie nicht in Zweifel ziehen!"* [18]

Auch wenn Mutter Julia sich vor allem um die eigene Gemeinschaft sorgte, vergaß sie nie die Menschen um sich herum. Sie hatte ein weites, ein liebendes, ein katholisches Herz. Einmal bemerkte sie, dass ein Priester überarbeitet und ein wenig bedrückt war. In schwesterlicher Sorge wandte sie sich mutig an ihn: *"Sie müssen sich etwas Ruhe gönnen. Ich bete mehr denn je für Sie. Ich kann verstehen, dass Ihre Verantwortung manchmal schwer drücken kann. Ich sehe aber nicht ein, weshalb uns der Sinn für Verantwortung nervös macht, er soll eher zu größerem Glauben führen, zu größerem Vertrauen, zu einem tieferen Verstehen unserer Ohnmacht und unserer Abhängigkeit vom Herrn."* [19]

Mutter Julia fühlte sich gedrängt, Not leidenden Menschen zu helfen, mit denen die Vorsehung sie zusammenführte. Als sie eines Tages in der Stadt beim Einkaufen war, sah sie einen Mann, der in Begleitung seiner Tochter auf der Straße zusammengebrochen war. Rasch erfasste sie die Situation, leistete Erste Hilfe und setzte sich dafür ein, dass der Mann in ein Krankenhaus gebracht wurde. Es handelte sich um einen Juden, dessen Familie während des Krieges sehr viel gelitten hatte. Mehrere Familienmitglieder waren im Konzentrationslager umgekommen. Nur das Mädchen und ihr Vater waren am Leben geblieben und wohnten jetzt im Armenviertel von Brüssel. Der Vater überlebte den Herzinfarkt und konnte nach einiger Zeit die Klinik verlassen. Mutter Julia besuchte ihn mehrere Male. Viele Jahre lang blieb sie mit ihm und seiner Tochter in Freundschaft verbunden.

Einmal besichtigte sie zwei Bergwerke im Industriegebiet von Lüttich. Sie war betroffen vom Elend, das sie dort antraf, und litt darunter, dass es im

Weinberg des Herrn so wenige Arbeiter gab, um sich dieser Menschen anzunehmen. Die Situation eines orthodoxen Priesters, der im Bergwerk arbeitete und sich zugleich um die vielen Gastarbeiter kümmern musste, ging ihr nahe. Sie verstand seine Not und sprach ihm Mut zu.

Besonders die Jugend lag ihr sehr am Herzen. *"Eine höchste Pflicht im Licht der Berufung"*, so schrieb sie, *"ist die geistliche Mutterschaft für die elternlose Jugend unserer Zeit."* [20] In der Großstadt erlebte sie, dass viele junge Menschen praktisch ohne Erziehung - "elternlos" - aufwuchsen. Oft hatten sie zwar Eltern, die für ihren Unterhalt sorgten, aber die große Aufgabe der Erziehung zu wenig erkannten und wahrnahmen. Der Geist des Materialismus, der Freizügigkeit und des Neuheidentums begann sich auszubreiten. Mutter Julia war davon überzeugt, dass den Eltern mit Liebe und Respekt geholfen werden müsse und viele Jugendliche einer echten Orientierung bedürften.

Die Liebe und den Eifer für die Seelen hatte sie vom heiligen Paulus gelernt. Sie wollte die Schwestern zu diesem Durst nach Seelen führen. *"Gott ist gut"*, schrieb sie Vater Hillewaere, *"seien wir ihm hingegeben in der Not dieser Zeit, ganz hingegeben, unbegrenzt und ohne zu berechnen! Dann werden wir Ihn hören, Ihn sehen, Ihn erfahren im Leben, das um uns herum entsteht und sich entfaltet. Vater, ich verlange danach, dies den Schwestern mitzugeben, damit sie ergriffen seien von der Liebe, vom Durst, sich hinzuschenken, sich selbst zu vergessen, um allen alles zu werden."* [21]

Im Dienst an Familien

Schon vor dem Ersten Weltkrieg gab es in Belgien verschiedene Bemühungen, Frauen und Müttern in ihren vielfältigen Aufgaben beizustehen. Nach den Grauen dieses Krieges organisierten sich in vielen Pfarreien Menschen, die den Müttern wertvolle Dienste anboten. Das Ziel dieser Gruppen bestand darin, ein christliches Familienleben aufzubauen, zu festigen und zu fördern. Im Jahr 1932 wurde in Flandern der "Frauenverband der christlichen Arbeiterbewegung" gegründet, der aus bereits bestehenden Frauenorganisationen hervorgegangen war und sich rasch ausbreitete.[1]

Der Zweite Weltkrieg brachte erneut Not und Elend in viele Familien. Deshalb reifte in den Jahren danach im "Frauenverband der christlichen Arbeiterbewegung", einer Gruppierung innerhalb der Katholischen Aktion, und in verschiedenen anderen Organisationen der Gedanke, jungen Familien zur Seite zu stehen, vor allem wenn die Mutter krank war oder ein Kind erwartete. Dafür sollten gute Familienhelferinnen ausgebildet werden, die fähig wären, den Müttern zu helfen und sie, wenn nötig, für eine gewisse Zeit zu vertreten. Diese verschiedenen Gruppierungen hatten das gleiche Ziel vor Augen, aber jede von ihnen folgte einer eigenen Ausrichtung und Arbeitsweise. Im Jahre 1944 entstand in Wallonien die "Volksbewegung für die Familien", die aus der Katholischen Arbeiterjugend hervorgegangen war und sich zu einer einflussreichen Erwachsenenbewegung entwickelte. Bald kam es jedoch zu einer Loslösung von der Katholischen Aktion, um über alle politischen und religiösen Grenzen hinweg ihre Aufgabe im Dienst der Familien erfüllen zu können.[2]

Im Jahr 1948 kamen Mutter Julia und die junge Gemeinschaft mit den Verantwortlichen der französischsprachigen Gruppierung des "Frauenverbandes der christlichen Arbeiterbewegung" in Kontakt. Die Gruppierung begann in Brüssel mit dem Aufbau eines Familienhilfsdienstes und konnte dafür einige Familienhelferinnen gewinnen. Diese Kräfte reichten aber nicht aus, und es blieb schwierig, andere Frauen für den Dienst zu finden.

Einige Monate zuvor war bei Gesprächen von Vater Hillewaere mit nationalen Führungskräften der weiblichen Katholischen Arbeiterjugend deutlich geworden, dass eine weitere Zusammenarbeit des "Werkes" wegen wesentlicher Unterschiede in der Grundausrichtung schwierig wurde und sich eine Loslösung anbahnte. In dieser Situation fanden Mutter Julia und die Berufenen in der Familienhilfe eine Möglichkeit, sich in einer anderen Gliederung der Katholischen Aktion für die Erneuerung des kirchlichen und sozialen Lebens einzusetzen. Die Verantwortlichen im "Frauenverband der christlichen Arbeiterbewegung" waren darüber froh und dafür dankbar. Mutter Julia sah in diesem Dienst, der auch eine missionarische Ausrichtung hatte, einen Weg für die weitere Entwicklung des Charismas: *"Es scheint, dass sich im Augenblick in der Familienhilfe ein wertvolles Arbeits- und Apostolatsfeld bietet."* [3]

Schwestern des "Werkes" im Dienst der Familienhilfe

Von Anfang an lag ihnen die Sorge um einen frohen und gläubigen Familiengeist am Herzen - sowohl in den Ehen und Familien wie auch in der eigenen Gemeinschaft und in der Kirche. In einem Brief an Vater Hillewaere drückte Mutter Julia ihre Freude darüber aus, dass eine der Schwestern für diese Aufgabe besonders geeignet war: *"Ich freue mich mit unserer Schwester. Ich hoffe, dass ihr*

Gelegenheit zur persönlichen Entfaltung gegeben wird. In Stille schauen wir danach aus, was die weitere Entwicklung bringen wird. Die Hauptsache scheint mir nun, dass sich unsere Berufenen hingeben und dienen - ohne Zögern, im konkreten Jetzt. Unser Herr, der sich an Edelmut nicht übertreffen lässt, wird gewiss ergänzen, woran es noch mangelt. Angesichts der Not und des Ernstes unserer Zeit drängt es uns sehr, den Menschen zu dienen, für den Herrn Zeugnis abzulegen, seine barmherzige Liebe, die Er uns geschenkt hat, weiterzuschenken und sie durch unsere Treue auf die anderen herabzuziehen. Es ist so, so dringend!" [4]

Die Verantwortliche des Familiendienstes erkannte rasch, dass diese Schwester des "Werkes" Organisationstalent hatte und ihren Auftrag treu erfüllte. Darum wurde sie bald mit wichtigeren Aufgaben und später mit Leitungsaufgaben betraut. Da die Bitten um Hilfe zunahmen, begannen in den darauf folgenden Monaten weitere Schwestern, sich in diesem Dienst einzusetzen. Sie besuchten Kurse, um das dafür notwendige Diplom zu erwerben. Die Prüfungen mussten vor einer staatlichen Kommission abgelegt werden.

Mutter Julia und die Berufenen sahen im Dienst der Familienhilfe in der Großstadt Brüssel eine Möglichkeit, die Gesellschaft mit christlichem Geist zu durchsäuern und die Sendung zum apostolischen Dienst in Treue zum Charisma zu weiterer Entfaltung zu bringen. Sie bemühten sich, gute Familien im Glauben zu stärken und zu ermutigen. Anderen Familien, die sich in materiellen, sittlichen oder religiösen Nöten befanden, standen sie bei, um ihnen menschliche und christliche Grundsätze zu vermitteln, soweit es möglich war. Dieser Dienst eröffnete der Gemeinschaft auch Wege, mit dem Klerus und verschiedenen kirchlichen Stellen in Verbindung zu treten, vom Charisma Zeugnis zu geben und so die kirchliche Ausrichtung der Berufung zum Ausdruck zu bringen.

In den Briefen, die Mutter Julia damals schrieb, kam sie immer wieder auf konkrete Situationen zu sprechen, in denen die Gemeinschaft Hilfe leisten konnte. Sie sah, wie die Nöte des Geistes und der Seele oft zu sozialem

Elend führten und die Entwicklung der Jugendlichen belasteten. Ihnen wollte sie in der Gnade des Charismas eine Stütze sein: *"Ich glaube, dass diese und andere Einsichten mich dazu bewegen, mich so für die Familienhilfe einzusetzen. Ständig bespreche ich mit dem Herrn den Zustand und die Nöte der Seelen und die Belange des 'Werkes', die jene der Kirche sind. Und es scheint mir, dass der Herr mit seinem Blick mich beinahe immer seine Einsichten verstehen lässt."* [5]

Besonders wichtig war ihr das Prinzip, die Menschen im persönlichen Kontakt zu begleiten. Der Dienst der Familienhilfe bot viele Möglichkeiten, um in einer natürlichen Weise für andere da zu sein und die Kraft des Evangeliums zu bezeugen. Über eine Frau, die sich für einige Zeit von ihrem Mann getrennt hatte, berichtete Mutter Julia: *"Es scheint, dass sie zum ersten Mal einen Brief an ihren Mann geschrieben hat, in dem sie Schuld von ihrer Seite eingesteht und um Vergebung bittet. Möge ihr der Herr mit seiner alles überwindenden Gnade helfen und barmherzig sein!"* [6]

Mit Freude und Nüchternheit sah sie die vielen positiven Entwicklungen: *"Ich denke, dass wir ohne Hast in dieser Richtung weiterarbeiten müssen. Die Sache steht mir klar und einfach vor Augen. Ich erwarte nicht, dass keine Schwierigkeiten auftauchen oder sich keine Misserfolge einstellen könnten. Gestern Nachmittag wurde unsere Schwester zum verantwortlichen Priester gerufen. Er hat unsere Vorschläge ganz angenommen und uns volle Freiheit gegeben, um Initiativen und Arbeitskonzepte zu entwickeln. Die Verantwortlichen haben ihre Wertschätzung für unsere junge Gruppe im Dienst der Familienhilfe zum Ausdruck gebracht. Es scheint, dass die Menschen äußerst zufrieden sind. Was sie wohl am meisten trifft, ist der Geist der Zusammengehörigkeit."* [7]

Die Verantwortliche, die für die praktischen Regelungen im Familiendienst zuständig war, freute sich über den reibungslosen Einsatz der jungen Schwestern. Sie meinte: *"Ich verstehe das nicht: Diese jungen Frauen leben in einer solchen Einheit. Wie segnet uns doch der gute Gott!"* [8] Mutter Julia war dankbar, dass der Geist des Charismas im Familiendienst

Früchte brachte, ließ sich aber vom Lob der Menschen nicht zu sehr beeindrucken und fügte in einem Brief die nüchterne Bemerkung hinzu: *"Nun, wird diese Bewunderung bleiben? Lasst uns hoffen!"* [9]

Mutter Julia war innerlich davon überzeugt, dass die Gemeinschaft immer mehr zu einer geistlichen Familie im Dienst der Kirche werden müsse. Deshalb wandte sie sich mit Worten an die Berufenen, die von einem inneren Feuer durchdrungen waren: *"Schafft eine Atmosphäre, in der tiefes Verstehen, heilige Ehrfurcht und heldenhafte Tugend wachsen und uns zu jener Vollkommenheit führen, die unserer Berufung würdig ist. In Christus darf ich die Dinge und Ideen dieser Welt sowie den Zustand unserer Zeit mit seinen Gefahren für die Kirche und die Seelen gleichsam schauen. Im Licht dieser Erfahrungen gibt es eine bestimmte Gnade, durch die sich der Herr mit uns verbinden will: Es ist das 'Werk'. Es scheint mir, als wolle Er kräftig darauf hinwirken, dass sich der Aufbau des 'Werkes' von innen her vollziehen und dass in dieser Richtung weitergearbeitet werden muss. Aus diesem inneren Aufbau muss das Äußere geboren werden, von innen her soll alles Äußere seine Gestalt und Lebenskraft erhalten. So will es der Herr. Es ist, als gebe Er uns zu verstehen, dass Er selbst für alles, was zum Leben notwendig ist, Bürge stehen wird. Er selbst will der große Ausführende sein. In den Berufenen möchte er seine Herrschaft festigen, so stark und vollkommen, dass sie beim Verwirklichen seines Planes seine gefügigen Werkzeuge und seine wahren Zeugen sind."* [10]

Die Bitten um Einsätze in der Familienhilfe wurden immer zahlreicher. Sie erreichten die Gemeinschaft nicht nur über die Leitung des "Frauenverbandes der christlichen Arbeiterbewegung", sondern auch über die "Volksbewegung für die Familien", in der ebenfalls Berufene des "Werkes" eingesetzt waren. Verschiedene Pfarrgemeinden in Brüssel und Umgebung, mit denen die Kontakte immer enger wurden, sowie Privatpersonen baten ebenfalls um Hilfe. Mutter Julia merkte, dass die vielen Anfragen und Wünsche langsam zu einer Überbelastung führten. Deshalb reifte in der Gemeinschaft der Entschluss, neben den eigenen Schwestern auch andere junge Frauen als Helferinnen für diesen Dienst zu engagieren.

Die Berufenen wollten den Frauen, die sich für die Familienhilfe interessierten, in ihrem eigenen Zentrum ein echtes Zuhause bieten und ihnen eine fachliche, charakterliche und religiöse Ausbildung geben. Mutter Julia rief die gottgeweihten Schwestern dazu auf, durch ihre Freude am Glauben und ihre Entschiedenheit in der Nachfolge ein gutes Beispiel zu geben. Es war ihr auch ein Anliegen, die Helferinnen auf ein Leben in Ehe und Familie oder in der engeren Nachfolge Christi vorzubereiten.

Damals reifte in der Gemeinschaft der Gedanke, einen eigenen Verein für die Formung dieser jungen Frauen zu gründen. In einem Brief schrieb Mutter Julia: *"Wir erwarten demnächst den Rechtsanwalt, um am Entwurf für einen staatlich anerkannten Verein ohne Gewinnabsicht zu arbeiten. Wir denken daran, ihm den Namen 'Paulusheim' zu geben. Das Projekt soll keinen zu klösterlichen Charakter haben."*[11] Am 19. März 1949 erhielt das "Paulusheim" die staatliche Anerkennung.[12] Mit der Errichtung dieses Vereins war eine rechtliche Grundlage für die erzieherische Begleitung der Familienhelferinnen geschaffen, die nicht zur Gemeinschaft gehörten.

Die Schwestern bereiteten eine Broschüre für die Öffentlichkeit vor, in der das Ziel des Vereins erklärt und das Hohelied der Liebe aus dem ersten Korintherbrief abgedruckt wurde. Der Name "Paulusheim" sollte zum Ausdruck bringen, was die Gemeinschaft bewegte: Paulus war ihr Patron und ihr großes Vorbild. Seiner Lehre, seinem Lebensstil, seinem missionarischen Einsatz für das Reich Gottes wollten die Berufenen folgen. Ihr Ziel war es, vielen ein Zuhause anzubieten, damit sie Kraft schöpfen und echte christliche Nächstenliebe erfahren könnten.

Die Aufnahme von Helferinnen in den Familiendienst des "Frauenverbandes der christlichen Arbeiterbewegung", die im "Paulusheim" wohnten, brachte es mit sich, dass das Haus des "Werkes" bald zu klein wurde und weitere Wohnräume gemietet werden mussten. Zugleich dachten Mutter Julia und die Schwestern daran, das Haus den Helferinnen zur Verfügung zu stellen und für die Berufenen, die nicht in den offiziellen Familiendienst eingebunden waren, ein eigenes Haus zu erwerben, um über die Familienhilfe hinaus neue Entwicklungen möglich zu machen. *"Ich möchte, dass die Schwestern Schritt für Schritt dazu fähig werden, demütige und kompetente Träger dieser und auch anderer Initiativen zu sein, die in Zukunft auf sie zukommen."* [13]

Am 3. August 1949 zogen die Berufenen, die nicht im Familiendienst tätig waren, nach Wezembeek-Oppem, einem Vorort von Brüssel, wo mit Hilfe einer Wohltäterin ein Haus gekauft werden konnte. Dieses Zuhause bot neue Möglichkeiten der Entwicklung. Solange die Berufenen mit den Familienhelferinnen im gleichen Haus gewohnt hatten, war es schwierig gewesen, die gottgeweihte Berufung und das Gemeinschaftsleben weiter zu entfalten, denn es musste auf die Helferinnen Rücksicht genommen werden. Nun versammelte sich die Gemeinschaft - auch jene, die in Flandern apostolisch tätig waren - mit Freude und Dankbarkeit zu Tagen der Besinnung in Wezembeek. Mutter Julia schrieb Vater Hillewaere: *"Der Umzug ist vorbei und damit ist ein zweites Haus unserer Sorge anvertraut. Der Herr scheint alles selbst zu leiten. Es ist hier sehr ruhig und still. Am Sonntag haben wir den ersten Einkehrtag für die Berufenen gehalten. Als Gegenstand der Besinnung haben wir die 'kleine Regel', die Vorlagen für die Exerzitien vom Jahr 1945 und einen Text des heiligen Paulus verwendet. Wir wählten diese Texte im Blick darauf, unsere Regel noch intensiver zu leben. Wir haben räumlich mehr Möglichkeiten und müssen uns nicht den Familienhelferinnen anpassen."* [14]

Niederlassung in Wezembeek-Oppem

Während sich einige Schwestern im neuen Daheim in Wezembeek einlebten und andere weiterhin für die Familienhilfe arbeiteten, kam es trotz guten Willens zu Spannungen zwischen dem "Frauenverband der christlichen Arbeiterbewegung" und der "Volksbewegung für die Familien", die auch von gesellschaftlichen und kirchlichen Problemen mitverursacht wurden.

In den Sorgen, welche die Mitarbeit in diesen Diensten für die Gemeinschaft bedeutete, sah Mutter Julia eine Herausforderung, im Glauben auszuharren und sich in Geduld auf den Plan Gottes auszurichten. Sie wollte Entscheidungen nicht unüberlegt und hastig treffen. Sie und die Schwestern bemühten sich um ein neues Einvernehmen zwischen den beiden Diensten: *"Es ist uns klar - und die Schwestern sind einverstanden -, dass wir alles einsetzen, was möglich ist, damit es zu keinem Bruch kommt."* [15] Auf Grund der Bemühungen von allen Seiten konnten die Schwierigkeiten für eine gewisse Zeit überwunden werden. Zugleich wandten sich immer mehr Privatpersonen an die Gemeinschaft, die keine Verbindung mit den offiziellen Organisationen für Familienhilfe hatten.

Der Dienst für die Familien forderte großen Einsatz, fand aber auch viel Wertschätzung. In einem Brief berichtete Mutter Julia: *"Wie es scheint, haben die Verantwortlichen des Dienstes der Familienhilfe erfahren, dass die Schwestern wirklich fähig sind, sowohl was die fachliche Seite als auch was ihren apostolischen Einsatz betrifft. Es wurde beschlossen, dass jede von ihnen in zwei oder drei Pfarreien die Verantwortung für den Familiendienst übernehmen soll."* [16]

Nicht nur innerhalb der Familienhilfeorganisationen wurden die Schwestern anerkannt und geschätzt. Dankbar für empfangene Hilfe organisierte zum Beispiel ein bekannter Musiker ein Wohltätigkeitskonzert für die Gemeinschaft. Seine Frau war bei der Geburt des sechsten Kindes gestorben. Eine Berufene hatte der Familie in dieser schweren Zeit einige Monate helfend zur Seite gestanden. Auch die Presse begann sich zu interessieren, und im Radio gab es positive Berichte. Verschiedene Pfarreien waren froh über den Dienst. Mutter Julia schrieb: *"Wie sehr freut es uns, dass das 'Werk' im Dienst der Familienhilfe im Klerus bekannt und angenommen wird. Verschiedene meinten, dass dahinter ein eigenes Charisma stehen müsse. Gestern Abend bat ein Pfarrer um einen kleinen Bericht, den er in seinem Pfarrblatt abdrucken möchte. Er meinte, dass eine solche Gemeinschaft bekannt gemacht und unterstützt werden sollte."* [17]

Dieser Pfarrer und auch andere Menschen spürten, dass die jungen Frauen von einem besonderen Geist erfüllt waren. Mutter Julia legte Wert darauf, dass die Schwestern in allen Bereichen durch ihren treuen Dienst und ihren fachlichen Einsatz bei den Menschen Vertrauen aufbauten und sie, soweit dies möglich war, Christus und der Kirche näher brachten. Weil sie gemäß ihrem Charisma kein eigenes Ordensgewand trugen, konnten sie leichter wie Sauerteig in jene Schichten der Gesellschaft hineinwirken, die sich mehr und mehr von den christlichen Prinzipien entfernt halten. Die ersten Christen waren ihnen darin ein Vorbild.

Mutter Julia rief die Schwestern oft auf, an Gottes Macht und Liebe zu glauben: *"Lasst uns vertrauen! Was gestern so schien, als könne es nicht gelebt werden, kann morgen in Gottes Gnade Leben werden. Arbeiten wir gemeinsam für die eine Sache: die Verherrlichung Gottes im Reich der Seelen ohne Vergeudung von Kraft oder Zeit!"* [18]

Eine Berufene, die in einem schwierigen Einsatz stand, wurde von Mutter Julia mit folgenden Worten ermuntert: *"Es ist das Einfachste und auch das einzig Richtige: Wo der Herr uns unseren Platz zugewiesen hat, sollen wir voll und ganz leben und die Wirklichkeit annehmen, so wie sie ist. Stehen wir dann vor einer Situation, die uns übersteigt, dann gibt es den guten Willen, der gerne lernt und weder vor Mühen noch vor Lasten zurückschreckt. Denn wir wissen, dass uns dies zum Dienen, zum besseren Dienen befähigt. O Einfachheit, Spiegel und Bild des göttlichen Seins! Mögen wir doch alle in reichem Maß davon erfüllt werden!"* [19]

Nach einer Zeit der Zusammenarbeit kam es erneut zu ernsten Schwierigkeiten zwischen den beiden Diensten für Familienhilfe. Die beiden Organisationen wurden nach verschiedenen Verhandlungen zwischen Verantwortlichen der Katholischen Aktion in Wallonien und Kardinal Van Roey, dem Erzbischof von Mechelen (1926-1961), miteinander verschmolzen und die "Volksbewegung für die Familien" als eigene Gruppierung aufgelöst.[20] Dies führte zu neuen Problemen und Unruhe bei den Helferinnen und bei den Familien, in deren Dienst sie standen. Mutter Julia schrieb: *"Ich sehe nicht, wie wir in dieser Situation irgend etwas anderes tun können als beten, opfern und dem Herrn unsere Überlegungen darbringen, damit Er selber alles nach seinen Einsichten und seinem Wohlgefallen führe und lenke. Bis sich die Dinge klären, wollen wir mit ganzer Hingabe nach vollkommener Erfüllung der Pflicht in jedem Augenblick streben. Ich habe großes Vertrauen. Ich muss eingestehen, dass mich solche Stürme manchmal schmerzen und mit verschiedenartigen Leiden, manchmal aber auch mit großem Frieden und tiefer Freude erfüllen. Es scheint mir, dass der Herr selbst die Situation in den Händen hält und Er dadurch die Berufung zu seiner Verherrlichung heiligen und läutern will."*[21]

Mutter Julia freute sich über das Edle und Schöne, das sich bei den Schwestern in ihrem apostolischen Einsatz zeigte. Mit nüchterner Gesinnung sah sie aber auch deren Schwächen und Grenzen. Wie sollten die Berufenen im Licht des Charismas damit umgehen? *"Auch bei uns gibt es Schwachheiten"*, stellte Mutter Julia im Blick auf die Zusammenarbeit mit dem Familiendienst der Katholischen Aktion fest, *"aber wir müssen den sündhaften Neigungen in uns durch Einheit und gegenseitige Ergänzung zuvorkommen, wir müssen den guten Kampf aller mit dem Licht unserer Berufung begleiten, wir müssen uns in Liebe gegenseitig ergänzen."*[22]

Seitdem Mutter Julia das "Heilige Bündnis" geschlossen hatte und noch mehr seitdem sie bei der Gründung der Gemeinschaft 1938 ganz "Werk" geworden war, fühlte sie sich berufen, ihr Leben aus Liebe zur Kirche für das Wohl ihrer geistlichen Familie hinzugeben. Nun spürte sie immer deutlicher, dass der Herr die Schwestern in ihrem persönlichen Reifen und apostolischen Wirken auf eine höhere Stufe führen wollte: *"Ich glaube, dass der Herr dabei ist, eine neue Orientierung vorzubereiten. Ich lobe Ihn und danke Ihm für alles."* [23]

Diese neue Orientierung zeigte sich im August 1948 auch in einem konkreten Schritt von Vater Hillewaere. Nach einer Begegnung mit Kanonikus Cardijn, bei der grundsätzliche Fragen über die Zukunft des "Werkes" zur Sprache kamen, zog er sich ganz von der Katholischen Arbeiterjugend zurück. In den Jahren nach dem Zweiten Weltkrieg hatte sich die Bewegung Cardijns über Europa hinaus auch in anderen Kontinenten ausgebreitet. Wie Leen Alaerts schreibt, brachte dies *"neue Einflüsse, Interpretationen und Denkmodelle mit sich. Die Nachkriegsgeneration war so durch eine größere Heterogenität gekennzeichnet."* [24] Darüber hinaus gab es in den Zielsetzungen deutliche Akzentverschiebungen. Die Arbeitsweise wurde den veränderten gesellschaftlichen Bedürfnissen und dem zunehmenden Wohlstand angepasst. Der soziale Aspekt wurde dem religiösen Anliegen übergeordnet, der wachsende Individualismus drängte die gemeinschaftliche Erfahrung in den Hintergrund. Ein gewisser Humanismus gewann an Boden, *"ein menschenwürdiges Leben wurde langsam zu einem Ziel für sich"*.[25]

Vater Hillewaere erkannte in seinem Gewissen, dass er einen anderen Weg gehen müsse. Neben seinen Aufgaben als Pfarrer wollte er sich nun noch bewusster für die innere und äußere Entwicklung des "Werkes" einsetzen und den eigenständigen Weg der Gemeinschaft in seiner priesterlichen Vollmacht begleiten. Trotz dieser Loslösung hatte er - wie Mutter Julia - keinen Zweifel daran, dass die verschiedenen Gruppierungen der Katholischen Aktion eine wichtige Sendung für die Kirche zu erfüllen hätten: *"Wir haben an das Charisma der Katholischen Aktion geglaubt und es für notwendig gehalten, in den Nachkriegsjahren die Jugend für die Kirche zu retten."* [26] Die Entscheidung von Vater Hillewaere, die er in Einheit mit Mutter Julia getroffen hatte, führte auch zu keinem Bruch mit Kanonikus Cardijn. Er blieb mit ihm in Achtung und Wohlwollen verbunden.

Ein neues Tor tut sich auf

Während ihres ganzen Lebens trachtete Mutter Julia danach, im Alltag die Spuren Gottes zu entdecken, ihnen im Licht des Glaubens zu folgen und so seinen Willen zu erfüllen. In diesem Sinn schrieb sie Vater Hillewaere: *"Gott hält den Weg und den Plan des 'Werkes' in seinen Händen. Er findet Freude daran und wird verherrlicht, wenn wir danach trachten, seinen Wünschen zu entsprechen, zu tun, was Ihm gefällt, und Ihm in Hingabe und Selbstlosigkeit zu dienen. So wachsen unsere Seelen der vollendeten Gestalt Christi entgegen (vgl. Eph 4,13). In letzter Zeit ziehe ich so viel Nutzen aus der Betrachtung Jesu unter seinen Aposteln: Jesus und Petrus, Jesus und Judas, der Herr und Paulus, unsere Mutter Maria bei Johannes und den anderen Aposteln."* [1]

Die Verschmelzung zwischen dem "Frauenverband der christlichen Arbeiterbewegung" und der "Volksbewegung für die Familien" hatte zu neuen Problemen geführt. Mutter Julia und die Berufenen erkannten, dass eine Zusammenarbeit bei allem guten Willen schwierig wurde. Immer klarer zeigte sich, dass sie als Gemeinschaft auch im apostolischen Dienst einen eigenen Weg gehen müssten, um die Zielsetzungen des Charismas verwirklichen zu können, und zwar nicht nur im Familiendienst, sondern auch in der grundsätzlichen Ausrichtung. Mit Vater Hillewaere teilte sie die Überzeugung, *"dass an erster Stelle das geistliche Leben der Berufenen gesichert werden musste"*.[2]

Vater Hillewaere war für Mutter Julia in allen Situationen eine große Stütze. Am Vorabend seines 62. Geburtstags, dem 12. Jahrestag der Gründung des "Werkes", schrieb sie ihm: *"Vater, es ist angebracht, dass wir Ihnen für alles danken, was Sie seit so vielen Jahren für uns tun und sind, für die herrliche Gabe ihres priesterlichen Lebens und Seins für uns. Ich finde keine Worte, um meine tiefe und innige Dankbarkeit zum Ausdruck zu bringen. Morgen in der heiligen Messe und Kommunion werden wir einander, verbunden mit allen Schwestern, im Herzen dessen begegnen, der uns berufen und nach seinem göttlichen Wohlgefallen auserwählt hat, damit wir stille Zeugen und Boten seiner großen, barmherzigen Liebe für die Menschen seien."* [3]

Mutter Julia begleitete die jungen Menschen, die sich für die Gemeinschaft interessierten oder sich auf eine Aufnahme vorbereiteten. Sie blieb sich dessen bewusst, dass die Einheit unter den Gottgeweihten eine übernatürliche Ausstrahlung hat, die anziehend wirkt und Menschen für Gott offen werden lässt. Zu dieser Einheit rief sie die Berufenen immer wieder auf: *"Meine lieben Schwestern! Ich bitte euch aus Liebe zu Gott und um der Berufungsgnade willen: Liebt einander in Einfachheit und Aufrichtigkeit mit jener übernatürlichen Liebe, die zu Gottgeweihten passt."* [4]

Trotz ihrer schwachen Gesundheit versuchte Mutter Julia die Berufenen zu entlasten. Wenn es ihr möglich war, übernahm sie den Tür- und Telefondienst und empfing die Menschen, die mit ihren Nöten und Fragen in das Haus kamen. Verschiedene soziale Dienste aus Brüssel und Umgebung setzten sich mit der Gemeinschaft in Verbindung, um die apostolische Tätigkeit des "Werkes" kennen zu lernen. Manchmal fehlte aber das Verständnis für das Wesentliche. Mutter Julia berichtete darüber: *"Man spürt so tief die Notwendigkeit, nach Einheit unter den karitativen Werken zu streben. Aber wir sind noch weit davon entfernt, jenem Geist zu begegnen, der die Grundlage dieser Einheit sein muss. Es ist nicht möglich, durch das Apostolat Frieden und Einheit zu bringen, wenn man nicht begriffen hat, dass dies den Weg des Kreuzes und das Mittel des Opfers und der Selbstverleugnung erfordert, wie es uns Christus selbst vorgelebt hat."* [5]

Umso dankbarer war sie, dass in Wezembeek eine gute Zusammenarbeit mit einer religiösen Gemeinschaft möglich wurde. In ihrem neuen Zuhause führten die Schwestern des "Werkes" ein mehr kontemplatives Leben und gingen verschiedenen apostolischen Aufgaben nach: Sie begleiteten Familien, erteilten Katechese, übernahmen Dienste in den Pfarreien und standen suchenden Menschen bei. Mutter Julia berichtete Vater Hillewaere über die Begegnung mit jener Gemeinschaft: *"Wir verstehen uns sehr gut. Was die Pfarreien auf dieser Seite von Wezembeek betrifft, sind wir überein gekommen, uns in den beiden Diensten durch eine innige Zusammenarbeit auf das gleiche Ziel hin einzusetzen: Sie übernehmen die Hauskrankenpflege und wir die Familienhilfe."* [6]

Die Entwicklung in der Familienhilfe in Brüssel drängte Schritt für Schritt in eine neue Richtung. Im Februar 1950 übernahm eine andere Person wichtige Führungsaufgaben im Familiendienst des "Frauenverbandes der christlichen Arbeiterbewegung". Die Schwester des "Werkes", die bis zu diesem Zeitpunkt große Verantwortung getragen und zum Aufbau des Dienstes viel geleistet hatte, blieb nur noch in der Administration tätig. Mutter Julia ermutigte sie, über die gewählte Vorgangsweise nicht enttäuscht zu sein: *"Wie der Herr es fügt, ist es gut. Wir müssen, so scheint es mir, die Folgen unserer Berufung in seinem Dienst und für seine Sache auf uns nehmen. Ich spüre und vertraue darauf, dass der Herr die Leitung des 'Werkes' wirklich machtvoll in die Hände nimmt."*[7]

Die Aufgaben in den beiden Häusern, die Sorgen um den Familiendienst und die Begleitung der Gemeinschaft kosteten Mutter Julia viel Kraft. Der Herr aber schenkte ihr immer wieder Trost und Zuversicht. Sie bezeugte: *"Ich bin manchmal so müde und erschöpft. Andererseits danke ich Jesus für die Schwierigkeiten. Manchmal ist eine große Freude über die Werke des Herrn in meiner Seele, so dass ich innig glücklich bin über alles, was geschieht und auf uns zukommt. Wie gerne möchte ich alle Seelen zu diesem Vertrauen hinführen! Wie reich und glücklich wären sie!"*[8]

Wegen der zunehmenden Probleme sah es Mutter Julia jedoch nicht mehr möglich, in der bisherigen Weise in der Familienhilfe des "Frauenverbandes der christlichen Arbeiterbewegung" tätig zu sein: *"Es scheint mir, dass wir uns nicht mehr länger für diese Zusammenarbeit zur Verfügung stellen dürfen. Wenn wir es bisher taten, ging es uns darum, den Plänen Gottes in keiner Weise vorauszueilen. Unsere Absicht bestand darin, auf bestmögliche Weise zu dienen und das Licht des Charismas in diesem Sinn und in diesem Geist weiterzugeben. Wir versuchen, alle und jeden Einzelnen in Christus zu verstehen. Ich glaube, dass die Stunde gekommen ist, in neuer Weise öffentlich im Geist und in der Wahrheit von der Berufung Zeugnis abzulegen. Wir hoffen und vertrauen, wie unwürdig und unverdient auch immer, mit Gottes Hilfe und Gnade die Prüfungen, die auf das 'Werk' zukommen werden, bestehen zu können, damit es geheilt werde und Gott in seiner Herrlichkeit diene."*[9]

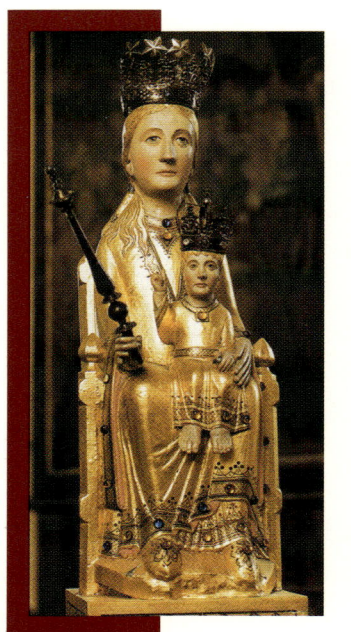

Inmitten der Freuden und Bedrängnisse des täglichen Lebens öffnete sich ein neues Tor für die weitere Entwicklung der Gemeinschaft. Im März 1950 erhielt Mutter Julia Besuch von der Schwester einer Berufenen. Sie erzählte von einem leer stehenden Kloster in Villers-Notre-Dame, einem Dorf in Wallonien in der Nähe von Ath. In diesem Dorf, das schon im Jahr 965 urkundlich erwähnt wird, befindet sich seit dem 12. Jahrhundert eine wertvolle Statue, die Maria als Sitz der Weisheit darstellt. Bis heute wird dieses Gnadenbild von den Gläubigen verehrt. Das Kloster in diesem Dorf, das durch die Wirren des Zweiten Weltkrieges sehr gelitten hatte, war von den Apostolinnen des heiligen Josef nach dem Krieg verlassen worden.

Maria, Sitz der Weisheit, aus dem 12. Jahrhundert

In den darauf folgenden Wochen rang die Gemeinschaft im Gebet um Klarheit, ob es dem Willen Gottes entspräche, dieses leerstehende Kloster zu übernehmen. Mutter Julia ging es bei den Überlegungen nicht so sehr darum, ein neues Apostolatsfeld zu suchen. Sie wollte vielmehr prüfen, ob Gott eine weitere Entwicklung in der Familienhilfe und in der Entfaltung des Charismas vorgesehen hatte. Im Einvernehmen mit Vater Hillewaere kam es Mitte April 1950 zu der Entscheidung, das Kloster in Villers neu zu beleben.

Kloster in Villers-Notre-Dame im Jahr 1950

Nach vertraglicher Übereinkunft mit dem Grafen Conrard-d'Ursel und seiner Gattin, die mit dem Bischof von Tournai befreundet waren, übernahm die Gemeinschaft das Kloster. Der Pfarrer von Villers freute sich, dass neues Leben in die Pfarrei kam. Bald begannen die Aufräumarbeiten und die notwendigen Erneuerungen. Mutter Julia begleitete die Schwestern, die nach Villers zogen, mit Gebet und Rat. Sie berichtete Vater Hillewaere über die ersten Erfahrungen: *"Es gibt so viel Not, vor der wir in Ohnmacht stehen, und doch sind wir so mächtig in Ihm, der alles vermag und der sein Leben für die Rettung der Menschen hingegeben hat. Wir dürfen wahrhaft keinen Augenblick verlieren, den die Vorsehung uns schenkt, um Ihm zu dienen. Ich vertraue unaufhörlich alle Tätigkeiten, die wir für das 'Werk' auf uns nehmen, besonders unserer Mutter Maria an. Dies gibt mir ein so großes Vertrauen."* [10]

Die Bevölkerung des kleinen Dorfes freute sich sehr, dass in das verlassene Kloster wieder Gottgeweihte einzogen. Die Schwestern setzten sich kraftvoll dafür ein, das Haus wohnlich zu machen. Denn in den Sommermonaten wollten sie Kindern aus der Großstadt die Möglichkeit bieten, sich in der ländlichen Gegend von Villers zu erholen. Die Bewohner von Villers schätzten die Gemeinschaft. Als die Schwestern einmal für einen kurzen Aufenthalt nach Brüssel mussten, warteten sie mit Ungeduld auf ihre Rückkehr. Eine Berufene bezeugte: *"Die Dorfbewohner waren beunruhigt, als wir abfuhren und nicht gleich wieder zurückkamen. Sobald ein Zug stehen blieb, hielten sie nach uns Ausschau. Als wir nach einigen Tagen zurückkamen, freuten sie sich so sehr, dass sie Blumen auf unsere Koffer legten und uns einluden, Salat abzuholen. Bei einigen Bauern durften wir Kirschen pflücken gehen."* [11]

Inzwischen war das Haus in Brüssel zu klein geworden. So viele junge Frauen interessierten sich für den Familienhilfsdienst, dass im "Paulusheim", dem bisherigen Haus in der Ducpétiauxstraße, nicht mehr alle aufgenommen werden konnten. Aus diesem Grund hielten die Schwestern Ausschau nach einem neuen, größeren Haus in Brüssel.

Niederlassung des "Werkes" in der Bollandistenstraße in Brüssel

Nach kurzer Zeit fanden sie ein passendes Gebäude in der Bollandistenstraße und entschlossen sich, das andere Haus zu verlassen. Im April 1950 schrieb Mutter Julia: *"In dieser Woche wird der Mietvertrag für das Haus in der Bollandistenstraße abgeschlossen. Ich habe den Vertrag zur rechtlichen Überprüfung dem Anwalt gesandt. Eine Wohltäterin stellt uns einige Möbel zur Verfügung, die bei der Einrichtung nützlich sein werden."*[12] In Treue zum Wort des Herrn *"Gebt dem Kaiser, was dem Kaiser gehört, und Gott, was Gott gehört!"* (Mt 22,21), setzte sich Mutter Julia dafür ein, dass die finanziellen und rechtlichen Vorschriften getreu eingehalten wurden. Immer wieder suchte sie in Einheit mit den Berufenen auch den Rat von Laien, die über die notwendigen Fachkenntnisse verfügten.

Empfangszimmer

Das neue Gebäude bot mehr Möglichkeiten für die anstehenden Aufgaben und apostolischen Dienste. Dort wohnten neben einigen verantwortlichen Schwestern die jungen Helferinnen während ihrer Ausbildungszeit. Im Haus herrschte eine einladende Atmosphäre. Ruhe, Frohsinn und Häuslichkeit übten auf die Bewohner einen wohltuenden und stärkenden Einfluss aus. Die Helferinnen mussten zuerst selbst eine solche Atmosphäre erleben, um diesen Geist in den Familien, mit denen sie durch ihren Dienst in Verbindung standen, aufbauen und fördern zu können.

Mutter Julia wollte, dass die Helferinnen durch einen Reifungsprozess fähig würden, Verantwortung zu tragen und die Dinge so wahrzunehmen, wie sie wirklich seien, und nicht, wie man sie persönlich wünschte. In diesem Sinn rief sie die junge Generation auf: *"Der Sinn für Verantwortung muss in einem geformten Gewissen verankert sein. Jeder gute Gedanke muss dem objektiven Tatbestand weichen können. Objektiv kann aber nur der sein, der sich selbst und seine persönlichen Gefühle in den Hintergrund stellt und das Ganze überblickt und beurteilt."*[13] Sie wies auch darauf hin, dass bei der Begleitung anderer Menschen Einfühlungsvermögen und Mut zur Stellungnahme miteinander verbunden werden müssten: *"Eine Person begreifen, schließt nicht aus, in ihre Entwicklung einzugreifen. Suche aber durch dein Eingreifen nicht zu verletzen, sondern aufzubauen!"*[14]

Den Sommer 1950 verbrachte Mutter Julia größtenteils in Villers. In dem Haus herrschte schon reges Leben. Viele Kinder aus Brüssel fanden dort Erholung. Mutter Julia war fest in die Aufgaben eingebunden und forderte die Schwestern immer wieder auf, bei den Arbeiten in Liebe durchzuhalten. In der täglichen Pflichterfüllung sah sie einen Weg, um von den Folgen der Sünde erlöst zu werden und am Heilswerk Christi mitzuwirken. Sie wusste, dass die Arbeit zu einer sanften Last wird, wenn sie mit froher, dankbarer und selbstloser Dienstbereitschaft verrichtet wird. Die treue Erfüllung der Standespflichten war für sie ein wesentliches Mittel, Bequemlichkeit und Eigenliebe zu überwinden und die Liebe zu Gott und dem Nächsten zum Ausdruck zu bringen. Ihr stand immer vor Augen, dass jede Arbeit apostolischen Wert besitzt.

Mit großer Liebe begleitete Mutter Julia die Renovierungsarbeiten und die Erziehung der Kinder, die nicht selten aus schwierigen familiären Verhältnissen kamen. Darüber berichtete sie: *"Im Augenblick haben wir 43 Kinder und drei Mütter mit ihren Kleinsten sowie drei Anfängerinnen als Aushilfe hier. Der Pfarrer hat mir inzwischen einen Schlüssel zur Kirche gegeben. Es scheint mir, dass der Herr das 'Werk' reichlich segnet."*[15]

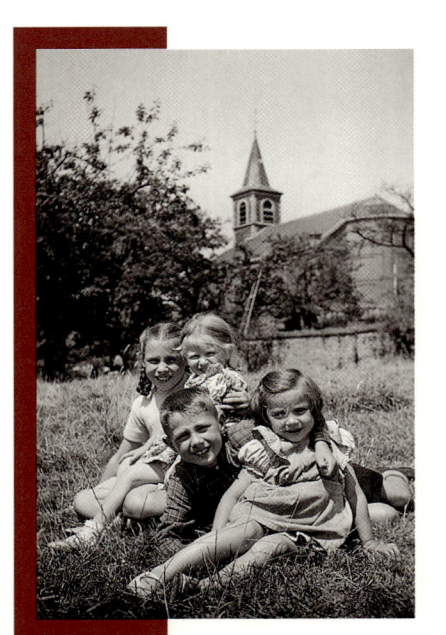

Kinder im Garten von Villers-Notre-Dame

Neben den apostolischen Aufgaben sorgte sich Mutter Julia um die religiöse Begleitung der Berufenen. Sie bemühte sich, in ihren Herzen die Einheit von kontemplativer Gottverbundenheit und liebender Dienstbereitschaft zu fördern. Die Aufspaltung des Lebens in einen religiösen Bereich und in einen Bereich der alltäglichen Arbeit stand ihr als eine große Gefahr unserer Zeit vor Augen. Für eine gesunde geistliche Entwicklung sah sie es als notwendig an, dass das Licht Gottes in alle Lebensbereiche der Berufenen hineinstrahle und umgekehrt das Gebet in der Pflichterfüllung und in Taten der Nächstenliebe fruchtbar werde. Immer wieder kam sie auf dieses Anliegen zu sprechen: *"Sorge dafür, dass dein Gebet und deine Arbeit nicht voneinander getrennt werden, dass dein Einsatz an jedem Tag und in jeder Stunde im Gebet seinen Widerhall und seinen Ausdruck finde. Andererseits muss dein praktischer Einsatz die Verwirklichung dessen sein, was dein Herz mit dem Herrn beim Gebet, beim heiligen Messopfer, beim Empfang der Kommunion, beim Brevier, beim Kreuzweg und bei anderen Gebetsübungen bespricht. So soll alles zu einer Wechselwirkung der Liebe werden, zu einem Ausdruck des Glaubens, der von Ihm und von deinem Sein in Ihm Zeugnis ablegt und sich dazu bekennt."* [16]

Nach dem intensiven Einsatz während der Sommermonate wachte Mutter Julia darüber, dass die Schwestern auch die nötige Zeit der Erholung und Vertiefung hatten. In diesem Sinn wandte sie sich an

Vater Hillewaere: *"Wir haben uns entschlossen, für den Monat September keine Anfragen für das Haus in Villers anzunehmen, damit nach den Sommermonaten die notwendige körperliche und geistliche Ruhe möglich wird und die Entwicklung in eine gute Richtung - ohne Überbelastungen durch Aktivitäten - weitergehen kann."* [17]

Vater Hillewaere nahm an der Entwicklung regen Anteil und besuchte gelegentlich die Gemeinschaft in Villers, denn dieses Dorf war nicht so weit von seiner Pfarrei entfernt wie Brüssel. So wie Mutter Julia spürte er im Gewissen, dass nach der fordernden Pionierzeit ein weiteres Wachstum in die Tiefe notwendig war. Nach einem seiner Besuche schrieb Mutter Julia: *"Mit Ihnen, Vater, bin ich ganz einverstanden, dass unsere Aufmerksamkeit vor allem auf das Wachstum im Geist unserer Berufung ausgerichtet sein soll. Ich habe diesbezüglich großes Vertrauen, wenn ich sehe, wie gut alle Schwestern - ohne Ausnahme - eingestellt sind. Wenn ich daran denke, was sie alles in diesem vergangenen Jahr auf allen Ebenen durchgekämpft haben, kann ich nicht anders als dem Herrn mit meinem ganzen Wesen ein Magnificat singen. Sicher, es gibt noch viel zu tun. Aber ich bin froh über die neuen Möglichkeiten und größeren Räumlichkeiten, die die Vorsehung uns im letzten Jahr so großzügig geschenkt hat. Alle haben große Opfer bringen müssen, die mit der Entwicklung der Gemeinschaft verbunden waren und mancherlei Entbehrungen mit sich brachten. Beten Sie bitte, dass der Herr nun alles zu einem guten Ende führe und wir alle immer mehr zu Werkzeugen nach seinem Herzen werden."* [18]

Im September 1950 fand in Brüssel ein Kongress der Katholischen Arbeiterjugend statt.[19] Dieser Kongress wurde auch von einem österreichischen Priester besucht, der im Zweiten Weltkrieg während seiner Seminarzeit als Soldat in Flandern eingesetzt und dabei der Familie einer Berufenen des "Werkes" begegnet war. Er benutzte die Gelegenheit, um die Gemeinschaft kennen zu lernen, und verbrachte einige Tage in der Niederlassung in der Bollandistenstraße in Brüssel. Über diesen Besuch schrieb Mutter Julia: *"Wir hatten einige Tage einen jungen Priester aus Österreich zu Gast. Er war so sehr an unseren Aufgaben interessiert, dass ich es schwer mit Worten wiedergeben kann. Er sagte, dass er in seiner Heimat einige junge Frauen kenne, die gleichen Geistes seien wie wir. Deshalb würde er gerne in Kontakt mit uns bleiben, wenigstens schriftlich. Er wäre froh, wenn ich an eine Möglichkeit für seine Heimat denken würde. Er scheint mir ein sehr nüchterner und innerlicher Mensch zu sein. Ich werde dies vor dem Herrn überlegen."* [20] Dieser Priester aus Österreich wurde später zu einem Werkzeug Gottes für die Ausbreitung des "Werkes" außerhalb von Belgien.

Im Dienst der Familienhilfe war mittlerweile klar geworden, dass eine vollständige Loslösung vom "Frauenverband der christlichen Arbeiterbewegung", also von der Katholischen Aktion, notwendig geworden war. Deshalb zogen sich nun auch die letzten Schwestern von diesem Dienst zurück. Die Gemeinschaft ersuchte das Ministerium für Volksgesundheit und Familie um die Errichtung eines eigenen, völlig unabhängigen Dienstes der Familienhilfe und eine staatliche Ermächtigung für die Ausbildung von Familienhelferinnen. Mutter Julia berichtete Vater Hillewaere: *"Auf Grund unseres Ansuchens und unseres Besuches im Ministerium kam vorgestern eine Kontrolle. Für die Jugendarbeit schienen sie Sympathie zu haben, weil sie etwas Neues ist, das sich freilich noch weiter entwickeln muss. Was den Dienst der Familienhilfe betrifft, entsprechen wir in allen Punkten den Vorschriften. Wenn wir vom Ministerium die Genehmigung erhalten, kommen wir auch für öffentliche Unterstützungen in Frage. Ich meine, dass es von Nutzen sein kann, wenn ein Teil des Lebensunterhaltes durch ein festes Einkommen gesichert wird. Während wir uns weiterhin einsetzen und das Leben zu bewältigen suchen, überlassen wir alles in großem Vertrauen der wunderbaren, göttlichen Führung der Vorsehung."* [21]

Nach einer positiven Beurteilung anerkannte das zuständige Ministerium den eigenen Dienst der Familienhilfe. Zugleich wurden auch die Kurse zur Ausbildung der Familienhelferinnen öffentlich gutgeheißen, die in den darauf folgenden Jahren im Zentrum in der Bollandistenstraße in Brüssel und in Villers weitergeführt wurden. Die Familienhilfe der

Gemeinschaft erhielt zudem staatliche Unterstützungen, die allerdings nicht ausreichen, um den Dienst zu finanzieren. Die Hilfe von Wohltätern blieb weiterhin notwendig.

Im Familiendienst sahen Mutter Julia und Vater Hillewaere in diesen Jahren einen wichtigen Wirkungsbereich für das "Werk". Ihnen stand aber klar vor Augen, dass die Gemeinschaft grundsätzlich für alle Apostolatsformen der Kirche offen bleiben müsse. In diesem Sinn stellte Mutter Julia fest: *"Es scheint mir, dass das 'Werk' alle Felder im Weinberg Gottes bebauen und befruchten muss."* [22] Bereits damals hatte sie auch ein feines Gespür für die sich anbahnenden religiösen und gesellschaftlichen Entwicklungen, auf deren Herausforderungen die Kirche im Geist der Unterscheidung eingehen müsse: *"Es geht um eine Antwort auf die Not der Zeit, auf das neue Heidentum und den Glaubensverfall. Unsere Zeit geht einer Zentralisierung und Internationalisierung entgegen, und zwar auf allen Gebieten des Lebens. Auf diese Entwicklung muss die Kirche eingehen."* [23]

Um auf neue Entwicklungen solcher Art in Treue zum Charisma des "Werkes" antworten zu können, schien bezüglich der äußeren Formen des apostolischen Wirkens eine gläubige Dynamik und Offenheit für die Winke der göttlichen Vorsehung erforderlich. In diesem Sinn wandte sich Mutter Julia an Vater Hillewaere: *"Was die Entwicklung des 'Werkes' betrifft, kommt es mir vor, als ob der Herr Jesus mich verstehen lassen möchte, dass wir den äußeren Formen, die das 'Werk' jetzt anzunehmen scheint, nicht zu viel Bedeutung zumessen dürfen."* [24] Mit diesen Worten wollte sie nicht den Wert des Familiendienstes in Frage stellen, sondern vielmehr bewusst machen, dass der Einsatz für Kinder, Jugendliche und Familien nur eine von vielen möglichen Formen des apostolischen Wirkens im "Werk" sei; die Gemeinschaft müsse aber entsprechend ihrer besonderen Sendung auch für andere Tätigkeiten offen bleiben, um so auf verschiedene Nöte der Kirche eingehen zu können.

Mutter Julia freute sich, als im Herbst 1950 in Villers neben der Sorge für die Familien tatsächlich eine andere Entwicklung einsetzte: Suchende

Menschen baten, ob sie für Einkehrtage kommen dürften. Priester aus der Umgebung meldeten sich, um sich für Zeiten der Stille nach Villers zurückzuziehen. Jugendgruppen verbrachten im Haus Tage der Erholung und der Glaubensvertiefung.

Der eigene Weg, den das "Werk" in der Familienhilfe eingeschlagen hatte, sowie die damit verbundenen Entwicklungen erfüllten Mutter Julia mit Dankbarkeit und großem inneren Frieden. Seit der Gründung im Jahr 1938 hatte sich das "Werk" entsprechend den Fügungen Gottes im Umfeld der Katholischen Aktion in Belgien entfaltet. Bis zu diesem Zeitpunkt bemühten sich Mutter Julia und die junge Gemeinschaft, mit dem Charisma des "Werkes" an der Erneuerung und Verinnerlichung der Katholischen Aktion in verschiedenen Gruppierungen mitzuwirken. Im Jahr 1950 tat sich ein eigener Weg auf, der ganz von der Katholischen Aktion unabhängig war. Nun glich das "Werk" einer Quelle frischen Wassers, das sich ein ganz eigenes Flussbett bahnte.

Jugendliche in Villers-Notre-Dame

Der eigenständige Weg des "Werkes" war auch durch Entwicklungen in der Katholischen Aktion in Belgien mitbedingt. In den Jahren nach dem Zweiten Weltkrieg hatten die Spannungen in verschiedenen Gruppierungen der Bewegung, vor allem in der Katholischen Arbeiterjugend, weiter zugenommen. Der internationale Kongress im September 1950 in Brüssel zum Thema *"Ein neuer Geist durchweht das Land"*[25] sollte zu einem neuen

Höhepunkt werden und die Erfolge der Katholischen Arbeiterjugend öffentlich bekunden.[26] Bei diesem Kongress wurde der neue Geist der Bewegung deutlich sichtbar: *"Nun ging es nicht mehr um die Gefährdungen durch ein neues Heidentum oder eine entchristlichte Welt"*,[27] sondern um das allgemeine Wohl der jungen Arbeiter.[28] Die Rolle der Menschen im Arbeitermilieu wurde nicht mehr, wie ursprünglich, im Licht des Glaubens gedeutet, sondern mehr in ihrer sozialen und gesellschaftlichen Bedeutung. Diese einseitige Orientierung bereitete vielen Menschen Sorge. Auch Papst Pius XII. wies in einer Radioansprache an die Kongressteilnehmer auf die Gefahr einer gewissen *"Klassenideologie"*[29] hin.

Kanonikus Cardijn zeigte sich über diese Entwicklungen, die auf seinem Gewissen lasteten, besorgt und brachte dies später auch offen zum Ausdruck: *"Die Zukunft der Katholischen Arbeiterjugend! Jeder wird einsehen, dass ich in meinem Alter mehr als andere darüber besorgt bin. Die vielen Fragen, die für die Zukunft entscheidend sind, können einen beängstigen. Zu diesen Problemen zählen, wie mir scheint, innere Gegensätze und Schwierigkeiten von außen. Menschlich gesprochen sind sie wohl nicht zu lösen."*[30] Trotz dieser Probleme setzte sich Cardijn unermüdlich für die Verwirklichung der Zielsetzungen seiner Bewegung auf internationaler Ebene ein und rief zur Treue zur Kirche auf.[31] Als Dank für seinen lebenslangen Einsatz für die Arbeiterjugend wurde er 1965 von Papst Paul VI. zum Kardinal ernannt.[32]

Mutter Julia und Vater Hillewaere mussten mit der jungen Gemeinschaft des "Werkes" einen Weg gehen, der sich in mancher Hinsicht von der Katholischen Aktion unterschied: Ihnen stand nicht eine Massenbewegung vor Augen, sondern eine geistliche Familie, die zur inneren Erneuerung des Volkes Gottes und zur Auferbauung des Mystischen Leibes Christi beitragen sollte. Ihnen ging es nicht primär um humanistische und soziale Anliegen, sondern vor allem um einen lebendigen, alle Bereiche des Lebens durchdringenden Glauben, um die Einheit gemäß dem Gebet Jesu im Abendmahlssaal und um eine aufrichtige Liebe zur Kirche. Im Herzen von Mutter Julia brannte ein Feuer, sich weiterhin vorbehaltlos dem Herrn hinzugeben, damit Er das "Werk" auf diesem Weg mit starker Hand voranführe. Sie schrieb: *"Ich wurde von einem großen Eifer erfüllt, mich für die Entwicklung des 'Werkes' hinzugeben. Ich habe die volle Gewissheit, dass das 'Werk' vom Herrn gewollt und von Ihm getragen wird."* [33]

Einzug des eucharistischen Herrn

Im Sommer 1950 kam in Villers eines Tages unerwartet ein Anruf des Grafen Conrard-d'Ursel. Er berichtete, dass der Bischof von Tournai bei ihm sei und gerne das neu belebte Haus besuchen und die Gemeinschaft näher kennen lernen wolle. Mutter Julia und die Schwestern waren gerade dabei, das Mittagessen für die vielen Kinder zu kochen, die zu dieser Zeit in Villers auf Erholung waren. Ehe sie die Möglichkeit hatten, den Empfang richtig vorzubereiten, stand Bischof Charles-Marie Himmer mit dem Grafen bereits vor der Tür. Er freute sich, Mutter Julia und der Gemeinschaft zu begegnen, staunte über den Einsatz für die Kinder und war vom neu eingerichteten Haus beeindruckt.

Mutter Julia führte den Bischof in Begleitung seines Sekretärs auch in die Kapelle. Dort gab es im Tabernakel seit Jahren kein Allerheiligstes mehr. Seit dem Einzug in das Kloster benützten die Schwestern die Kapelle als Oratorium. In der Meinung, im Tabernakel befände sich der eucharistische Herr, kniete sich der Bischof sofort nieder und nahm sein violettes Bischofskäppchen, Pileolus genannt, ab. Mutter Julia wandte sich respektvoll an ihn und sagte: *"Exzellenz, Sie brauchen keine Kniebeuge zu machen und müssen den Pileolus nicht abnehmen. Der Herr wohnt noch nicht in diesem Tabernakel. Aber es steht in Ihrer Vollmacht, uns diese Gnade zu gewähren, nach der wir sehr verlangen!"* [1] Der Sekretär, der ihn begleitete, nickte wohlwollend, und der Bischof ermutigte Mutter Julia, ein schriftliches Ansuchen in diesem Anliegen zu stellen.

Bischof Charles-Marie Himmer

Sofort richtete sie eine entsprechende Bitte an den Bischof. Am 27. September 1950 antwortete der Sekretär: *"Der Bischof hat seinen Besuch in bester Erinnerung. Er war von der Sauberkeit sowie von der Freude und der großen Liebe, die dort herrschten, beeindruckt. Er gewährt Ihnen gerne die Erlaubnis, das Allerheiligste in Ihrer Kapelle aufzubewahren. Er weiß darum, dass die Gegenwart des Herrn für Sie alle eine große Stütze sein wird und Sie zugleich in der Pfarrei anwesend bleiben."*² Diese Zusage erfüllte Mutter Julia, Vater Hillewaere und die ganze Gemeinschaft mit Jubel und Dankbarkeit. Seit drei Jahren führten sie ein gemeinschaftliches Leben und trugen die Sehnsucht im Herzen, dass der eucharistische Herr selber bald in eine ihrer Niederlassungen einziehen würde.

Von Kindheit an lebte Mutter Julia in inniger Verbundenheit mit der Eucharistie. Täglich schöpfte sie Kraft aus dem Messopfer und aus der heiligen Kommunion. Oft erfüllte sie tiefes Staunen über die Gegenwart des Herrn im Sakrament des Altares. Bei der Opferung der Messe erneuerte sie immer wieder ihre Hingabe an Gott: *"Ich fühle mich unfähig, den erhabenen Gedanken an die eucharistische Gegenwart des Herrn zum Ausdruck zu bringen. Ich verliere mich in Ihm wie ein Wassertropfen im großen Ozean."*³ Auch viele Gnaden, die mit der Entstehung und dem Aufbau des "Werkes" verbunden waren, wurden ihr durch die heilige Eucharistie geschenkt. Sie hatte den festen Glauben, dass die Gemeinschaft vor allem aus der Eucharistie wächst, so wie die ganze Kirche ständig durch das Geheimnis des Leibes und Blutes Christi belebt und erneuert wird. Über diesen Glauben legte sie in einem Brief an eine Schwester folgendermaßen Zeugnis ab: *"Christus ist das Haupt des 'Werkes', dessen Glieder wir Berufene ohne Unterschied sind. In ihm haben wir eine von innen kommende Sendung im großen Leib der Kirche zu erfüllen. Alle Gottgeweihten sind berufen, um in diesem Leib auf erhabene Weise die Liebe zu sein - erhaben und einfach zugleich. In Christus, unserem Freund und Bruder, ist alles einfach. Wie sind wir doch geneigt, die einfachsten Dinge schwierig und kompliziert zu machen. 'Wenn ihr nicht wie die Kinder werdet, könnt ihr nicht in das Himmelreich kommen' (vgl. Mt 18,3). Dieses Reich ist Einfachheit, Friede, Freude des Vaters, der Sohnes und des Heiligen Geistes. Ich bete darum, dass die drei göttlichen Personen mehr und mehr in dir*

Wohnung nehmen. Erbitte dies jeden Morgen in der heiligen Kommunion oder wenn du eine Kirche oder Kapelle besuchst. Schau und höre dann für einige Augenblicke auf den gehorsamen Jesus." ⁴

Während das alltägliche Leben in der Gemeinschaft weiterging und die apostolischen Aufträge mit Liebe und Hingabe erfüllt wurden, warteten Mutter Julia und die Berufenen mit Freude auf das Kommen des eucharistischen Königs. Die erste heilige Messe in der Kapelle wurde für die Vigil des Hochfestes Allerheiligen festgelegt.

Mutter Julia war sich der großen Bedeutung dieses Tages für die weitere Entwicklung des "Werkes" voll bewusst. Deshalb trug sie ein tiefes Verlangen im Herzen, dass die Schwestern diesen Tag nicht nur äußerlich gut vorbereiteten, sondern ihn als einen Meilenstein in der Geschichte der Gemeinschaft sehen lernten. Mit innerer Ergriffenheit schrieb sie damals an alle Berufenen den folgenden Brief.

Oktober 1950

Geliebte Schwestern!

Es drängt mich, in diesen letzten Tagen der Vorbereitung auf das große Ereignis, das dem 'Werk' bevorsteht, euch allen ein Wort zu schreiben, um euch meine innige Freude und Dankbarkeit im Herrn mitzuteilen.

Es muss uns alle mit großer Freude und Dankbarkeit erfüllen, dass wir in wenigen Tagen den frohen Einzug des guten Meisters in unserer Mitte beim ersten heiligen Messopfer feiern. Es ist ein Tag, der große Bedeutung für das 'Werk' hat, ein Tag, auf den wir im Stillen so sehr gewartet und nach dem wir so sehr verlangt haben, bis der Herr schließlich dem großen Vertrauen, das wir auf Ihn setzten, nicht mehr länger widerstehen konnte.

Liebe Schwestern, während wir hier die Vorbereitungen treffen, um den göttlichen Bräutigam auf würdige Weise zu empfangen, gehen meine Gedanken bei-

nahe unaufhörlich zu euch allen. Ich bete darum, dass der äußere Einsatz mit seinen Mühen und Forderungen dazu beitrage, auch in der Seele jeder Einzelnen von euch die starken Grundfesten der apostolischen Tugenden und der Opferliebe zu legen, die notwendig sind, um für die Zukunft des 'Werkes' Bürge zu stehen. Der Herr scheint mit Wohlgefallen auf die Opfer zu blicken, die jede von euch gebracht hat.

Vater Hillewaere erlaubt uns, dass wir uns in dieser ersten heiligen Messe aufs Neue und mit tieferem Bewusstsein Christus, dem König, hingeben und uns ganz für sein Reich in den Seelen und in der Welt verschenken. Tut dies durch die Hände der Gottesmutter Maria.

Denkt in diesen letzten Tagen, die dem Christkönigsfest und unserer ersten heiligen Messe vorausgehen, immer wieder an die Gnade eurer Berufung und Auserwählung. Erhebt euren Blick über die Niederungen des Materiellen dieser Welt, die im Elend lebt, damit ihr dem Blick Christi begegnet und sein Wille die Nahrung eures Lebens werde. Dies wird geschehen, wenn eure Absichten rein sind und euer Wille von allen ungeregelten Begierden und jeglichem Eigennutz befreit ist. Vater Hillewaere wird sich durch die Feier einer heiligen Messe am selben Tag und zur selben Stunde mit uns vereinigen.

Mögen wir alle durch die Gnade des 'Heiligen Bündnisses' tiefer eins werden, so wie der Vater im Sohn und der Sohn im Vater ist und wir in ihnen sind. Erbitten wir dies vom Herrn vor allem während dieser Tage. Er ist allmächtig!

Gott segne euch alle.

In tiefer Einheit verbunden, Mutter Julia[5]

Vor dem Einzug des eucharistischen Herrn hielten die Schwestern ein Triduum, welches das Hochfest Christkönig, das damals am letzten Sonntag im Oktober gefeiert wurde, sowie die beiden darauf folgenden Tage umfasste, an denen die Berufenen sich durch Gebet, Einkehr und Studium auch auf die Verkündigung des Dogmas der leiblichen

Aufnahme Marias in den Himmel vorbereiteten. Bereits am Abend des Christkönigsfestes hatte der Pfarrer von Villers das Allerheiligste für eine Anbetungsstunde in die Kapelle der Gemeinschaft gebracht. So wuchs das Verlangen der Berufenen nach der ständigen Gegenwart des Herrn. Mutter Julia bezeugte: *"Wir sehnen uns nach der eucharistischen Gegenwart des Herrn unter uns. Ich erwarte so viel davon. Manchmal bin ich von der göttlichen Nähe gleichsam überwältigt. Ich erfahre, dass meine Seele den Herrn liebt und der Herr meine Seele liebt."*[6]

Die heilige Messe am letzten Tag des Triduums vor Allerheiligen wurde mit großer Sorgfalt vorbereitet. Trotz ihrer Einfachheit erstrahlte die Kapelle in festlichem Glanz. Die nötigen sakralen Gegenstände wurden entsprechend den kirchlichen Regelungen bereitgestellt. Mutter Julia fühlte sich immer gedrängt, das Heilige heilig zu halten. Sie wusste um den heilsamen und heiligenden Einfluss des Sakralen auf die menschliche Natur. Oft rief sie dazu auf, die Liturgie in einer Weise vorzubereiten und zu feiern, die der Heiligkeit der göttlichen Mysterien entspricht und ein gesundes geistliches Leben fördert. Deshalb setzte sie sich mit aller Kraft dafür ein, dass die Hauskapelle eine sakrale Atmosphäre erhielt, in der sich die Seele im Alltag leichter zu Gott erheben konnte. Immer wieder wurde Vater Hillewaere mit Rat und Tat in die Vorbereitungen einbezogen. Es bedeutete für ihn und für die ganze Gemeinschaft ein großes Opfer, dass er selber bei der ersten heiligen Messe nicht dabei sein konnte, weil ihn dringende pfarrliche Verpflichtungen vor dem Hochfest Allerheiligen daran hinderten. In einem Brief brachte er

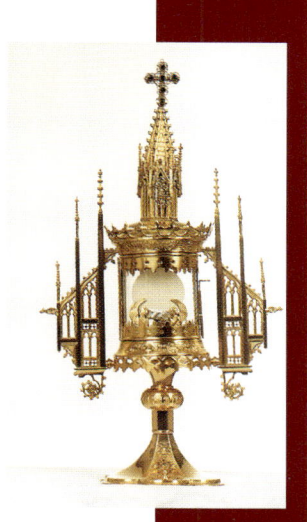

Monstranz in der Hauskapelle in Villers-Notre-Dame

jedoch seine Freude über dieses Ereignis folgendermaßen zum Ausdruck: *"Dass ihr den Herrn in der Kapelle von Villers aufbewahren dürft, ist von großer Wichtigkeit. Es beweist, dass der Bischof von Tournai in das 'Werk' und seinen Geist Vertrauen hat. Dies ist von großer Bedeutung für die Geschichte des 'Werkes'. Feiert diese Messe aus Dankbarkeit für alle Gnaden!"* [7]

Am Tag vor dem 1. November 1950, einem wegen der Verkündigung des Dogmas der leiblichen Aufnahme Mariens in den Himmel historischen Tag in der Geschichte der Kirche, feierte der Pfarrer von Villers mit der ganzen Gemeinschaft zum ersten Mal das heilige Messopfer in der Hauskapelle. Alle Schwestern aus den verschiedenen Niederlassungen versuchten, bei diesem festlichen Gottesdienst anwesend zu sein, bei dem der eucharistische Herr zum ersten Mal in einer Niederlassung des "Werkes" Wohnung nahm. Mit großer Dankbarkeit sangen sie das Lied "Christus vincit, Christus regnat, Christus imperat" und ließen das "Te Deum" aus vollem Herzen erklingen!

Hauskapelle in Villers-Notre-Dame im Oktober 1950

Nun war Christus noch mehr der eigentliche Mittelpunkt der jungen Gemeinschaft. Von da an versammelten sich die Berufenen immer wieder vor dem Tabernakel, um den Herrn zu loben und zu preisen, für ihre apostolischen Aufträge Kraft zu schöpfen und die vielen Anliegen der Kirche und der Welt zu Ihm zu bringen. Mutter Julia war innerlich sehr davon berührt, dass sie mit dem eucharistischen Herrn unter einem Dach wohnen durfte. Einer Schwester teilte sie mit: *"Ich muss ein wenig allein sein, um über das 'Werk' und das sich entwickelnde Leben nachzudenken. Hier ist es ruhig und angenehm. Liebe Schwester, es ist wahrhaft ermutigend zu wissen, dass nur eine dünne Mauer mich von seiner eucharistischen Gegenwart trennt. Wir - Jesus und ich - bedenken und lieben alles, was der Vater will und lieb hat. Ach, ich kann nicht sagen, wie herrlich unsere so stimmungsvolle Kapelle ist und wie sehr sie mich anzieht und erfüllt. Welch eine große Wohltat!"* [8]

Die Liebe zum eucharistischen Herrn drängte sie während des ganzen Lebens, die ihr Anvertrauten zu dieser einzigartigen Quelle der Gnade hinzuführen: *"Er wohnt mit uns unter einem Dach und teilt durch sein gehorsames und verborgenes Wohnen unter uns in der Kapelle unser tägliches Leben. Dort ist Er unter der eucharistischen Gestalt lebendig anwesend, um uns Licht, Vorbild und Lebenskraft zu sein. Geh bei jeder Spannung, bei jedem Zweifel und mit jeder Erfahrung im Geiste kurz zu Ihm! Leg alles vor Ihm hin und überlasse es Ihm! So wirst du eins werden mit Ihm, dem einsamen, gehorsamen, wartenden und wachenden Herrn Jesus."* [9]

Christus, der dornengekrönte König, hatte Mutter Julia im Jahr 1934 mit den Banden der Liebe in einem "Heiligen Bündnis" an sich gezogen. Mit göttlicher Macht lenkte er die Entfaltung des Charismas nach seinem wunderbaren Plan. In späteren Lebensjahren legte Mutter Julia von ihrem Glauben an die Führung des "Werkes" durch Christus, den König, mit folgenden Worten Zeugnis ab: *"Nicht nur am Ursprung des 'Werkes', sondern auch durch all die Jahre der Entwicklung hindurch hat Er sich als der König erwiesen, der niemals aufhört, seiner kleinen Herde beizustehen, und uns liebevoll um seines Königreiches willen, das in Not ist, zu einer immer reineren, stärkeren, hingebungsvolleren und fruchtbareren Liebe hinzuziehen. Er hat uns berufen, damit durch uns die Freude der Erlösung als die schönste Huldigung seiner Gnade und Barmherzigkeit weiterströme. Dadurch wird die Einheit in Gerechtigkeit und Frieden durch unseren treuen Einsatz und unseren Gehorsam gegenüber dem heiligen Willen Gottes geschmiedet, durch unsere vorbehaltlose Hingabe und eine Liebe, die an der Wiederherstellung seines Königreiches mitwirkt."* [10] Mutter Julia hatte immer die gläubige Gewissheit, dass Christus, der dornengekrönte König, in der heiligen Eucharistie bei den Seinen bleibe, sie nähre und stärke und in der Einheit zusammenschmiede. In der Liebe zur heiligen Eucharistie sah sie einen hervorragenden Ausdruck der Liebe zur Kirche.

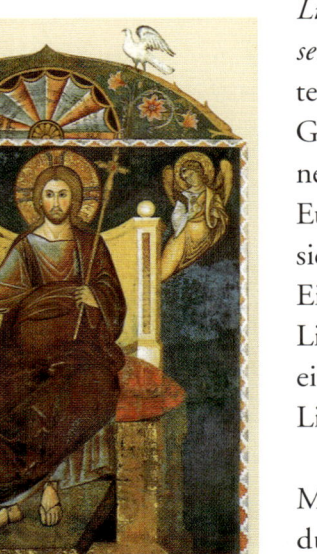

Christkönig, Fresko aus der Schule des Cimabue und Pietro Cavallini, 13. Jahrhundert

Mutter Julia war eine durch und durch eucharistische Seele. Die wunderbare Vorsehung Gottes fügte es, dass sie am 29. August 1997 - einem Freitag - verschied, als ihre geistlichen Töchter und Söhne in der Kirche des Klosters Thalbach in Bregenz die heilige Messe feierten und einige an ihrem Krankenbett beteten. Während der heiligen Wandlung, bei der sie sich ihr ganzes Leben lang mit Jesus für das "Werk" und die Belange der ganzen Kirche hingeopfert hatte, rief der Herr sie heim in die Ewigkeit. Mehrere Jahre vor ihrem Tod äußerte sie den Wunsch, dass auf ihren Grabstein die folgenden Worte geschrieben würden: *"Gottes barmherzige und gerechte Liebe sucht euch, wacht über euch, wartet auf euch. Geht zu ihr in der heiligen Eucharistie!"* [11]

Während ihres Lebens wies Mutter Julia immer wieder darauf hin, dass Jesus Christus das "Werk" um der Kirche willen gegründet habe und sie selber nur sein gefügiges Werkzeug und seine Braut sein wolle. Oft betonte sie, dass der Herr, der in der heiligen Eucharistie gegenwärtig bleibe, das "Werk" inmitten aller Freuden und Bedrängnisse schützen und leiten werde. In der Ehrfurcht vor dem Plan Gottes und im demütigen Vertrauen auf seine unerschütterliche Treue wollte sie den Berufenen ein Vorbild sein und bleiben. In diesem Sinn fasste sie die Sendung ihres Lebens mit folgenden Worten zusammen: *"Seid allezeit darauf bedacht, was die Hauptsache ist: nicht meine Person, sondern das strahlende Licht und das Eigene der Berufung, die Lehre vom Mystischen Leib Christi, die gegenseitige Ergänzung von Gaben und Gnaden, die Christus für die Kirche, seine Braut, vorgesehen hat. Ich bin bloß ein Kanal seiner gerechten und barmherzigen Liebe für die Menschheit in dieser Zeit."* [12]

Grab von Mutter Julia im Kloster Thalbach in Bregenz, Österreich

ANHANG

Überblick über die weitere Entwicklung

Das vorliegende Buch über Mutter Julia und die Anfänge der geistlichen Familie "Das Werk" endet mit dem Einzug des eucharistischen Herrn in die Kapelle in Villers. Dieses Ereignis gab Mutter Gründerin viel Kraft und Zuversicht für den weiteren Weg und blieb ihr stets in lebendiger Erinnerung. Viele Jahre später schrieb sie einer Schwester im Rückblick: *"Dieser Tag im Jahr 1950 war für das 'Werk' jener Tag, an dem der König der Könige in sein 'Werk' Einzug hielt. So besiegelte er sein Wohnen unter uns. Wie dankbar müssen wir für diesen Gnadenerweis sein!"* [1] Noch am Abend ihres Lebens bezeugte sie mit innerer Ergriffenheit: *"An diesem Tag wurden wir gleichsam mit neuem Leben, mit neu beginnendem Leben auf unserem Pilgerweg mit Ihm erfüllt."* [2]

Die umfassende Darstellung des weiteren Pilgerweges von Mutter Julia, der untrennbar mit dem Wachstum und der Ausbreitung der Gemeinschaft verbunden ist, bedarf noch vieler sorgfältiger Nachforschungen und bleibt einer späteren Zeit vorbehalten. Hier sollen aber in Kürze einige Etappen in der weiteren Entwicklung des "Werkes" umrissen werden, um den Bezug zu unserer Zeit herzustellen. Die Entwicklung der Gemeinschaft zeigt, wie in der Hingabe von Mutter Julia das Wort Jesu wahr wird: *"Wenn das Weizenkorn nicht in die Erde fällt und stirbt, bleibt es allein. Wenn es aber stirbt, bringt es reiche Frucht"* (Joh 12,24). Das Charisma des "Werkes" ist ein Geschenk Gottes für unsere Zeit und zugleich die Frucht der Hingabe von Mutter Julia. Aus der kleinen Pflanze des Charismas, deren Anfänge in diesem Buch beschrieben werden, ist mittlerweile ein kräftiger Baum geworden, der in vielen Ländern Wurzeln geschlagen hat.

Von Beginn an legte Mutter Julia Wert darauf, die zuständige kirchliche Autorität über das "Werk" zu informieren. Als Vater Hillewaere im Alter von siebzig Jahren vom pfarrlichen Dienst entbunden wurde und sich mit Erlaubnis seines Bischofs, Mgr. Emiel-Jozef De Smedt, in das Zentrum in Villers-Notre-Dame zurückziehen konnte, um der heranwachsenden Gemeinschaft zu Diensten zu stehen, sah sie den Zeitpunkt gekommen, den Bischof von Tournai um die Errichtung des

"Werkes" als "Pia Unio" zu bitten. Am 17. Januar 1959 gewährte Bischof Charles-Marie Himmer diese kirchliche Anerkennung im Hinblick auf eine spätere Errichtung des "Werkes" als Gemeinschaft des gottgeweihten Lebens.

In der Gnade dieser bischöflichen Anerkennung breitete sich die Gemeinschaft in den sechziger Jahren auch außerhalb von Belgien aus. 1963 wurden Mitglieder nach Innsbruck gesandt, wo mit Zustimmung von Bischof Paulus Rusch das erste Zentrum in Österreich entstand. Von Innsbruck aus folgten weitere Niederlassungen in Wien und in München. 1965 zogen die ersten Schwestern nach Rom, um im Herzen der Kirche die Berufung zu leben. In den darauf folgenden Jahren wurden in zahlreichen Ländern West- und Osteuropas sowie in Jerusalem weitere Zentren errichtet. Mitglieder des "Werkes" sind auch in anderen Kontinenten tätig.

Für Mutter Julia und die Gemeinschaft war es ein schwerer Verlust, als Vater Hillewaere am 3. Januar 1972 in die Ewigkeit heimgerufen wurde. Bis zu seinem Tod hatte er die Entwicklung des "Werkes" mit großem Glauben und mit stiller Hingabe begleitet. Einige Jahre später fügte Gott es so, dass Pater Philip Boyce OCD, Professor für Dogmatik und Spiritualität in Rom und seit 1995 Bischof seiner Heimatdiözese Raphoe in Irland, der geistliche Begleiter für Mutter Julia und das "Werk" wurde.

In den Jahren nach 1970 begann die Priestergemeinschaft konkretere Gestalt anzunehmen. Verschiedene Priester vernahmen den Ruf, ihren seelsorglichen Dienst im Geist des "Werkes" auszuüben. Später verspürten einige junge Männer, die sich auf den priesterlichen Dienst vorbereiteten, im Gewissen die Einladung, sich ganz für das Charisma hinzugeben und in Einheit mit den Schwestern gemäß den Prinzipien des "Werkes" der Kirche zu dienen. Am 4. August 1986 wurde die Priestergemeinschaft von Bischof Bruno Wechner von Feldkirch offiziell errichtet und mit der "Pia Unio" der Schwesterngemeinschaft geeint. In den folgenden Jahren begann die eigene Priesterausbildung des "Werkes" im "Collegium

Paulinum" in Rom. Neben dem römischen Zentrum gibt es mittlerweile in mehreren Ländern Niederlassungen der Priestergemeinschaft.

Die Mitglieder des "Werkes" gehen keinem spezifischen Apostolat nach, schließen aber auch keines aus. Sie wollen den Bedürfnissen der Kirche bereitwillig entgegenkommen und im Geist ihres Charismas dort apostolisch wirken, wo Gottes Vorsehung sie hinführt. Sie sind in pastoralen, sozialen, erzieherischen und kulturellen Bereichen und in unterschiedlichen gesellschaftlichen Schichten tätig und bemühen sich, am großen Werk der Neuevangelisierung mitzuarbeiten.

Im Laufe der Jahre entwickelte sich das Charisma des "Werkes" zu einem Baum mit einem gemeinsamen Stamm und zwei kräftigen Ästen: der Schwesterngemeinschaft sowie der Priestergemeinschaft, zu der Priester, Diakone, Brüder und Fratres (Männer in Vorbereitung auf die heiligen Weihen) gehören. Diese Mitglieder im engeren Sinn bilden den Kern des "Werkes" und versprechen in einem "Heiligen Bündnis" mit dem Herzen Jesu die drei evangelischen Räte: die jungfräuliche Liebe, die evangelische Armut und den liebenden Glaubensgehorsam. Mit diesen beiden Hauptästen sind viele andere Zweige verbunden, die ebenfalls zum Baum des "Werkes" gehören. Dazu zählen vor allem die Mitglieder im weiteren Sinn, die auch Mitarbeiter genannt werden: Bischöfe, Priester, Diakone und Seminaristen verschiedener Diözesen; Ehepaare und Familien; Alleinstehende und Verwitwete. Sie schließen ein ihrem jeweiligen Stand entsprechendes "Heiliges Bündnis" und bemühen sich, aus der Gnade des Charismas zu leben, wo immer sie ihre Aufgaben und Pflichten zu erfüllen haben. Darüber hinaus gibt es Gläubige, die in geistlicher Weise mit dem "Werk" verbunden sind, entweder durch eine Weihe an das Herz Jesu und die Segnung ihrer Wohnstätte oder durch den "Abendsegen", der eine Gebets- und Segensgemeinschaft stiftet, die sich über alle Kontinente ausgebreitet hat.

Mutter Julia unterstützte das innere und äußere Wachstum des "Werkes" durch ihre mütterliche Liebe, ihr Gebet und Opfer sowie ihren Rat und ihre klare Orientierung. Sie betrachtete es als den großen Auftrag ihres Lebens, die weitere Entfaltung des Charismas und die Ausbreitung ihrer geistlichen Familie zu begleiten und sich ganz dafür hinzugeben. Diese langsame, organische Entwicklung zu erleben, bereitete ihr tiefe Freude. Sie war innig glücklich, dass sie am Abend ihres Lebens alle Äste und Zweige am Baum des "Werkes" sehen durfte, die Gott von Anfang an für das Charisma vorgesehen hatte.

Sehr früh erkannte Mutter Julia, dass das "Werk" nicht nur für eine oder mehrere Diözesen, sondern für die universale Kirche bestimmt war und in seinem Wesen eine neue Form des gottgeweihten Lebens darstellte. Mit dem Ansuchen um die päpstliche Anerkennung wollte sie deshalb geduldig warten, bis die Kirche solche neuen Formen des gottgeweihten Lebens approbieren würde. Nach der Veröffentlichung des neuen Codex des kanonischen Rechtes (1983) und im Anschluss an die Bischofssynode über das gottgeweihte Leben (1994) wurde dies möglich.

Nun war die Stunde Gottes gekommen, die päpstliche Anerkennung zu erbitten. Mutter Julia begleitete mit großem Interesse und Einsatz die Arbeiten, die von verschiedenen Mitgliedern unter der Leitung der international Verantwortlichen der Priester- und der Schwesterngemeinschaft vorbereitet wurden. Bis zu ihrem Tod am 29. August 1997 vertraute sie darauf, dass die Kirche das Charisma des "Werkes" so anerkennen würde, wie sie es von Gott empfangen hatte. Ihre letzte irdische Ruhestätte fand Mutter Julia in der Kirche des Klosters Thalbach in Bregenz, der bedeutendsten Niederlassung der Gemeinschaft in Österreich.

Am 11. Juni 1999, dem Hochfest des heiligsten Herzens Jesu, wurde das "Werk" von Camillo Kardinal Ruini in der Diözese Rom, wo sich seit 1993 der Sitz der Gemeinschaft befindet, als neue Form des gottgeweihten Lebens anerkannt und errichtet. Bereits zwei Jahre später, am 29. August 2001, wurde dem "Werk" die päpstliche Anerkennung als "Familie des geweihten Lebens" gewährt. Es ist wohl kein Zufall, dass diese höchste Form der kirchlichen Anerkennung durch Papst Johannes

Paul II. am vierten Jahrestag des Heimgangs der Gründerin erfolgt ist. Es scheint, dass Gott durch diese Fügung von neuem zeigen wollte, wie wahr das Wort von Mutter Julia ist, das sie ihren geistlichen Söhnen und Töchtern hinterlassen hat:

"Ich werde im Himmel bleiben,
was ich auf Erden war:
eine Mutter für euch alle.
Denn dies ist eine Gabe,
die Gott in mein Herz gelegt hat.
Und was Gott gibt,
das bleibt auf ewig." [3]

Päpstliche Anerkennung

CONGREGATIO
PRO INSTITUTIS VITAE CONSECRATAE
ET SOCIETATIBUS VITAE APOSTOLICAE

Prot. Nr. MR. 1- 1/99

DEKRET

Die geistliche Familie "Das Werk" ("Het Werk"), die aus einer Priestergemeinschaft und einer Gemeinschaft von gottgeweihten Frauen besteht, wurde in Belgien am 18. Januar 1938, damals Fest Kathedra Petri, von Frau Julia Verhaeghe gegründet als Frucht ihrer Hingabe an Christus, den dornengekrönten König, und ihrer Liebe zur Mutter Kirche. Den Kern des "Werkes" bilden die Mitglieder im engeren Sinn, die sich in einem "Heiligen Bündnis mit dem Herzen Jesu" in den drei evangelischen Räten Gott weihen. Ihnen schließen sich andere Mitglieder im weiteren Sinn sowie Gläubige an, die in geistlicher Weise verbunden sind.

Die "Gemeinschaft der gottgeweihten Frauen" wurde am 17. Januar 1959 von Seiner Exzellenz Mgr. Charles-Marie Himmer, Bischof von Tournai, als "Pia Unio" errichtet. Die "Priestergemeinschaft" wurde am 4. August 1986 von Seiner Exzellenz Mgr. Bruno Wechner, Bischof von Feldkirch, offiziell anerkannt und mit der "Gemeinschaft der gottgeweihten Frauen" verbunden im Hinblick auf eine künftige kirchliche Anerkennung des "Werkes" als Institut des geweihten Lebens.

Nach einer Zeit des Reifens des Charismas und seiner Ausbreitung in zahlreichen Diözesen hat Camillo Kardinal Ruini, der Generalvikar Seiner Heiligkeit für die Diözese Rom, nach vorausgehender Bevollmächtigung durch die Kongregation für die Institute des geweihten Lebens und die Gesellschaften des apostolischen Lebens am 11. Juni 1999, dem Hochfest des heiligsten Herzens Jesu, die geistliche Familie "Das Werk" als Institut des geweihten Lebens diözesanen Rechtes anerkannt.

Die Zielsetzung des "Werkes" besteht darin, zum Lob des dreifaltigen Gottes und zum Heil der Menschen ein Abglanz der Kirche zu sein und ihre übernatürliche Schönheit als Leib Christi und als Familie Gottes zu bezeugen. Verwurzelt in der heiligen Eucharistie, der Quelle der Einheit mit Gott und untereinander, und in Treue gegenüber dem Nachfolger Petri und der gesunden Glaubenslehre wollen die Mitglieder dazu beitragen, dass die Menschen das Geheimnis der Kirche tiefer erfassen und in der Liebe zu ihr angesichts der Zeichen der Zeit gestärkt werden. In ihrer kontemplativen und apostolischen Berufung und in ihrer Sendung zur Heiligung der Welt lassen sie sich vor allem vom Beispiel des heiligen Paulus leiten und ahmen seine Liebe für den Herrn und seinen Leib, die Kirche, nach. Mit Vertrauen blicken sie auch auf die Heilige Familie von Nazaret, in der sie das wahre Vorbild der Einheit und der Komplementarität in der geistlichen Vater- und Mutterschaft erblicken.

Nach Anhören des positiven Gutachtens durch die Kongregation für die Institute des geweihten Lebens und die Gesellschaften des apostolischen Lebens hat Seine Heiligkeit Papst Johannes Paul II. sich gewürdigt, das "Werk" als Familie des geweihten Lebens anzuerkennen.

Mit dem vorliegenden Dekret erklärt deshalb die Kongregation, dass die geistliche Familie "Das Werk" eine Familie des geweihten Lebens päpstlichen Rechtes ist und ordnet an, dass sie von allen als solche anzuerkennen ist.

Zugleich approbiert und bekräftigt sie für zehn Jahre den in deutscher Sprache verfassten Text der Konstitutionen, von denen ein Exemplar im Archiv dieses Dikasteriums aufbewahrt wird.

Die Mitglieder der genannten Familie des geweihten Lebens sollen ihre Berufung mit Glaube, Hoffnung und Liebe leben, großherzig am Werk der Erlösung mitwirken und in Treue zu ihrem spezifischen Charisma und geführt von der seligen Jungfrau Maria ein lebendiges Zeugnis des Evangeliums in der Welt von heute sein.

Etwaige entgegenstehende Anordnungen sind widerrufen.

Aus dem Vatikan, am 29. August 2001, dem vierten Jahrestag des Todes von Mutter Gründerin Julia Verhaeghe.

Eduardo Card. Martínez Somalo
Prefetto

Eduardo Card. Martínez Somalo
Präfekt

Mons. Juan J. Dorronsoro
Sottosegretario

Mons. Juan J. Dorronsoro
Untersekretär

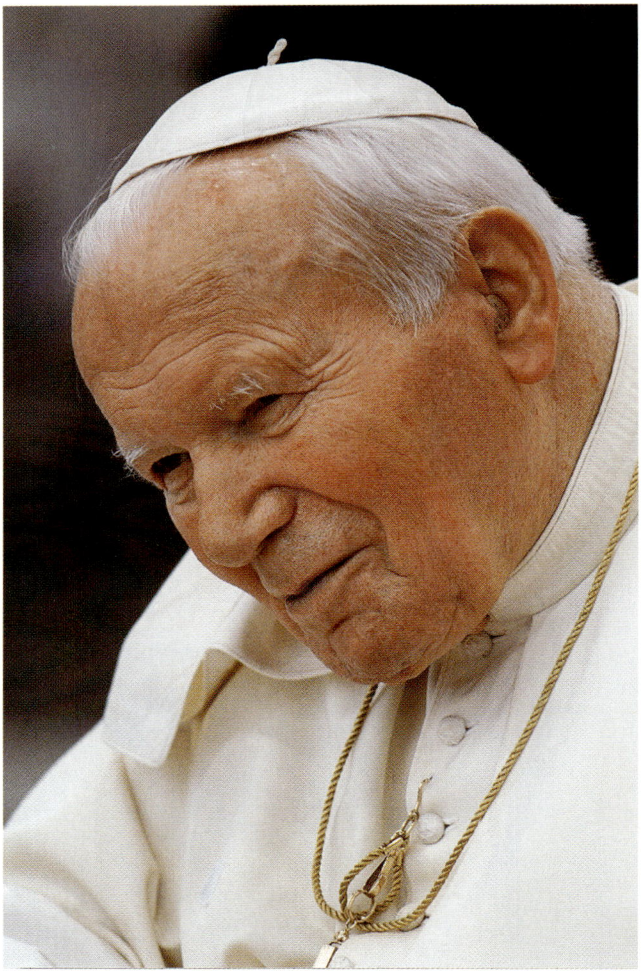

Papst Johannes Paul II.

GRUSSWORT
AN MITGLIEDER DER GEISTLICHEN FAMILIE "DAS WERK" BEI EINER AUDIENZ AM 10. NOVEMBER 2001

Liebe Schwestern und Brüder der geistlichen Familie "Das Werk"!

Mit großer Freude begrüße ich euch zu dieser Audienz und freue mich, dass es zur Begegnung mit der neuen Familie des geweihten Lebens gekommen ist. Am Anfang eines neuen Jahrhunderts steht ihr vor einer großen Herausforderung: Die Menschen von heute suchen nach Männern und Frauen, die ihnen Jesus Christus zeigen. Durch eure hohen Ideale und eure jugendliche Begeisterung wollt ihr euch für Jesus gleichsam zum "Zeigefinger" machen. Dafür gilt euch meine Anerkennung.

Gerade dem alten Kontinent Europa kann eure junge Gemeinschaft sehr nützlich sein. Denn unsere Zeitgenossen hören auf überzeugende Christen, die sich von Gott binden und senden lassen. Die Gründerin eurer geistlichen Familie, Mutter Julia, gibt euch dazu ein schönes Wort mit auf den Weg: *"Seit Jesus Christus die heilige Kirche gegründet hat, ist alles gegründet. Es braucht nur Menschen, die diese Gründung gründlich leben."*

Dass ihr eurem Auftrag zum Lob Gottes und zum Heil der Menschen gründlich nachkommt, dazu erteile ich euch gern den Apostolischen Segen.

BOTSCHAFT
AN DIE GEISTLICHE FAMILIE "DAS WERK"

Liebe Schwestern und Brüder der geistlichen Familie "Das Werk"!

1. In der frohmachenden Gemeinschaft des dreifaltigen Gottes, des Vaters und des Sohnes und des Heiligen Geistes, entbiete ich euch herzliche Grüße und Segenswünsche. Die Freude über die Anerkennung eurer geistlichen Familie bewegt euch, dem Nachfolger des heiligen Petrus erneut eure Verbundenheit und Dienstbereitschaft zu bezeugen. Gerne danke ich mit euch Christus, dem Herrn der Kirche, für das euch verliehene Charisma und bete darum, dass es reiche Früchte hervorbringen möge.

2. Im Geiste eurer Gründerin seid ihr dazu entschlossen, den Herausforderungen unserer Zeit in der Kraft des katholischen Glaubens zu begegnen. Ihr dürft der Kirche und den Menschen freudig dienen als eine kontemplative und zugleich apostolische Gemeinschaft, die in der Welt als Sauerteig wirksam werden will. Hochherzig seid ihr der Einladung des Herrn gefolgt, für sein Reich "ans Werk" zu gehen. Wenn ihr jederzeit für den Plan Gottes verfügbar bleibt und eure Talente in den Dienst der kirchlichen Heilssendung stellt, kann eure geistliche Familie zu einem kraftvollen Werkzeug der Neuevangelisierung werden, besonders in Europa. Eure gelebte Hingabe an Gott ist die beste Antwort auf die drängenden Fragen der Menschen und auf die Nöte der Zeit.

3. Im Zwiegespräch mit dem Vater fasst Jesus Christus seine Heilssendung zusammen: *"Ich habe Dich auf der Erde verherrlicht und das Werk zu Ende geführt, das Du mir aufgetragen hast"* (Joh 17,4). Das Werk Christi - die Verherrlichung Gottes und die Erlösung der Menschen - wird von der Kirche in der Kraft des Heiligen Geistes durch alle Zeiten fortgeführt. Eure geistliche Familie ist aus der Kirche heraus geboren. Als Mitglieder des "Werkes" seid ihr bereit, euch die Sendung der Kirche Christi zu eigen zu machen.

4. Die Kirche ist das große Werk Gottes. Wenn heute mitunter ihr göttlicher Ursprung in Frage gestellt wird, trägt "Das Werk" dazu bei, das Geheimnis der Kirche in seiner Tiefe zu erfassen und zu leben. Bleibt dem Ziel eurer Gemeinschaft immer treu: Seid ein Abglanz der Kirche zum Lob des Dreifaltigen Gottes und zum Heil der Menschen. Bezeugt die Schönheit der Kirche als Volk Gottes, Braut Christi und Tempel des Heiligen Geistes. Bleibt stets verwurzelt in der heiligen Eucharistie, der Quelle der Einheit mit Gott und untereinander.

5. In eurer Gemeinschaft ist der Geist der Anbetung lebendig. Gott steht im Zentrum; um Ihn dreht sich euer Denken und Tun. Auf diese Weise kann das "Werk" ein wirksames Mittel gegen die Resignation sein, die manchmal auch die Diener der Kirche einholt. Möge euer Beten und

Handeln im großen Werk Gottes zum Heil der Menschen fruchtbar werden! Der Herr der Geschichte lenke den Weg eurer geistlichen Familie in die Zukunft. Von Herzen erteile ich euch den Apostolischen Segen.

Joannes Paulus II

Aus dem Vatikan, am 10. November 2001

Bischof Philip Boyce OCD

Homilie bei der Dankmesse für die päpstliche Anerkennung der geistlichen Familie "Das Werk" am 11. November 2001

Liebe Schwestern und Brüder in Christus!

Eines Tages sagte Mutter Julia: *"Wenn die Liebe nicht in unserem Herzen wohnt, ist auch kein Dank auf unseren Lippen."* [1] Dieses Wort gehört zu jenen Aussprüchen, die unsere Mutter nicht niedergeschrieben, sondern einfach gesagt hat, und die uns in der lebendigen Tradition überliefert worden sind.

Es ist die Liebe zu Christus, unserem König und Erlöser, und zu seiner heiligen Kirche, die uns in so großer Zahl aus vielen Ländern hier in Rom zusammengeführt hat, um für die päpstliche Anerkennung der geistlichen

Familie "Das Werk" zu danken. Diese Anerkennung ist eine sehr bedeutungsvolle Gnade, und es ist recht, dafür zu danken. Mutter Julia hätte dies bestimmt getan, und sie tut es sicher jetzt von der Ewigkeit her zusammen mit uns.

Während der Abfassung der Konstitutionen schrieb Mutter Julia: *"Ich schaue die wunderbare Macht und Schönheit, mit der unsere Mutter Kirche ausgestattet ist, und die Lebensströme, die aus ihr hervorquellen und sich über alle Werke Gottes und über seine Sakramente ergießen. Diese Schau gibt mir eine innere Kraft, die mich vor Dankbarkeit für die unsagbaren Gnadenerweise überfließen lässt, mit denen Er unser Leben erfüllt."* [2] Wie viel mehr noch würde sie in dieser Stunde Dank sagen für das Geschenk der Anerkennung des "Werkes" durch den Heiligen Vater!

Die Gnade der päpstlichen Anerkennung lädt uns ein, uns der Berufung tief bewusst zu sein, die uns geschenkt ist, und uns noch mehr zu bemühen, sie treu zu leben. Vor genau 22 Jahren erinnerte sich Mutter Julia an ihrem Geburtstag an die vielen Gnaden, die sie in ihrem Leben empfangen hatte. Sie sagte damals, dass *"die Gnade ihrer Berufung"* - als hervorragendes Zeichen von Gottes Barmherzigkeit und Güte ihr gegenüber - die größte Gnade in ihrem Leben war. Jedes Mitglied des "Werkes", dessen bin ich sicher, wird mit der gleichen Überzeugung bekennen, welch kostbare Gnade es ist, dieses Charisma zu kennen und zu unserer geistlichen Familie zu gehören.

Jede Gabe bringt aber auch eine Aufgabe mit sich. Die Berufung fordert von uns ein Leben tiefen Glaubens und eine fortwährende Bekehrung des Herzens zu Gott, sie verlangt ein unerschütterliches Vertrauen darauf, dass Gott in seiner Vorsehung unsere Wege lenkt. Wir sind auch gerufen zu einem Leben der Tugend, des Gebetes und des Opfers. Um all das müssen wir uns im Geist der Liebe und der Demut bemühen, ständig darauf bedacht, die Einheit aufzubauen und alles zu tun, um wie die ersten Christen *"ein Herz und eine Seele"* (Apg 4,32) zu sein, zusammengeschmiedet durch das Band des Friedens.

Die Dornenkrone, die das Emblem des "Werkes" ist, weist uns darauf hin, mit Christus, unserem König, in die Mühen und Leiden seines Erlösungswerkes einzutreten. In den Konstitutionen heißt es, dass die Dornenkrone die Mitglieder unaufhörlich dazu einlädt, *"in der Verbundenheit mit ihrem Herrn und König ein heiliges und untadeliges Leben in Demut und in Treue zu ihrer Berufung zu führen"*.

Die päpstliche Anerkennung bindet jedes Mitglied des "Werkes" nun noch direkter an den Heiligen Vater, den Stellvertreter Christi auf Erden. Mehr denn je müssen wir bereit sein, in der Gnade unserer Berufung seinem Wort zu gehorchen und auf sein Wort hin ans Werk zu gehen. Er hat uns in seinem Apostolischen Schreiben "Novo millennio ineunte" aufgerufen, auf das weite Meer hinauszufahren und die Netze zum Fang auszuwerfen (vgl. Lk 5,4): *"Duc in altum! Gehen wir voll Hoffnung voran! Ein neues Jahrtausend liegt vor der Kirche wie ein weiter Ozean, auf den es hinauszufahren gilt. Dabei zählen wir auf die Hilfe Christi."*³

Mutter Julia sprach oft von der Notwendigkeit der apostolischen Tugenden und der Opferliebe. Darin liegt eine besondere Kraft des "Werkes"; darin haben wir einen Einfluss, der sowohl aus unserem Sein als auch aus unserem Tun hervorgeht. In diesem Sinn stellen die Konstitutionen fest: *"Die Mitglieder des 'Werkes' müssen von der Überzeugung getragen sein, dass sie durch ihr geläutertes Gewissen apostolische Strahlkraft besitzen und einladend und orientierend auf jene Menschen wirken, die ihr Herz der Wahrheit öffnen."* Darauf folgt in den Konstitutionen ein Zitat von Mutter Julia, in dem es heißt: *"Ein Gewissen, das sich in den konkreten Lebenssituationen immer wieder für Gott entscheidet, wird leuchten, weil es auf Gott, der Licht ist (vgl. Joh 1,5), ausgerichtet ist. Es wird leuchten, weil das Herz die Angst vor dem Opfer nicht mehr kennt, da es aufrichtig liebt, nicht mit Wort und Zunge, sondern in Tat und Wahrheit (vgl. 1 Joh 3,18)."*

Liebe Brüder und Schwestern, habt keine Angst! Wie der Heilige Geist unsere Mutter Gründerin und die erste Generation der Schwestern geführt hat, so wird Er uns heute und zu jeder Zeit führen. Wenn wir in die Zeit der Nachkriegsjahre zurückkehren könnten, als die Priestergemeinschaft noch nicht entfaltet war, als das "Werk" außerhalb Belgiens noch kein Zentrum hatte und als noch keine Konstitutionen bestanden, wären wir vielleicht versucht, Zweifel in uns aufkommen zu lassen, ob das "Werk" jemals als eine internationale Gemeinschaft gottgeweihten Lebens die höchste päpstliche Anerkennung erhalten würde. Aber in mehr als fünf Jahrzehnten konnte sich diese neue Form des gottgeweihten Lebens bewähren, und schließlich wurde das Wirklichkeit, was unsere Mutter bereits im Jahr 1939 geschrieben hat: *"Rom steht mir vor Augen. Der Heilige Vater muss seinen Segen über das 'Werk' geben."* [4]

Am Anfang der Gemeinschaft wussten Mutter Julia und die ersten Schwestern, dass sie nichts hatten außer der Gnade Gottes, die mit ihnen war. Unserer Mutter wurde damals innerlich klar, wie bedeutsam die gegenseitige Ergänzung ist: Sie ließ jede Schwester entsprechend den jeweiligen Gaben und Talenten einsetzen, jedoch nicht gegeneinander oder unabhängig voneinander, sondern so, dass sie sich gegenseitig ergänzten. Diese Komplementarität hat sich im Laufe der Jahre als sehr fruchtbar erwiesen. Einmal schrieb Mutter Julia: *"Auch wenn die Himmel dunkel und gewittrig sind und das Meer vom Sturm aufgepeitscht ist, der Herr und Meister ist an Bord des Bootes, so wie Er einst bei seinen Jüngern war. Er ist die Hoffnung und die Sicherheit für jene, die im Boot Platz genommen haben."* [5]

Bereits im Jahr 1950 bat Mutter Julia die Mitglieder des "Werkes", ihren Blick über die Niederungen dieser Welt zu erheben, um *"dem Blick Christi"* zu begegnen und in seinem Willen die Nahrung ihres Lebens zu finden. Auch Papst Johannes Paul II. lädt uns in seinem Apostolischen Schreiben "Novo millennio ineunte" ein, gläubig auf das Antlitz Christi zu schauen. Seine Worte sind an jeden von uns gerichtet: *"Unser Zeugnis wäre unerträglich armselig, wenn wir nicht zuerst Betrachter seines Antlitzes wären... Zu Jesus gelangt man in der Tat nur durch den Weg des Glaubens... Allein mit unseren Kräften gelangen wir nicht zur vollen Betrachtung des*

Angesichtes des Herrn, sondern nur, wenn wir uns von der Gnade an der Hand nehmen lassen. Allein die Erfahrung des Schweigens und des Gebetes bietet den geeigneten Horizont." [6]

Diese Worte ermutigen uns, stets dem treu zu sein, was zum Wesen unserer Berufung gehört, nämlich dem Gebet und der Anbetung vor dem Allerheiligsten. Dort können wir im Glauben das Antlitz Jesu betrachten. Dort empfangen wir die Nahrung für unser tägliches Leben in Treue zu dem Charisma, das wir empfangen haben.

Ich bitte euch: Tut alles in Einheit mit der Jungfrau Maria, dem Sitz der Weisheit und der Ursache unserer Freude! Lasst euch von ihr an der Hand führen und wahrt die Verbundenheit mit ihrem göttlichen Sohn!

Vor etwa fünfzig Jahren sagte Mutter Julia: *"Wir müssen dem Herrn das Schönste geben, das wir haben."* [7] Was haben wir Schöneres als unser eigenes Leben, durch das die Liebe, die wir aus dem heiligsten Herzen Jesu empfangen, zu Ihm zurückkehrt in einem Leben der Treue zur Berufung und zu den Konstitutionen, die von der Kirche approbiert worden sind? Je mehr die Konstitutionen unser tägliches Leben durchdringen, umso mehr werden wir *"der Bitte des Herrn 'Ut omnes unum sint!' - 'Alle sollen eins sein!' entsprechen, die übernatürliche Schönheit der Kirche bezeugen und dem Plan Gottes dienen können: 'Ad laudem et gloriam Dei!' - 'Zum Lob und zur Verherrlichung Gottes!'"* Und die Konstitutionen schließen mit den Worten unserer Mutter: *"Treue ist engagierte Liebe."* [8] Amen.

Begegnung mit Mutter Julia

Leo Kardinal Scheffczyk

Abschnitte aus einem Zeugnis [1]

Die erste Begegnung des Berichtenden mit Frau Julia Verhaeghe geht auf den Beginn der achtziger Jahre zurück, als jener in Bregenz erstmals vorgestellt wurde. Mutter Gründerin befand sich damals schon in einem so geschwächten Krankheitszustand, dass sie ihm danach niemals mehr gänzlich entkam. Darum erfolgten die Besuche, von wenigen Ausnahmen abgesehen, am Krankenbett. Dies geschah in regelmäßigen, etwa halbjährlichen Abständen. Dabei bot sich Gelegenheit zu zahlreichen Gesprächen mit der körperlich kranken, aber geistig hellwachen Frau, von der eine schon an den geläuterten, edlen Gesichtszügen abzulesende Leuchtkraft ausging.

Bereits anlässlich des ersten Besuches ergab sich der Eindruck einer gewinnenden charakterlichen Milde und Güte, die aus dem Antlitz und den Worten Mutter Julias sprachen. Damit verband sich die Erkenntnis einer außergewöhnlichen geistigen Sammlung und Konzentration, aus der heraus eine Vielzahl geistlicher Gedanken und Erwägungen hervortraten. Denn es handelte sich in der Tat um fast ausschließlich geistlich-religiöse Gespräche, die hier zustande kamen. Sie machten es möglich, dass sich im Laufe der Jahre ein Bild von Mutter Julia zusammenfügte, das ungewöhnliche Züge einer von religiöser Ergriffenheit bestimmten Existenz zeigte. ...

Bei genauerer Erwägung leuchtete ein tieferer Grund für das Anziehende dieser Art des religiösen Sprechens auf: Es war das Durchtränktsein von den Worten und Inhalten der Heiligen Schrift, deren Kenntnis der schlichten, nicht akademisch gebildeten Frau in erstaunlicher Weise verfügbar war. Ihre Rede war regelmäßig durchzogen von treffenden Anspielungen aus dem Alten und Neuen Testament, mit Beispielen aus dem Bereich der biblischen Geschichte, mit Worten aus der Propheten- und Weisheitsliteratur. Man geht wohl nicht fehl in der Annahme, dass sich in dieser religiösen Sprechwelt etwas von der biblischen Weisheit selbst abdrückte, die zugleich tiefe theologische Gedanken zutage förderte, freilich nicht in der Form einer wissenschaftlichen Theologie, sondern in der Weise einer geistlich erfüllten Theologie der Heiligen. Das hier Gesagte ist nachprüfbar an den schriftlichen Zeugnissen, die Mutter Julia verfasste, und die auch die Schlichtheit dieser Sprache dokumentieren, obgleich sich diese Einfachheit mit einem Reichtum von Gedanken und Erkenntnissen paart. ...

So sehr bei den Gesprächen die Welt des Glaubens und die "ewigen Dinge" des Heils, der Spiritualität und Aszese das Interesse beanspruchten, so stark war die Aufmerksamkeit doch auch auf die irdische Wirklichkeit, auf die Geschichte und die Gegenwart gerichtet. Mutter Julia zeigte bei aller Verhaftung an das bleibende Wesen des Glaubens und der Frömmigkeit und bei aller Freude an den überzeitlichen geistlichen Dingen eine ausgesprochen innige Beziehung zur irdischen Wirklichkeit. Aus dieser Beziehung erklärt sich auch das starke Mitgehen mit dem Weg der Kirche in Geschichte und Gegenwart und das Miterleben ihres Geschickes in der Welt. Eine besonders innige Verbindung hatte sie zur

Ursprungszeit der Kirche. Deren kraftvoller Repräsentant war ihr der heilige Paulus, von dessen glühendem Hauch sie in ihrem geistlichen Charakter auch angeweht war. ...

Im Hinblick auf das Verhältnis zur Kirche darf der geistliche Charakter der Person Mutter Julias gleichnishaft mit dem Wort des Kirchenschriftstellers Origenes, gestorben um 254, beschrieben werden, der den Christen seiner Herkunft wie seiner Zielbestimmung nach als "anima ecclesiastica", als "kirchliche Seele", kennzeichnete. Das, was den Christen als geheimnisvolle Lehre vom "Mystischen Leib Christi", der die Kirche ist, gilt und als hohes Ideal vorschwebt, das vermochte Mutter Julia bereits in ihre irdische Existenz einzuprägen. Was das für sie selbst bedeutete, brachte sie in den Gesprächen immer wieder zum Ausdruck: *"Ich wurde zutiefst zu einer Bekehrung und Läuterung meines ganzen Wesens hingezogen, die es ermöglichen sollte, dass ich meine Sendung als Glied des Mystischen Leibes Christi in Treue zu diesem Licht erfüllen könne."* [2] So konnte sie im Rückblick auf ihr Leben sagen: *"Ich glaube, bezeugen zu dürfen, dass mein ganzes Leben zu einer Communio mit dem Mystischen Leib Christi geworden ist."* [3]

Es war immer zu spüren, dass die Wahrheiten von Christus, dem Haupt der Kirche, von den Gläubigen als Gliedern, von dem "Blutumlauf" der Gnade unter den Gliedern, die füreinander einstehen, opfern und leiden können, für Mutter Julia keine nur gedankliche Theorie und keine zeitlose Idee bedeuteten, sondern in ihrem Erleben und Erfahren konkrete Wirklichkeit geworden waren. Das Bild von der Kirche als "Communio" war in ihr lebendig. Wenn sie von "Christus, dem König", von der "Mutter Kirche", von der "bräutlichen Seele" oder von der "Familie Gottes" sprach, so war geradezu sinnenhaft zu spüren, dass diese Worte aus einer lebendigen Resonanz in der eigenen Tiefe kamen, die sich als geistige Schwingungen auch dem Hörer mitteilten.

Bei näherem Bekanntwerden mit Mutter Gründerin, die auch durch Kenntnisnahme ihrer schriftlichen Aussagen und Aufzeichnungen ergänzt wurde, gewann der Berichtende einen gewissen Einblick in das ursprüngliche Entstehen und Werden dieser "ekklesialen Geistesprägung" und Spiritualität, die ihre Wurzeln, wie oftmals bei religiös-geistlichen Begabungen, in dem so von Gott geschaffenen einmaligen Naturell des Empfängers haben und damit einer letzten Unableitbarkeit und Unerklärbarkeit unterliegen. Aber wie in anderen vergleichbaren Fällen einer Berufung stößt man beim Versuch einer Erklärung auch auf äußere Bedingungen und Umstände, welche die Entfaltung und das Wachstum der Begabung förderten. Dazu gehörte die in die Jugendzeit von Mutter Julia fallende Situation des kirchlichen Aufbruchs in Belgien wie in den Niederlanden, der im Rahmen der Katholischen Aktion zu einer religiösen Laienbewegung mit überraschendem Einfluss auf das öffentliche Leben führte und auch einen Aufschwung des Glaubenslebens erbrachte, der jedoch für den damaligen besonnenen Betrachter auch manches Gefährdende an sich trug. Die bereits damals von einer besonderen Gnade ergriffene junge Frau erkannte innerlich und wurde darin auch von ihrem geistlich gebildeten Seelenführer bestätigt, dass die jugendlichen Führungskräfte in der Katholischen Aktion dringend einer tieferen Formung bedurften. Zugleich durften sie gemeinsam erkennen, dass manche Aktivitäten dieser Bewegung nicht nur ihrer persönlichen geistigen Ausrichtung weniger angemessen waren, sondern auch objektiv mit ihrem äußeren Aktivismus, ihren immer stärker innerweltlich sich ausrichtenden Zielsetzungen und durch das von vielen gelebte selbstgewisse Erfolgsstreben innere Mängel an sich zeigten, die am Ende der Entfaltung eines authentischen christlichen Lebens nicht dienlich waren.

In der geistigen Auseinandersetzung mit dieser ambivalenten Zeitsituation wuchs in der jungen Frau eine Grundeinstellung, die man schlicht als das Streben nach der katholischen Authentizität bezeichnen könnte. Es formte sich später immer deutlicher zu einem erstrangigen Anliegen des Lebens und der Sendung Mutter Julias heraus, das in der Reinerhaltung des katholischen Glaubens gemäß dem authentischen kirchlichen Bekenntnis bestand und von dem die Gespräche vielfach Zeugnis ablegten. Es war die charismatische Begabung mit einem lauteren und vom Glauben durchdrungenen Wahrheitsbewusstsein, das ihr die oft verwendete Unterscheidung von "absoluter Wahrheit" und "relativen Wahrheiten" eingab, wobei unter letzteren die durch den subjektiven Eigenwillen oder das unlautere Einzelinteresse getrübten "Meinungen" des Tages verstanden wurden. Die Verpflichtung auf die Wahrheit des Glaubens war verbunden mit der im Gewissen gründenden Wahrhaftigkeit des Denkens und Lebens in der Kirche. Diese bezog sich nicht nur auf die Echtheit des Lebens in der Christusverbundenheit der Gnade, die sich äußerlich sichtbar in der Hochschätzung der Sakramente und in der hingebungsvollen Ausrichtung auf das Wort Gottes offenbarte, sondern auch in der geistigen Verpflichtung auf das Dogma und auf die Lehre der Kirche. Bei Mutter Julia bildeten Leben und Wahrheit von früh an eine unzertrennliche Einheit in einem vitalen Glauben, der seine Quellen in einer herzlichen, aber genauso wahrheitsbewussten Frömmigkeit hatte.

Die Verwurzelung dieser spezifischen "Kirchenfrömmigkeit" in einem verinnerlichten, im Herzen widerklingenden Glauben macht es verständlich, dass Mutter Gründerin in der Zeit ihrer religiösen Reife von einer existentiell und personal sehr intensiven Form der Christusverehrung ergriffen wurde, die in der Herz-Jesu-Verehrung vorliegt und die unter den Pius-Päpsten eine besondere Förderung erfuhr. Es ist verständlich, dass ein so lebendiger, glühender Christusglaube, wie er Mutter Julia zu eigen war, vom Herzen Jesu besonders angezogen wurde, in dem sich sowohl die gottmenschliche Liebe des Herrn an die Menschheit und an jeden Einzelnen in höchster Ausdrucksweise darbot, als auch - in umgekehrter Richtung - die Liebe des Menschen zum Erlöser aufs Intensivste eingefordert wurde. Die "anima ecclesiastica", die Mutter Julia darstellte, sah sich in der Herz-Jesu-Verehrung vor einen Kult gestellt, in dem Kirchesein als liebend-gehorsame Communio mit dem erlöserischen Haupt der Kirche den tiefsten Ausdruck finden konnte. Dieser Ausdruck galt der Empfängerin nicht nur als innigste Austauschmöglichkeit mit der Person und dem weitergehenden Werk Jesu Christi und damit als beglückendste Begnadung, sondern zugleich auch als höchste Verantwortung und

Berufung. Sie vernahm darin den Ruf zur restlosen Selbsthingabe an den Erlöser und zur apostolischen Teilnahme am Erlösungswerk im Opfer des eigenen Herzens und des Lebens.

Aus dem gebrochenen Herzen Jesu Christi hörte sie auch die Verpflichtung zu Leid und Kreuz im Leben der Berufenen ergehen, die sie danach an ihre Gemeinschaft weitergab und der sie im Emblem der strahlenden Dornenkrone einen weihevollen Ausdruck verlieh. Was dieserart in den Gesprächen zutage trat, hat Mutter Gründerin in vielen lichtvollen Texten schriftlich zum Ausdruck gebracht, so etwa in dem Bekenntnis: *"Das heilige Blut ist in Christi Leiden aus seinem durchbohrten Herzen geflossen und strömt im eucharistischen Opfer weiter. In seinem Licht wurde meine Seele in das Geheimnis eingetaucht. Ich durfte das Geschenk seiner unaussprechlichen barmherzigen Liebe tiefer erfahren, die uns eingeladen hat, einen 'Heiligen Bund' zu schließen, der uns an sein von Barmherzigkeit und Gerechtigkeit erfülltes Herz bindet."*[4] Wenn so die Kirche als Mystischer Leib Christi der geistige Raum ihres Lebens war, so bedeutete ihr das Herz Jesu das innerste Heiligtum dieses Raumes. Mutter Julia schrieb: *"Mein Herz hat eine Wohnstätte gefunden. Wo Jesus, mein Geliebter, wohnt, dort wird meine Seele von Frieden und Freude erfüllt, die Jesus schenkt, der wahrhaft gegenwärtig ist. Ich will in seiner Seitenwunde, geborgen in seinem Herzen, verweilen, um mit Ihm sein Leben als Erlöser zu teilen und unter vielen Formen ein verborgenes Leben zu führen."*[5]

Die hochtheologische Leib-Christi-Analogie fand eine konkrete Ergänzung nach der Seite des Praktischen und des Lebensvollzugs hin in der Vorstellung von der Kirche als "Communio" und als "Familie Gottes". Schon lange vor dem Zweiten Vatikanum, und danach durch die Aufnahme des Konzils verstärkt, nahm Mutter Julia diese beiden Begriffe in ihr religiöses Denken auf und entwickelte sie zu Konzentrationspunkten der eigenen Lebensgestaltung wie des Lebens in der Gemeinschaft des "Werkes". Dabei war die Communio selbstverständlich nicht bloß horizontal verstanden und auf das Leben in "Mitmenschlichkeit" reduziert, sondern vertikal dimensioniert und, wie die Gründerin des

"Werkes" gelegentlich sagte, auf die "drei Kirchen" bezogen, so wie es in dem Wort zum Ausdruck kommt: *"Wir müssen die drei Kirchen, die streitende, die leidende und die triumphierende Kirche wieder in ihrer Komplementarität sehen, erfahren, leben. Welche Schönheit, welcher Reichtum liegt in diesem Geheimnis!"* [6]

Alle diese Elemente, die den geistlichen Charakter der Existenz Mutter Julias kennzeichneten, übertrugen sich auf ihre Auffassung von der durch sie gestifteten Gemeinschaft, die immer wieder Gegenstand der gemeinsamen Unterredungen war. Dabei kam es dem Gesprächsteilnehmer nach einiger Zeit der Bekanntschaft mit ihrem religiös-geistlichen Naturell wie selbstverständlich vor, dass diese charismatisch begabte Frau zur Gestaltung einer geistlichen Gemeinschaft förmlich geschaffen war. Aber der Betrachter durfte sich bald auch mit der Besonderheit dieser Berufung vertraut machen, die in einem hohen Grad dem Eigenstreben und Eigenwillen entzogen war. Für die spezifisch kirchlich-hierarchische Art der vor sich gehenden Gründung sprach der Umstand, dass Julia Verhaeghe sich dem Priester, der ihr Seelenführer war, anvertraute und sich ihr "Heiliges Bündnis mit dem Herzen Jesu" am 18. Januar 1938 mit dem seinen vereinigte. Sie verstand diese geistliche Verbundenheit, die in der Woche des Gebetes für die Einheit der Christen grundgelegt wurde, als Ausdruck einer Bekräftigung der ekklesialen Bindung, die in der Zuordnung von Charisma und hierarchischem Amt, von Laie und Priester und in der diese Gemeinschaft erfüllenden Komplementarität das Leben der Kirche in Ausrichtung auf das Herz Jesu realisierte und intensivierte. Tatsächlich fand sich in dieser Verbindung die erste Keimzelle des "Werkes", die sich danach wie von selbst zu einem wachsenden Organismus ausweiten sollte, in dem die Wesenselemente des Charismas schon im Ursprung grundgelegt waren: die Sichtbarmachung der Kirche als Familie des Glaubens, dies in der Kraft der Komplementarität, zu der auch die gegenseitige Ergänzung von Priestern und gottgeweihten Frauen gehörte. ...

Als der bevorzugte Raum, in dem der Glaube als objektiver Ausdruck der kirchlichen Gottesverehrung und des Bekenntnisses sich manifestierte, galt Mutter Julia die Liturgie, die sie selbst in tiefster Ergriffenheit feierte und deren ehrfurchtsvolle Ausgestaltung sie als bleibendes Anliegen der Gemeinschaft übermittelte. Überhaupt war in den Dingen der Religion und des Glaubens "Ehrfurcht" einer der leitenden Begriffe Mutter Julias, dessen Fluidum sich auch ihrer ganzen Lebenseinstellung und Lebensführung mitteilte und in die Gemeinschaft einfloss.

Das nimmermüde Bemühen um die Reinheit des Glaubens, die Mutter Julia im altkirchlichen Sinn als Jungfräulichkeit des Glaubens verstand und in Analogie zur Jungfräulichkeit der Gottesmutter deutete, war von ihr in besonderer Weise auf die gegenwärtige Zeit der Kirche bezogen. Die zeitnahe Ausrichtung der Berufung darf allgemein als ein auszeichnendes Merkmal ihrer apostolischen Einstellung gelten, die auch als Echtheitskriterium ihrer gesamten Sendung anzusehen ist.

Wichtige Lebensdaten

1910	11. November	Geburt von Julia Verhaeghe in Geluwe (Belgien) als achtes von elf Kindern der Eheleute Henri Verhaeghe und Valentine Rosé
1910	13. November	Taufe in der Pfarrkirche
1912	1. Juni	Tag der Priesterweihe von Vater Hillewaere in Brugge
1914	3. August	Ausbruch des Ersten Weltkrieges
1917	Oktober	Flucht der Familie Verhaeghe nach Lembeek bei Halle
zwischen 1917 und 1920		Besuch der Volksschule in Lembeek. Erstbeichte und Erstkommunion
1918	11. November	Ende des Ersten Weltkrieges
1920	März	Rückkehr der Familie Verhaeghe nach Geluwe
1920-1924		Besuch der Volksschule
1922	15. Juni	Feierliche Kommunion mit Erneuerung des Taufversprechens
1922		Mitglied des Eucharistischen Kreuzzuges
1922	12. September	Ernennung von Arthur Cyriel Hillewaere zum Kaplan in Geluwe
1923	15. September	Einzug in das neue Haus in Geluwe
1924	8. Juli	Firmung in der Pfarrkirche
1924-1930		Im Dienst verschiedener Familien in Belgien und Frankreich

zwischen 1925 und 1926		Erhalt des Volksmessbuches, Begegnung mit dem heiligen Paulus
1928		Aufenthalt am Meer in Het Zoute
1929	März	Besuch des Filmes "Der König der Könige" in Kortrijk
1929	März	Sturz von der Treppe
1930	10. Januar	Mitglied des "Apostolates für die Kranken"
1930 – 1941		Jahre der Krankheit im Elternhaus, Näharbeiten
1934	11. Februar	Mitglied des Dritten Ordens der Karmeliten
1934	8. Juni	Gnade des "Heiligen Bündnisses" am Herz-Jesu-Fest
1935	16. Dezember	Tod von Julias Mutter
1937	14. Februar	Heimgang ihres Vaters
1938	18. Januar	Geburtstag des "Werkes", "Heiliges Bündnis" von Vater Hillewaere, Julias neue Sendung als "Mutter" des "Werkes"
1938	30. September	Information des Bischofs von Brügge über das "Werk"
1938 - 1941		Erste Entfaltung des Charismas, Hingabe einiger kranker Frauen für das Wachstum des "Werkes"
1939	1. September	Beginn des Zweiten Weltkrieges
1939	19. Oktober	Ernennung von Vater Hillewaere zum Pfarrer in Komen-ten-Brielen
1940	10. Mai	Einmarsch der deutschen Truppen in Belgien
1940	14.-18. Mai	Kanonikus Cardijn mit seinen Mitarbeitern in Komen-ten-Brielen

1940	28. Mai	Kapitulation des belgischen Heeres, Beginn der deutschen Besatzung
1941	16. Juli	Verlassen des Elternhauses, Dienststelle in Sint-Niklaas, Begleitung der ersten Berufenen
1941	12. November	Beginn des Aufenthalts in Kortrijk und des apostolischen Einsatzes bei den Dienstmädchen
1942	30. September	Rückkehr nach Geluwe zur Pflege ihrer kranken Schwester Madeleine
1943	12. Februar	Ernennung von Vater Hillewaere zum Pfarrer von Sankt Josef in Menen
1943	24. September	Reise nach Brüssel, Einsatz für die Einheit
1943	23. November	Tod von Julias Schwester Madeleine
1944	4. Juli	Rückkehr nach Geluwe, neuerliche Erkrankung
1944	September	Befreiung Belgiens durch die Alliierten
1944-1946		Rückkehr Julias nach Sint-Niklaas, Formung der ersten Berufenen, Dienststelle im Haushalt, Arbeit in zwei Fabriken, Unterbrechungen wegen Krankheiten
1945	8. Mai	Unterzeichnung der Kapitulationsurkunde in Berlin. Ende des Zweiten Weltkrieges
1945	1. - 4. November	Erste gemeinsame Exerzitien der Berufenen
1946	7. - 8. Dezember	Einkehrtage in Menen, Zusammenkunft bei Vater Hillewaere, Entscheidung für das gemeinschaftliche Leben
1947	9. April	Beginn des gemeinschaftlichen Lebens in Sint-Niklaas

1948	6. Januar	Umzug in ein neues Zentrum in Brüssel (Ducpétiauxlaan)
1948	August	Beginn der Zusammenarbeit des "Werkes" mit dem "Frauenverband der christlichen Arbeiterbewegung"
1949	15. März	Ernennung von Vater Hillewaere zum Pfarrer in Zwevegem
1949	19. März	Gründung des staatlich anerkannten Vereins "Paulusheim"
1949	3. August	Einzug in ein neues Zentrum in Wezembeek bei Brüssel
1950	Mai	Umzug in ein größeres Zentrum in Brüssel (Bollandistenstraße) als Zuhause für die Familienhelferinnen in Ausbildung
1950	15. Mai	Einzug in das Kloster in Villers-Notre-Dame
1950	Juli	Besuch von Seiner Exzellenz Mgr. Charles-Marie Himmer, Bischof von Tournai, in Villers-Notre-Dame. Begegnung mit Mutter Julia
1950	Herbst	Staatliche Anerkennung des eigenen Dienstes der Familienhilfe, Beginn neuer Entwicklungen
1950	Herbst	Endgültige Loslösung von der Katholischen Aktion
1950	29.-31. Oktober	Triduum zum Einzug des eucharistischen Herrn in der Kapelle von Villers-Notre-Dame

Anmerkungen

EINLEITUNG

1. Aufzeichnungen von Mutter Julia vom 19. März 1991. Diese und alle folgenden unveröffentlichten Quellen ohne nähere Angaben befinden sich im Privatarchiv der geistlichen Familie "Das Werk" im Kloster Thalbach in Bregenz (Österreich).
2. Gespräch mit Mutter Julia vom 30. Dezember 1995.
3. Aufzeichnungen von Mutter Julia vom 20. Mai 1993.

FRÜHE KINDHEIT

1. Vgl. HUYS, E., *Geschiedenis van Geluwe*, met aanvullingen door D. Decuypere, Geluwe: Eigenverlag Luc Demeester ³1977, 423. DECUYPERE, D., *Dorp zonder grenzen. 1940-1945 - epicentrum Geluwe*, Geluwe: Eigenverlag 1985, 27.
2. Gespräch mit Mutter Julia vom 22. Februar 1996.
3. Notizen von Mutter Julia aus dem Jahr 1985.
4. Notizen von Mutter Julia aus dem Jahr 1990. Gespräch mit Mutter Julia vom 22. Februar 1996.
5. Vgl. BOYCE, Ph., *Der Segen*, Bregenz: Eigenverlag der geistlichen Familie "Das Werk" 1981, 4.

6. Vgl. DESODT, S., *Geen rijker kroon dan eigen schoon. Onze Lieve Vrouw van Dadizele*, Dadizele: Eigenverlag, ohne Jahr.
7. Notizen von Mutter Julia aus dem Jahr 1985.
8. Gespräch mit Mutter Julia, spätere Niederschrift vom 26. Januar 2004.
9. Vgl. DECUYPERE, D., *Geluwnaren van taal en gemoed. Aspecten van een eeuw Vlaams denken op of vanuit Geluwe.* 50 jaar Davidsfonds op Geluwe (1931-1981), Geluwe: Davidsfonds 1981, 27-28.
10. Vgl. AUBERT, R., *Der Ausbruch des 1. Weltkriegs*, in: Handbuch der Kirchengeschichte, Band VI/2: Die Kirche zwischen Anpassung und Widerstand, 1878 bis 1914, hrsg. v. H. Jedin, Freiburg-Basel-Wien: Herder 1973, 538-545.
11. Vgl. SCHEUCHER, A., WALD, A., LEIN, H., STAUDINGER, E., *Zeitbilder, Geschichte und Sozialkunde*, Band 7: *Vom Beginn des Industriezeitalters bis zum Zweiten Weltkrieg*, Wien: öbv & hpt ²1999, 70-71.
12. Vgl. PALMER, A., THOMAS, H., *Die Moderne Welt im Aufbruch*, Meilensteine der Geschichte, Band III, übersetzt von S. Erbe, S. De Gasperi, S. Hammer, u.a., Frankfurt-Berlin: Ullstein 1972, 185.
13. Vgl. FISCHER, N., *Chronik 1914. Tag für Tag in Wort und Bild*, Die Chronik-Bibliothek des 20. Jahrhunderts, Band 14, hrsg. v. B. Harenberg, Dortmund: Chronik-Verlag ²1989, 126.
14. Vgl. SCHEUCHER, A., WALD, A., LEIN, H., STAUDINGER, E., *Zeitbilder, Geschichte und Sozialkunde*, Band 7, 72.
15. Vgl. PALMER, A., THOMAS, H., *Die Moderne Welt im Aufbruch*, 186.
16. Vgl. DECUYPERE, D., *Het malheur van de keizer. Geluwe 1914-1918*, Geluwe: Eigenverlag 1998, 389.
17. HUYS, E., *Geschiedenis van Geluwe*, 168f., übersetzt von den Verfassern dieses Buches.
18. Ebd., 189, übersetzt von den Verfassern dieses Buches.
19. Gespräch mit Mutter Julia vom 25. Mai 1997.
20. Gespräch mit Mutter Julia vom 19. Oktober 1993.
21. Vgl. DECUYPERE, D., *Het malheur van de keizer*, 192.
22. Vgl. ebd., 77, 108, 193.
23. Notizen von Mutter Julia aus dem Jahr 1985.

AUF DER FLUCHT

1. Vgl. REINHARDT, S., *Chronik 1917. Tag für Tag in Wort und Bild*, Die Chronik-Bibliothek des 20. Jahrhunderts, Band 17, hrsg. v. B. Harenberg, Dortmund: Chronik-Verlag ³1991, 65.
2. Vgl. HUYS, E., *Geschiedenis van Geluwe*, 214-215.
3. Ebd., 212-213, übersetzt von den Verfassern dieses Buches.
4. Vgl. DECUYPERE, D., *Het malheur van de keizer*, 368. HUYS, E., *Geschiedenis van Geluwe*, 211-221.
5. Vgl. DECUYPERE, D., *Het malheur van de keizer*, 369.
6. Vgl. ebd., 370. DURNEZ, J., *Over 't Roosetje en zijn bewoners ...*, Geluwe: Eigenverlag 1983, 26. FRERES DES ECOLES CHRETIENNES, Archives de la Maison Généralice, Rome, EA 133/2 dos. 5.
7. Vgl. STADTARCHIV MENEN, Evacuation du 12 octobre 1917 sur Halle: Waalvest z/n (Archivschachtel mit Flüchtlingslisten).
8. Gespräch mit Frau Augusta Overbergh-Verhaeghe (1907-2002) vom 18. Mai 2000.
9. Gespräch mit Mutter Julia vom 25. Mai 1997.
10. Vgl. DECUYPERE, D., *Het malheur van de keizer*, Abschnitt *Luupelingen*, 403-405.
11. Gespräch mit Mutter Julia, spätere Niederschrift vom 11. November 2000.
12. Vgl. *Hallensia. Bulletin van de Koninklijke Geschied- en Oudheidkundige Kring van Halle*, Nieuwe Reeks, 1 (april-juni 1979/2) 12. ANON., *La catastrophe de chemin de fer de Lembecq*, in: *L'Evénement Illustré* 5 (17 juillet 1919/195) 379. GEMEINDEARCHIV LEMBEEK, Sterberegister.
13. Vgl. DECUYPERE, D., *Geluwnaren van taal en gemoed*, 11.
14. Gespräch mit Mutter Julia vom 10. Mai 1993.
15. Gespräch mit Mutter Julia vom 23. Mai 1997.

RÜCKKEHR UND WIEDERAUFBAU

1. Vgl. REINHARDT, S., *Chronik 1918. Tag für Tag in Wort und Bild*, Die Chronik-Bibliothek des 20. Jahrhunderts, Band 18, hrsg. v. B. Harenberg, Dortmund: Chronik-Verlag ²1988, 186. FAELENS, H., *Front 14/18 - Langs de IJzer - Parcours*, Brussel: Artis-Historia 1993, 32.

2. Vgl. CLOET, M., Hrsg., *Het bisdom Brugge (1559-1984). Bisschoppen, priesters, gelovigen*, Brugge: Eigenverlag des Westvlaams Verbond van kringen voor heemkunde ²1985, 439.
3. HUYS, E., *Geschiedenis van Geluwe*, 228, übersetzt von den Verfassern dieses Buches. Vgl. ebd., 235-237.
4. DECUYPERE, D., *Dorp zonder grenzen*, 10, übersetzt von den Verfassern dieses Buches.
5. Vgl. ebd., 8. HUYS, E., *Geschiedenis van Geluwe*, 229.
6. Vgl. GEMEINDEARCHIV GELUWE, Register van Bevolking, Auszug vom 09.03.1920: Buch Nr. 6, 88.
7. Vgl. DECUYPERE, D., *Het malheur van de keizer*, 494-495.
8. Notizen von Mutter Julia aus dem Jahr 1985.
9. Vgl. DE KEYZER, D., *"Madame est servie". Leven in Dienst van adel en burgerij (1900-1995)*, Leuven: Van Halewyck ⁵1996, 360.
10. Vgl. Notarielle Erklärung von Notar Dupont, Geluwe, vom 15. September 1923, in: MINISTERIE VAN FINANCIËN, *Beheer der registratie en domeinen*, Bestuur Brugge, Grondpandbewaring Yperen. Aanwijzingregister der hypothecaire formaliteiten,1923, Nr. 75^(bis); Nr. 27. MINISTERE DES FINANCES, *Administration de l'enregistrement et des Domaines*, Direction à Bruges, Conservation à Ypres, Registre de transcription 1921, Case 48.
11. Gespräch mit Mutter Julia vom 10. Dezember 1993.
12. Vgl. HOFMANN, K., Art. *"Eucharistischer Kinderkreuzzug"*, in: Lexikon für Theologie und Kirche, Band 3, hrsg. v. J. Höfer und K. Rahner, Freiburg: Herder ²1959, 1165.
13. Vgl. BOUDENS, R., *De Kerk in Vlaanderen*. Momentopnamen, Averbode-Apeldoorn: Altoria 1994, 285-289.
14. Aufzeichnungen von Mutter Julia vom 17. Mai 1986. Brief von Mutter Julia vom 21. März 1990.
15. Aufzeichnungen von Mutter Julia vom August 1984.
16. Ebd.
17. Gespräch mit Frau Augusta Overbergh-Verhaeghe vom 22. August 2000.
18. Notizen von Mutter Julia aus dem Jahr 1985.
19. Vgl. ORROI, R., *Archief College: Leerkrachten Lagere School - School voor aangepast onderwijs – Secundaire school 1657-2001*, Poperinge: Sint-Stanislas College 2001 (archief college.poperinge@sip.be), *Alfabetische lijst leerkrachten*, 35.

20. Erinnerungen an Mutter Julia, spätere Niederschrift vom 6. Mai 2002.
21. Brief von Mutter Julia vom 1. Mai 1992.
22. Vgl. DRIESSENS, H., *Wij zijn samen onderweg...*, in: *Geluwe - Sint-Dionysius*, Weekblad, 50 (13. Januar 1972) 1.
23. Aufzeichnungen von Vater Hillewaere über die Jahre 1922-1924. Vgl. auch Auszüge von Vater Hillewaere aus einem Bericht von Mutter Julia aus dem Jahre 1935. Künftig zitiert mit: Auszüge aus einem Bericht von Mutter Julia 1935.
24. Notizen von Mutter Julia vom 24. August 1992.
25. Ebd.
26. Gespräch mit Mutter Julia, spätere Niederschrift vom 31. März 2002.
27. Notizen von Mutter Julia vom 24. August 1992.
28. Aufzeichnungen von Mutter Julia vom 17. Mai 1986.
29. Brief von Mutter Julia vom 6. Juni 1975.
30. Brief von Mutter Julia vom 30. Mai 1991.
31. Gespräche mit Mutter Julia vom 22. Februar 1996 und vom 12. Juli 1997.

BEGEGNUNG MIT DEM APOSTEL PAULUS

1. KOLBE, F., *Die liturgische Bewegung*, in: Der Christ in der Welt. Eine Enzyklopädie, Band IX/4, hrsg. v. J. Hirschmann, Aschaffenburg: Pattloch 1964, 33-34. Vgl. ISERLOH, E., *Innerkirchliche Bewegungen und ihre Spiritualität*, in: Handbuch der Kirchengeschichte, Band VII: Die Weltkirche im 20. Jahrhundert, hrsg. v. H. Jedin und K. Repgen, Freiburg-Basel-Wien: Herder 1979, 303-304.
2. Gespräche mit Mutter Julia vom 10. Dezember 1993 und vom 27. Dezember 1994.
3. Aufzeichnungen von Mutter Julia vom 20. Mai 1993.
4. Ebd.
5. Gespräch mit Mutter Julia vom 10. Dezember 1993. Aufzeichnungen von Mutter Julia vom August 1984.
6. Gespräch mit Mutter Julia vom 27. Dezember 1994.
7. Aufzeichnungen von Mutter Julia vom Dezember 1993.
8. Aufzeichnungen von Mutter Julia vom August 1984.

9. Erinnerungen an Mutter Julia, spätere Niederschrift vom 24. September 1997.
10. Vgl. Vos, L., Wynants, P., Tihon, A., *De christelijke arbeidersjeugd*, in: De christelijke arbeidersbeweging in België (Kadoc-Studies 11), hrsg. v. E. Gerard, Leuven: Universitaire Pers 1991, 413-479.
11. Brief von Mutter Julia vom 24. Februar 1987.
12. Brief von Mutter Julia vom 4. Februar 1983.

NEUE ERFAHRUNGEN IN DER WELT

1. Vgl. De Keyzer, D., *"Madame est servie"*, 353.
2. Vgl. ebd., 297-298. Alaerts, L., *Door eigen werk sterk. Geschiedenis van de kajotters en kajotsters in Vlaanderen 1924-1967*, Leuven: Kadoc – Kajottershuis 2004, 417-418, 464-466.
3. Vgl. Vos, L., Wynants, P., Tihon, A., *De christelijke arbeidersjeugd*, 415.
4. Auszüge aus einem Bericht von Mutter Julia 1935.
5. Ebd.
6. Ebd.
7. Erinnerungen an Mutter Julia, spätere Niederschrift vom 26. April 2002.
8. Gespräch mit Mutter Julia vom 30. November 1993.
9. Ebd.
10. Auszüge aus einem Bericht von Mutter Julia 1935.
11. Ebd.
12. Ebd.
13. Ebd.
14. Ebd.
15. Ebd.
16. Notizen von Mutter Julia aus dem Jahr 1985.

EINGRIFF GOTTES IM KINO

1. Auszüge aus einem Bericht von Mutter Julia 1935.
2. Briefe von Mutter Julia vom 8. Februar 1949 und vom 27. April 1979. Auszüge aus einem Bericht von Mutter Julia 1935.

3. Brief von Mutter Julia vom 8. Februar 1949.
4. Auszüge aus einem Bericht von Mutter Julia 1935.
5. Ebd.

STURZ VON DER TREPPE

1. Auszüge aus einem Bericht von Mutter Julia 1935.
2. Ebd.
3. Vgl. INTERDIOCESAAN CENTRUM, Hrsg., *Katholiek Jaarboek voor België*, Brüssel: Eigenverlag 1958, 376.
4. Auszüge aus einem Bericht von Mutter Julia 1935.
5. Ebd.
6. Erinnerungen an Mutter Julia, spätere Niederschrift vom 27. Februar 1990.
7. Auszüge aus einem Bericht von Mutter Julia 1935.
8. Vgl. DE KEYZER, D., *"Madame est servie"*, 362.
9. Auszüge aus einem Bericht von Mutter Julia 1935.
10. Ebd.
11. Aufzeichnungen von Mutter Julia vom 17. Mai 1986.
12. Brief von Mutter Julia vom 10. Juli 1948.

DAS "HEILIGE BÜNDNIS"

1. Vgl. SCHÜTT, E. C., *Chronik 1933. Tag für Tag in Wort und Bild*, Die Chronik-Bibliothek des 20. Jahrhunderts, Band 33, hrsg. v. B. Harenberg, Dortmund: Chronik-Verlag ²1993, 7.
2. POLMANN, B., *Chronik 1934. Tag für Tag in Wort und Bild*, Die Chronik-Bibliothek des 20. Jahrhunderts, hrsg. v. B. Harenberg, Dortmund: Chronik-Verlag ³1993, 7. Vgl. PALMER, A., THOMAS, H., *Die Moderne Welt im Aufbruch*, 213-218.
3. Brief von Mutter Julia vom 8. Februar 1993.
4. Brief von Mutter Julia vom 6. Juni 1975.
5. Beilage zum Brief von Mutter Julia vom 19. April 1985.
6. Aufzeichnungen von Mutter Julia vom 8. Dezember 1985.
7. Brief von Mutter Julia vom 6. Juni 1975.

8. Brief von Mutter Julia vom 19. Juni 1984.
9. Brief von Mutter Julia aus dem Jahr 1934.
10. Brief von Mutter Julia vom 25. Januar 1992.
11. Brief von Mutter Julia vom 8. Februar 1993.

WEITERE GNADEN UND PRÜFUNGEN

1. Gespräch mit Mutter Julia am 5. August 1989.
2. Brief von Mutter Julia vom 27. April 1979.
3. Notizen von Mutter Julia aus dem Jahr 1985.
4. Auszüge aus einem Bericht von Mutter Julia 1935.
5. Ebd.
6. Sterbebildchen von Frau Valentine Verhaeghe-Rosé.
7. Sterbebildchen von Herrn Henri Verhaeghe.
8. Gespräch mit Mutter Julia am 8. Februar 1996.
9. Brief von Mutter Julia vom 27. April 1979.
10. Ebd.
11. Vgl. AUBERT, R., *Das Erwachen der katholischen Lebenskraft*, in: Handbuch der Kirchengeschichte, Band VI/1: Die Kirche zwischen Revolution und Restauration, hrsg. v. H. Jedin, Freiburg-Basel-Wien: Herder 1971, 279-282. AUBERT, R., *Die erste Phase des katholischen Liberalismus*, in: Handbuch der Kirchengeschichte, Band VI/1: Die Kirche zwischen Revolution und Restauration, hrsg. v. H. Jedin, Freiburg-Basel-Wien: Herder 1971, 320-347. ALAERTS, L., *Door eigen werk sterk*, 29.
12. Vgl. VERSCHEURE, J., Art. *"Katholische Aktion"*, in: Lexikon für Theologie und Kirche, hrsg. v. J. Höfer und K. Rahner, Band 6, Freiburg: Herder ²1961, 902ff.
13. Brief von Mutter Julia vom 6. Juni 1975.

JOSEPH CARDIJN UND DIE KATHOLISCHE ARBEITERJUGEND

1. Vgl. ARNOULD, E., BOULVIN, A., BRAGARD, L., u.a., Hrsg., *Va libérer mon peuple! (Ex. 3,10). La pensée de Joseph Cardijn*, Paris-Bruxelles:

Editions Ouvrières-Vie Ouvrière 1982, 15-17. ALAERTS, L., *Door eigen werk sterk,* 81; 83ff.
2. FIEVEZ, M., MEERT, J., *Cardijn,* Bruxelles: Vie Ouvrière ³1978, 81.
3. Vgl. ebd., 74-75. ALAERTS, L., *Door eigen werk sterk,* 61-62, 65-67.
4. Vgl. ALAERTS, L., *Door eigen werk sterk,* 240ff.
5. Vgl. ebd., 157.
6. Vgl. ebd., 151ff., 157-163, 166-171, 173, 219ff.
7. Vgl. ebd., 106, 122, 151-153, 156, 159.
8. Brief von Mutter Julia vom 25. August 1934.
9. ALAERTS, L., *Door eigen werk sterk,* 159, übersetzt von den Verfassern dieses Buches.
10. Ebd., übersetzt von den Verfassern dieses Buches.
11. Brief von Mutter Julia vom 25. September 1943.
12. Vgl. ALAERTS, L., *Door eigen werk sterk,* 273ff.
13. ARCHIVES GENERALES DU ROYAUME, "Fonds-Cardijn". Zu diesem Archivbestand gibt es zwei Findbücher: FIEVEZ, M., WINDELS-ROSART, F., *Inventaris van het Fonds-Cardijn,* hrsg. v. Ministerie van onderwijs en "Ministère de l'éducation nationale", Algemeen Rijksarchief en Rijksarchief in de Provincies, Algemeen Rijksarchief, übersetzt v. C. De Cuyper u. K. Goris, Brussel: Eigenverlag des Algemeen Rijksarchief, 1986. FIEVEZ, M., BRICTEUX, A., ERICX, A, *Complément à l'inventaire Cardijn* (Archives générales du Royaume instruments de recherche à tirage limité 409), Bruxelles: Eigenverlag der Archives générales du Royaume 1996. Dossier Nr. 1825, aufgelistet in *Inventaris van het Fonds-Cardijn,* 124, übersetzt von den Verfassern dieses Buches.
14. Ebd., Dossier Nr. 1820/3, aufgelistet in *Inventaris van het Fonds-Cardijn,* 124, übersetzt von den Verfassern dieses Buches.
15. Brief von Mutter Julia vom 25. Januar 1992.

DIE GRÜNDUNG DES "WERKES"

1. VGL. SCHÜTT, E. C., *Chronik 1938. Tag für Tag in Wort und Bild. Die Chronik-Bibliothek des 20. Jahrhunderts,* Band 38, hrsg. v. B. Harenberg, Dortmund: Chronik-Verlag 1988, 7.
2. Vgl. Aufzeichnungen von Vater Hillewaere vom Beginn 1938.

3. Vgl. Auszüge aus einem Bericht von Mutter Julia vom Januar 1938.
4. Aufzeichnungen von Mutter Julia vom 18. Januar 1992.
5. Brief von Vater Hillewaere vom 19. Januar 1967.
6. Aufzeichnungen von Mutter Julia vom 6. Juni 1976.
7. Brief von Mutter Julia vom 6. Januar 1980.
8. Aufzeichnungen von Mutter Julia vom 6. Juni 1976 und vom 11. Januar 1970. Brief von Mutter Julia vom 20. Januar 1963.
9. Brief von Mutter Julia vom 6. Januar 1980.
10. Aufzeichnungen von Mutter Julia vom 18. Januar 1986.
11. Aufzeichnungen von Vater Hillewaere über das Jahr 1938.
12. Ebd.
13. Brief von Mutter Julia vom 24. Oktober 1943.
14. Aufzeichnungen von Mutter Julia vom 2. März 1994.
15. Vgl. LESCRAUWAET, J., Art. *"Gebedsweek"*, in: Liturgisch Woordenboek, hrsg. v. L. Brinkhof, G. C. Laudy, A. Verheul, Th. A. Vismans, W. De Wolf, Roermond/Maaseik: J. J. Romen & Zonen 1958-1962, 796-797.
16. Brief von Mutter Julia vom 12. Januar 1983.
17. Aufzeichnungen von Mutter Julia vom Jahr 1971.

ERSTE ENTFALTUNG DES CHARISMAS

1. Briefe von Mutter Julia vom 13. und vom 17. August 1939.
2. Gespräch mit Mutter Julia vom Januar 1938.
3. Briefe von Mutter Julia vom 26. Februar 1938 und vom 8. April 1938.
4. Brief von Mutter Julia vom 26. Februar 1938.
5. Brief von Mutter Julia vom 9. Mai 1938.
6. Aufzeichnungen von Mutter Julia vom 20. Mai 1945.
7. Aufzeichnungen von Mutter Julia vom 8. Dezember 1985.
8. Brief von Mutter Julia vom 13. Januar 1940.
9. Vgl. ALAERTS, L., *Door eigen werk sterk,* 182-183.
10. VAN ROEY, M., *Cardijn,* Brussel: Reinaert 1972, 53, übersetzt von den Verfassern dieses Buches.
11. Aufzeichnungen von Vater Hillewaere 1940.
12. Ebd.
13. Brief von Mutter Julia vom 9. Juli 1938.
14. Brief von Mutter Julia vom 30. August 1943.

15. Brief von Mutter Julia vom 19. März 1990.
16. Brief von Mutter Julia vom 10. Juli 1948.
17. Gespräch mit Mutter Julia im Dezember 1994.
18. BOUDENS, R., *Henri Lamiroy (1931-1952)*, in: *Het bisdom Brugge,* hrsg. v. M. Cloet, Brugge: Eigenverlag des Westvlaams Verbond van kringen voor heemkunde ²1985, 396, übersetzt von den Verfassern dieses Buches.
19. Ebd., 395, übersetzt von den Verfassern dieses Buches.
20. Gespräch mit Mutter Julia vom 11. Juni 1939.
21. DRIESSENS, H., *Wij zijn samen onderweg...*, in: *Geluwe - Sint-Dionysius*, Weekblad, 50 (13. Januar 1972) 1, übersetzt von den Verfassern dieses Buches.
22. Gespräch mit Mutter Julia vom 30. April 1941.
23. Brief von Mutter Julia vom 18. April 1939.

BEGINN DES ZWEITEN WELTKRIEGES

1. Vgl. SCHINDLER, B., *Chronik 1940. Tag für Tag in Wort und Bild*, Die Chronik-Bibliothek des 20. Jahrhunderts, Band 40, hrsg. v. B. Harenberg, Dortmund: Chronik-Verlag ²1990, 7.
2. Vgl. LEGRAND, J., *Chronique du 20ᵉ siècle*, Paris: Chronique ²1987, 547.
3. Vgl. SCHINDLER, B., *Chronik 1940*, 84.
4. Vgl. DECUYPERE, D., *Dorp zonder grenzen,* 66.
5. Notizen von Mutter Julia vom 24. August 1992.
6. Vgl. PFARRARCHIV KOMEN-TEN-BRIELEN, *"Anno 1940"*, ohne Seitenzahl.
7. ARCHIVES GENERALES DU ROYAUME, "Fonds-Cardijn", Dossier Nr. 1964/1, aufgelistet in *Inventaris van het Fonds-Cardijn*, 135, übersetzt von den Verfassern dieses Buches.
8. Vgl. VAN ROEY, M., *Cardijn*, 133. ARCHIVES GENERALES DU ROYAUME, "Fonds-Cardijn", Dossier Nr. 486, aufgelistet in *Inventaris van het Fonds-Cardijn*, 36.
9. Vgl. ALAERTS, L., *Door eigen werk sterk,* 287-293.
10. Vgl. DECUYPERE, D., *Dorp zonder grenzen,* 142ff., 211.
11. Vgl. HUYS, E., *Geschiedenis van Geluwe*, 419. ALAERTS, L., *Door eigen werk sterk,* 273ff.
12. Vgl. PFARRARCHIV KOMEN-TEN-BRIELEN, *"Anno 1940"*, ohne Seitenzahl.

13. Notizen von Mutter Julia vom Januar 1974.
14. Vgl. DECUYPERE, D., *Dorp zonder grenzen,* 66.
15. Notizen von Mutter Julia vom 24. August 1992.
16. Vgl. ALAERTS, L., *Door eigen werk sterk,* 295.
17. Vgl. ebd., 287ff.
18. Vgl. HÜNERMANN, C., *Chronik 1941. Tag für Tag in Wort und Bild,* Die Chronik-Bibliothek des 20. Jahrhunderts, Band 41, hrsg. v. B. Harenberg, Gütersloh-München: Chronik im Bertelsmann Lexikon Verlag 2001, 20.
19. Brief von Mutter Julia vom 29. August 1940.
20. Brief von Mutter Julia vom August 1940.
21. Ebd. Notizen von Mutter Julia vom 24. August 1992.

VERLASSEN DES ELTERNHAUSES

1. Brief von Mutter Julia vom 21. November 1939.
2. Gespräch mit Mutter Julia, spätere Niederschrift vom 5. August 1989.
3. Gespräch mit Mutter Julia vom 1. Februar 1997.
4. Ebd.
5. Notizen von Mutter Julia vom 24. August 1992.
6. Ebd. Brief von Mutter Julia vom 16. Juli 1981.
7. Notizen von Mutter Julia aus dem Jahr 1974.
8. Rundbrief von Mutter Julia vom August 1976.
9. Gespräch mit Mutter Julia vom 5. August 1989.
10. Brief von Mutter Julia vom 21. November 1941.
11. Brief von Mutter Julia vom 11. Juli 1978.

BEI DEN DIENSTMÄDCHEN

1. Brief von Mutter Julia vom 5. August 1942.
2. Vgl. ALAERTS, L., *Door eigen werk sterk,* 321-324.
3. Notizen von Mutter Julia vom 13. April 1991.
4. Vgl. UNBESCHUHTE KARMELITER, Archiv der Ordensprovinz, Karmel, Gent.
5. Brief von Mutter Julia vom 9. August 1942.

6. Rundbrief von Mutter Julia an die Dienstmädchen vom 8. Juli 1942.
7. Rundbrief von Mutter Julia an die Dienstmädchen vom 10. Juni 1942.
8. CARDIJN, J., *Jeunes travailleurs face aux temps nouveaux,* Bruxelles: Editions Jocistes 1942, 18-19, übersetzt von den Verfassern dieses Buches.
9. Vgl. FIEVEZ, M., MEERT, J., *Cardijn,* 144. ALAERTS, L., *Door eigen werk sterk,* 312.
10. Rundbrief von Mutter Julia an die Dienstmädchen vom 1. Juli 1942.
11. Rundbrief von Mutter Julia an die Dienstmädchen vom 25. Mai 1942.
12. Rundbrief von Mutter Julia an die Dienstmädchen vom 5. August 1942.
13. Brief von Mutter Julia vom 9. August 1942.
14. Zitiert in einem Brief an die Dienstmädchen, auch an Mutter Julia, aus dem Jahr 1942.
15. Brief von Mutter Julia vom 30. Juli 1942.
16. Brief von Mutter Julia vom 27. September 1942.
17. Brief von Mutter Julia vom 4. Oktober 1942.
18. Brief von Mutter Julia vom 17. Oktober 1942.
19. Brief von Mutter Julia vom 20. Juli 1942.
20. Brief von Mutter Julia vom 30. Oktober 1942.
21. Brief an Mutter Julia vom 8. November 1942.
22. Brief an Mutter Julia vom August 1942.
23. Brief von Mutter Julia vom 25. November 1948.
24. Zitiert im Brief von Mutter Julia vom 27. September 1942.

SORGE UM DIE EINHEIT

1. *Heilslehre der Kirche.* Dokumente von Pius IX. bis Pius XII., deutsche Ausgabe des französischen Originals von P. Catin und H. T. Conus, besorgt von A. Rohrbasser, Freiburg/Schweiz: Paulusverlag 1953, Nr. 753.
2. Ebd., Nr. 830.
3. Vgl. PIUS XII., Über den Mystischen Leib Jesu Christi, in: *Heilslehre der Kirche.* Dokumente von Pius IX. bis Pius XII., Nr. 834-835.
4. Vgl. DRIESSENS, H., *Wij zijn samen onderweg...,* in: *Geluwe - Sint-Dionysius,* Weekblad, 50 (13. Januar 1972) 1.
5. Brief von Mutter Julia vom 20. September 1943.

6. Brief von Mutter Julia vom 28. September 1943.
7. Aufzeichnungen von Vater Hillewaere vom 1. Dezember 1942.
8. Zitiert im Brief von Mutter Julia vom 5. Juni 1944.
9. Aufzeichnungen von Vater Hillewaere vom 3. Januar 1944.
10. Bericht im Brief von Mutter Julia vom 16. Januar 1944.
11. Aufzeichnungen von Vater Hillewaere vom 3. Januar 1944.
12. Gespräch mit Mutter Julia vom 15. März 1980.
13. Brief von Mutter Julia vom 6. Mai 1944. Gespräch mit Mutter Julia vom 21. Februar 1994.
14. Brief von Mutter Julia vom 28. September 1943.
15. Ebd.
16. Brief von Mutter Julia vom 10. Dezember 1941. Gespräch mit Mutter Julia vom April 1993.
17. Briefe von Mutter Julia vom 5. August 1942 und vom 20. September 1943.
18. Brief von Mutter Julia vom 10. Juli 1944.
19. Notizen von Mutter Julia vom 24. August 1992.

DIE ERSTEN BERUFENEN

1. Vgl. DECUYPERE, D., *Dorp zonder grenzen*, 378-379.
2. Zitiert im Brief von Mutter Julia vom 17. September 1943.
3. Brief von Mutter Julia vom 29. Oktober 1944.
4. Brief von Mutter Julia vom 2. Oktober 1943.
5. Brief von Mutter Julia vom 20. Juli 1943.
6. Vgl. ALAERTS, L., *Door eigen werk sterk,* 319ff.
7. Zitiert im Brief von Mutter Julia vom 30. August 1943.
8. Briefe von Mutter Julia vom 2. Oktober und vom 5. Dezember 1943.
9. Brief von Mutter Julia vom 26. Februar 1944.
10. Brief von Mutter Julia vom 12. Februar 1944.
11. Brief von Mutter Julia vom 18. Mai 1945.
12. Notizen von Mutter Julia aus dem Jahr 1945.
13. Brief von Mutter Julia vom 11. August 1945.
14. Rundbrief im Geist von Mutter Julia vom 9. Januar 1946.
15. Vgl. ESTEBAN, C., MUHLSTEIN, A., Hrsg., *Grootboek van de Tweede Wereldoorlog*, erster Teil: *Van München tot Pearl Harbor*, Amsterdam-

Brussel: The Reader's Digest 1966, Einleitung zum ersten Teil [9-11]. Hartmann, J., *Das Geschichtsbuch. Von den Anfängen bis zur Gegenwart* (Fischer Taschenbücher 6314), Frankfurt: Fischer-Bücherei 1966, 230, 232-234.

16. Vgl. Flemming, T., Steinhage, A., Strunk, P., *Chronik 1945. Tag für Tag in Wort und Bild*, Die Chronik-Bibliothek des 20. Jahrhunderts, Band 45, hrsg. v. B. Harenberg, Dortmund: Chronik-Verlag ³1994, 92.
17. Pius XII., *Ansprache an das Kardinalskollegium* vom 24. Dezember 1945, in: *Aufbau und Entfaltung des gesellschaftlichen Lebens.* Soziale Summe Pius XII., 2. Band, hrsg. v. A.-F. Utz und J.-F. Groner, Freiburg/Schweiz: Paulusverlag 1954, Nr. 4056.
18. Rundbrief im Geist von Mutter Julia vom 1. Dezember 1945.

SEHNSUCHT NACH EINEM GEMEINSCHAFTLICHEN LEBEN

1. Brief von Mutter Julia vom 19. Januar 1945.
2. Ebd.
3. Brief von Mutter Julia aus dem Jahr 1945.
4. Brief an Mutter Julia vom 22. Mai 1946.
5. Erinnerungen an Mutter Julia, spätere Niederschrift vom Jahr 1978.
6. Rundbrief im Geist von Mutter Julia vom 14. Januar 1946.
7. Brief von Mutter Julia vom 4. Dezember 1946.
8. Ebd.
9. Brief von Mutter Julia vom 6. Juni 1975.
10. Notizen von Mutter Julia vom 24. August 1992.
11. Ebd.

DAS ERSTE GEMEINSAME ZUHAUSE

1. Brief von Mutter Julia vom 17. Dezember 1946.
2. Brief von Mutter Julia vom 14. Januar 1947.
3. Brief von Mutter Julia vom 20. April 1947.
4. Erinnerungen an Mutter Julia, spätere Niederschrift vom 24. Oktober 2000.

5. Erinnerungen an Mutter Julia, spätere Niederschrift aus dem Jahr 1978.
6. Ebd.
7. Brief von Mutter Julia vom 12. Oktober 1947.
8. Brief von Mutter Julia vom 5. Dezember 1947.
9. Brief von Mutter Julia vom 1. Oktober 1947.
10. Brief von Mutter Julia vom 12. Oktober 1947.
11. Erinnerungen an Mutter Julia, spätere Niederschrift vom 24. Oktober 2000.
12. Brief von Mutter Julia vom 28. Februar 1947.
13. Brief von Mutter Julia vom 12. Mai 1947.
14. Brief von Mutter Julia vom 17. Januar 1947.
15. Brief von Mutter Julia vom 12. November 1947.
16. Vgl. ALAERTS, L., *Door eigen werk sterk,* 179, 202.
17. Brief von Mutter Julia vom 6. November 1947.
18. Brief von Mutter Julia vom 9. Juli 1947.
19. Aufzeichnungen von Mutter Julia vom 18. Januar 1970.
20. Brief von Mutter Julia vom 4. Dezember 1946.

LEBEN UND FORMUNG IN DER GROSSSTADT

1. Erinnerungen an Mutter Julia, spätere Niederschrift vom 8. November 2000.
2. Erinnerungen an Mutter Julia, spätere Niederschrift aus dem Jahr 1978.
3. Brief von Mutter Julia vom 5. Juni 1948.
4. Brief von Mutter Julia vom 7. Juli 1948.
5. Brief von Mutter Julia vom 5. Juni 1948.
6. Ebd.
7. Brief von Mutter Julia vom 7. Oktober 1948.
8. Brief von Mutter Julia vom 9. Februar 1947.
9. Brief von Mutter Julia vom 17. März 1948.
10. Brief von Mutter Julia vom 29. Januar 1948.
11. Brief von Mutter Julia vom 17. März 1948.
12. Brief von Mutter Julia vom 18. Oktober 1948.
13. Brief von Mutter Julia vom 9. Mai 1948.
14. Brief von Mutter Julia vom 22. April 1948.

15. Brief von Mutter Julia vom 8. Februar 1948.
16. Brief von Mutter Julia vom 20. Juli 1948.
17. Brief von Mutter Julia vom 1. Dezember 1948.
18. Gespräch mit Mutter Julia vom Februar 1994.
19. Brief von Mutter Julia vom 17. März 1948.
20. Brief von Mutter Julia vom 10. März 1948.
21. Brief von Mutter Julia vom 16. Juni 1948.

IM DIENST AN FAMILIEN

1. Vgl. ALAERTS, L., *Door eigen werk sterk,* 204.
2. Vgl. ebd., 396-397. OSAER, A., *De christelijke arbeidersvrouwenbeweging,* in: De christelijke arbeidersbeweging in België (Kadoc-Studies 11), hrsg. v. E. Gerard, Leuven: Universitaire Pers 1991, 372-374, 382-383.
3. Brief von Mutter Julia vom 27. Oktober 1948.
4. Brief von Mutter Julia vom 2. August 1948.
5. Brief von Mutter Julia vom 21. Februar 1949.
6. Brief von Mutter Julia vom 23. Mai 1950.
7. Brief von Mutter Julia vom 8. Februar 1949.
8. Ebd.
9. Ebd.
10. Briefe von Mutter Julia vom 26. Oktober 1944 und vom 3. Februar 1949.
11. Brief von Mutter Julia vom 7. Oktober 1948.
12. Vgl. *Belgisch Staatsblad/Moniteur belge* 19. März 1949, Akt Nr. 706.
13. Brief von Mutter Julia vom 21. Februar 1949.
14. Brief von Mutter Julia vom 24. August 1949.
15. Brief von Mutter Julia vom 25. Juli 1949.
16. Brief von Mutter Julia vom 4. August 1949.
17. Brief von Mutter Julia vom 23. Juni 1949.
18. Brief von Mutter Julia vom 2. April 1948.
19. Brief von Mutter Julia vom 19. August 1949.
20. Vgl. ALAERTS, L., *Door eigen werk sterk,* 397.
21. Brief von Mutter Julia vom 30. November 1949.
22. Gespräch mit Mutter Julia vom 21. Februar 1994.

23. Brief von Mutter Julia vom 31. Januar 1950.
24. ALAERTS, L., *Door eigen werk sterk,* 526, übersetzt von den Verfassern dieses Buches.
25. Ebd., 525, übersetzt von den Verfassern dieses Buches.
26. Brief von Mutter Julia vom 19. März 1990.

EIN NEUES TOR TUT SICH AUF

1. Brief von Mutter Julia vom 7. September 1949.
2. Brief von Mutter Julia vom 6. Januar 1950.
3. Brief von Mutter Julia vom 17. Januar 1950.
4. Brief von Mutter Julia vom 22. Januar 1950.
5. Brief von Mutter Julia vom 2. Januar 1950.
6. Ebd.
7. Brief von Mutter Julia vom 22. Februar 1950.
8. Briefe von Mutter Julia vom 23. Juni 1949 und vom 14. März 1950.
9. Brief von Mutter Julia vom 17. März 1950.
10. Brief von Mutter Julia vom 12. Mai 1950.
11. Erinnerungen an Mutter Julia, spätere Niederschrift vom Jahr 1978.
12. Brief von Mutter Julia vom 15. April 1950.
13. Gespräch mit Mutter Julia vom Jahr 1954.
14. Ebd.
15. Brief von Mutter Julia vom 4. August 1950.
16. Brief von Mutter Julia vom 21. April 1965.
17. Brief von Mutter Julia vom 8. September 1950.
18. Brief von Mutter Julia vom 21. Oktober 1950.
19. Vgl. VAN ROEY, M., *Cardijn,* 162.
20. Brief von Mutter Julia vom 8. September 1950.
21. Brief von Mutter Julia vom 4. Oktober 1950.
22. Brief von Mutter Julia vom 10. Juli 1949.
23. Brief von Mutter Julia vom 10. Juli 1948.
24. Brief von Mutter Julia vom 20. Juni 1950.
25. ALAERTS, L., *Door eigen werk sterk,* 406, übersetzt von den Verfassern dieses Buches.
26. Vgl. ebd., 405-407.

27. Ebd., 408, übersetzt von den Verfassern dieses Buches.
28. Vgl. ebd., 406-408.
29. PIUS XII., *Radiobotschaft an die "Christliche Arbeiterjugend" (JOC) Belgiens* vom 3. September 1950, in: *Aufbau und Entfaltung des gesellschaftlichen Lebens.* Soziale Summe Pius XII., 2. Band, Nr. 2961. Vgl. ALAERTS, L., *Door eigen werk sterk,* 408.
30. FIEVEZ, M., MEERT, J., *Cardijn,* 174, übersetzt von den Verfassern dieses Buches.
31. Vgl. ebd.
32. Vgl. ebd., 173.
33. Brief von Mutter Julia vom 10. Oktober 1949.

EINZUG DES EUCHARISTISCHEN HERRN

1. Erinnerungen an Mutter Julia, spätere Niederschrift vom 22. April 2003.
2. Brief vom 27. September 1950 von Msgr. J. Hachez, bischöflicher Sekretär, Diözese Tournai (Belgien), übersetzt von den Verfassern dieses Buches.
3. Brief von Mutter Julia vom 3. Februar 1949.
4. Brief von Mutter Julia vom 12. Juni 1960.
5. Rundbrief von Mutter Julia vom Oktober 1950.
6. Brief von Mutter Julia vom 23. Oktober 1950.
7. Brief von Vater Hillewaere an Mutter Julia vom Oktober 1950.
8. Brief von Mutter Julia vom Dezember 1950.
9. Brief von Mutter Julia vom August 1970.
10. Aufzeichnungen von Mutter Julia vom 18. Oktober 1982.
11. Rundbrief von Mutter Julia vom 19. März 1991.
12. Gespräch mit Mutter Julia vom 25. August 1994.

ÜBERBLICK ÜBER DIE WEITERE ENTWICKLUNG

1. Brief von Mutter Julia vom 30. Oktober 1977.
2. Brief von Mutter Julia vom 1. Mai 1992.
3. Gespräch mit Mutter Julia vom 23. August 1994.

HOMILIE VON BISCHOF PHILIP BOYCE OCD IN ROM AM 11. NOVEMBER 2001

1. Erinnerungen an Mutter Julia, spätere Niederschrift vom 11. November 2001.
2. Brief von Mutter Julia vom 28. November 1985.
3. JOHANNES PAUL II., Apostolisches Schreiben *Novo millennio ineunte*, Vatikanstadt: Libreria editrice vaticana 2001, Nr. 58.
4. Brief von Mutter Julia vom 18. April 1939.
5. Brief von Mutter Julia vom 11. November 1989.
6. JOHANNES PAUL II., Apostolisches Schreiben *Novo millennio ineunte*, Nr. 16, 19, 20.
7. Erinnerungen an Mutter Julia, spätere Niederschrift vom 11. November 2001.
8. Gespräch mit Mutter Julia vom Jahr 1973.

BEGEGNUNG MIT MUTTER JULIA ABSCHNITTE AUS EINEM ZEUGNIS VON LEO KARDINAL SCHEFFCZYK

1. Aus: SCHEFFCZYK, L., *Die geistige Gestalt Mutter Julias. Begegnungen*, Bregenz: Eigenverlag der geistlichen Familie "Das Werk" 1999.
2. Aufzeichnungen von Mutter Julia vom 18. Januar 1986.
3. Brief von Mutter Julia vom 18. Januar 1985.
4. Brief von Mutter Julia vom 30. Juli 1985.
5. Brief von Mutter Julia vom 9. August 1980.
6. Gespräch mit Mutter Julia vom 14. November 1984.

Bibliographie

1. Veröffentlichte Quellen

ALAERTS, L., *Door eigen werk sterk.* Geschiedenis van de kajotters en kajotsters in Vlaanderen 1924-1967, Leuven: Kadoc - Kajottershuis 2004.

ANON., *La catastrophe de chemin de fer de Lembecq,* in: *L'Evénement Illustré* 5 (17 juillet 1919/195) 379.

ANON., *La journée du centenaire,* in: *La Feuille.* Bulletin d'informations des papeteries Dalle et Lecomte Bousbecque, Numéro spécial du Centenaire (Octobre 1979/3).

ARNOULD, E., BOULVIN, A., BRAGARD, L., u.a., Hrsg., *Va libérer mon peuple! (Ex. 3,10).* La pensée de Joseph Cardijn, Paris-Bruxelles: Editions Ouvrières-Vie Ouvrière 1982.

AUBERT, R., *Das Erwachen der katholischen Lebenskraft,* in: Handbuch der Kirchengeschichte, Band VI/1: Die Kirche zwischen Revolution und Restauration, hrsg. v. H. Jedin, Freiburg-Basel-Wien: Herder 1971, 247-259, 272-310.

AUBERT, R., *Der Ausbruch des 1. Weltkriegs,* in: Handbuch der Kirchengeschichte, Band VI/2: Die Kirche zwischen Anpassung und Widerstand, 1878 bis 1914, hrsg. v. H. Jedin, Freiburg-Basel-Wien: Herder 1973, 538-545.

AUBERT, R., *Die erste Phase des katholischen Liberalismus,* in: Handbuch der Kirchengeschichte, Band VI/1: Die Kirche zwischen Revolution und Restauration, hrsg. v. H. Jedin, Freiburg-Basel-Wien: Herder 1971, 320-414.

Belgisch Staatsblad/Moniteur belge, 19. März 1949, Akt Nr. 706.

Berat, D., Houwen, G., *Derde Eeuwfeest van het Sint-Stanislascollege te Poperinge. Historisch overzicht 1657-1957,* Poperinge: Eigenverlag 1957.

Berquin, K., *De dringende noodzakelijkheid van E.K.,* Averbode: Goede Pers-Altoria 1948.

Boudens, R., *De Kerk in Vlaanderen.* Momentopnamen, Averbode-Apeldoorn: Altoria 1994.

Boudens, R., *Henri Lamiroy (1931-1952),* in: *Het bisdom Brugge (1559-1984). Bisschoppen, priesters, gelovigen,* hrsg. v. M. Cloet, Brugge: Eigenverlag des Westvlaams Verbond van kringen voor heemkunde ²1985, 389-400.

Cardijn, J., *Jeunes travailleurs face aux temps nouveaux,* Bruxelles: Editions Jocistes 1942.

Cardijn, J., *Le problème de la jeunesse,* Bruxelles 1943.

Cardijn, J., *Leken in de voorste linie. Laïcs en première ligne,* Brussel: D.A.P. Sociale uitgaven 1964.

Cardijn, J., *Op zijn tijd vooruit: historische en profetische gedachten: 200 artikels verschenen in la Cité 1950-1963,* Merchtem 1980.

Cassart, J., *Les Madones anciennes du diocèse de Tournai,* in: Revue Diocésaine de Tournai (novembre 1954), ohne Seitenzahlen.

Cloet, M., Hrsg., *Het bisdom Brugge (1559-1984). Bisschoppen, priesters, gelovigen,* Brugge: Eigenverlag des Westvlaams Verbond van kringen voor heemkunde ²1985.

De Brouwer, W., Hrsg., *Geschiedenis van de kleine Man,* Brussel: BRT - Open School 1979 (dit boek maakt deel uit van een multimediaal project dat bestaat uit dit boek, 14 televisieprogramma's en 7 radioprogramma's).

De Keyzer, D., *"Madame est servie". Leven in dienst van adel en burgerij (1900-1995),* Leuven: Van Halewyck ⁵1996.

Debuf, A., Decuypere, D., Driessens, H., Durnez, J., Ghekiere, M., Lambrecht, M., *Geluwe, zo was het...,* Geluwe: Eigenverlag der Plaatselijke Openbare Bibliotheek ²1985.

Decuypere, D., *Dorp zonder grenzen. 1940-1945 - epicentrum Geluwe,* Geluwe: Eigenverlag 1985.

Decuypere, D., *Geluwnaren van taal en gemoed. Aspecten van een eeuw Vlaams denken op of vanuit Geluwe.* 50 jaar Davidsfonds op Geluwe (1931-1981), Geluwe: Davidsfonds 1981.

DECUYPERE, D., *Het malheur van de keizer. Geluwe 1914-1918*, Geluwe: Eigenverlag 1998.

DEJONGHE, R., DE MOFFARTS, A., PETIT, C., VANDENPLAS, D., VANNEROM, E., WRIGHT, R., *De Familie Claes. Van landbouwers tot industriëlen en grootgrondbezitters - Lembeek van de 17de tot de 19de eeuw*, Halle: Eigenverlag des Koninklijke Geschied- en Oudheidkundige Kring 1987.

DESODT, S., *Geen rijker kroon dan eigen schoon. Onze Lieve Vrouw van Dadizele*, Dadizele: Eigenverlag, ohne Jahr.

DONDEYNE, A., *Het wereldcongres op het Heizelstadion*, in: *Universitas* 2 (oktober 1935).

DONDEYNE, A., *Geloven wij nog in de KAJ?*, in: *Op de voorposten! Verslag van de nationale studieweek voor eerw. Heren proosten van KAJ en VKAJ, te Mechelen 1947,* Mechelen 1948, 7-24.

DRIESSENS, H., *Wij zijn samen onderweg...*, in: *Geluwe - Sint-Dionysius*, Weekblad, 50 (13. Januar 1972) 1.

DUBOIS, K., ENGELEN, L., *Katholieke Actie voor de Jeugd in Vlaanderen*, Antwerpen: JVKA-Uitgaven 1928.

DUMONT, W., *Fenomenologie van de massamanifestaties in België in de jaren dertig,* in: *Belgisch Tijdschrift voor Nieuwste Geschiedenis*, 29 (1999) 12, 145-266.

DURNEZ, J., *Over 't Roosetje en zijn bewoners ...*, Geluwe: Eigenverlag 1983.

ESTEBAN, C., MUHLSTEIN, A., Hrsg., *Grootboek van de Tweede Wereldoorlog*, erster Teil: *Van München tot Pearl Harbor*, Amsterdam-Brussel: The Reader's Digest 1966.

FAELENS, H., *Front 14/18 langs de IJzer-Parcours*, Brussel: Artis-Historia 1993.

FIEVEZ, M., MEERT, J., *Cardijn*, avec la collaboration de R. Aubert, Bruxelles: Vie Ouvrière ³1978.

FISCHER, N., *Chronik 1914. Tag für Tag in Wort und Bild*, Die Chronik-Bibliothek des 20. Jahrhunderts, Band 14, hrsg. v. B. Harenberg, Dortmund: Chronik-Verlag ²1989.

FLEMMING, T., STEINHAGE, A., STRUNK, P., *Chronik 1945. Tag für Tag in Wort und Bild,* Die Chronik-Bibliothek des 20. Jahrhunderts, Band 45, hrsg. v. B. Harenberg, Dortmund: Chronik-Verlag ³1994.

GERARD, E., Hrsg., *De christelijke arbeidersbeweging in België*, Deel 2 (Kadoc-Studies 11), Leuven: Universitaire Pers 1991.

GILLET, R.J., uitg., *Historie van het Zoute-kerkje 1925-1975*, Knokke-Heist: Paters Dominikanen 1974.

Hallensia. Bulletin van de Koninklijke Geschied- en Oudheidkundige Kring van Halle, Nieuwe Reeks, 1 (april-juni 1979/2).

HARTMANN, J., *Das Geschichtsbuch. Von den Anfängen bis zur Gegenwart* (Fischer Taschenbücher 6314), Frankfurt: Fischer-Bücherei 1966.

HOFER, W., *Die Entfesselung des Zweiten Weltkrieges. Eine Studie über die internationalen Beziehungen im Sommer 1939 mit Dokumenten*, Frankfurt: Fischer-Bücherei 1960.

HOFMANN, K., Art. *"Eucharistischer Kinderkreuzzug"*, in: Lexikon für Theologie und Kirche, Band 3, hrsg. v. J. Höfer und K. Rahner, Freiburg: Herder ²1959, 1165.

HÜNERMANN, C., *Chronik 1941. Tag für Tag in Wort und Bild*, Die Chronik-Bibliothek des 20. Jahrhunderts, Band 41, hrsg. v. B. Harenberg, Gütersloh-München: Chronik im Bertelsmann Lexikon Verlag 2001.

HUYS, E., *Geschiedenis van Geluwe*, met aanvullingen door D. Decuypere, Geluwe: Eigenverlag Luc Demeester ³1977.

INTERDIOCESAAN CENTRUM, Hrsg., *Katholiek Jaarboek voor België*, Brüssel: Eigenverlag 1958.

ISERLOH, E., *Innerkirchliche Bewegungen und ihre Spiritualität*, in: Handbuch der Kirchengeschichte, Band VII: Die Weltkirche im 20. Jahrhundert, hrsg. v. H. Jedin und K. Repgen, Freiburg-Basel-Wien: Herder 1979, 301-337.

JEDIN, H., REPGEN, K., Hrsg., *Die Weltkirche im 20. Jahrhundert*, Handbuch der Kirchengeschichte, Band VII, Freiburg-Basel-Wien: Herder 1979.

JOHANNES PAUL II., Apostolisches Schreiben *Novo millennio ineunte*, Vatikanstadt: Libreria editrice vaticana 2001.

KERKHOFS, J., VAN HOUTTE, J., Hrsg., *De Kerk in Vlaanderen. Pastoraal-sociologische studie van het leven en de structuur der Kerk*, Tielt-Den Haag: Lanoo 1962.

KOLBE, F., *Die liturgische Bewegung*, in: Der Christ in der Welt. Eine Enzyklopädie, Band IX/4, hrsg. v. J. Hirschmann, Aschaffenburg: Pattloch 1964.

LEGRAND, J., *Chronique du 20ᵉ siècle*, Paris: Chronique ²1987.

Lescrauwaet, J., Art. "*Gebedsweek*", in: Liturgisch Woordenboek, hrsg. v. L. Brinkhof, G. C. Laudy, A. Verheul, Th. A. Vismans, W. De Wolf, Roermond/Maaseik: J. J. Romen & Zonen 1958-1962.

Liebaert, K., *De Dominicanenkerk in het Zoute*, Brugge: Van De Wiele 2003.

Logie, J., *Geluwe en zijn kerk*, in: *De gidsenkring*, Westland-nummer 30 (februari 1992).

Orroi, R., *Archief College: Leerkrachten Lagere School - School voor aangepast onderwijs - Secundaire school 1657-2001*, Poperinge: Sint-Stanislas College 2001 (archief.college.poperinge@sip.be).

Osaer, A., *De christelijke arbeidersvrouwenbeweging*, in: De christelijke arbeidersbeweging in België (Kadoc-Studies 11), hrsg. v. E. Gerard, Leuven: Universitaire Pers 1991, 317-411.

Palmer, A., Thomas, H., *Die Moderne Welt im Aufbruch*, Meilensteine der Geschichte, Band III, übersetzt von S. Erbe, S. De Gasperi, S. Hammer, u.a., Frankfurt-Berlin: Ullstein 1972.

Pio XII, *Discorsi e Radiomessaggi*, vol. XII, Città del Vaticano: Tipografia Poliglotta Vaticana 1955.

Pius XII., *Radiobotschaft an die "Christliche Arbeiterjugend" (JOC) Belgiens* vom 3. September 1950, in: *Aufbau und Entfaltung des gesellschaftlichen Lebens. Soziale Summe Pius XII.*, 2. Band, hrsg. v. A.-F. Utz und J.-F. Groner, Freiburg/Schweiz: Paulusverlag 1954, Nr. 2956-2964.

Pius XII., *Über den Mystischen Leib Jesu Christi. Mystici Corporis Christi*, in: *Heilslehre der Kirche*. Dokumente von Pius IX. bis Pius XII., deutsche Ausgabe des französischen Originals von P. Catin und H. T. Conus, besorgt von A. Rohrbasser, Freiburg/Schweiz: Paulusverlag 1953, Nr. 752-846.

Polmann, B., *Chronik 1934. Tag für Tag in Wort und Bild*, Die Chronik-Bibliothek des 20. Jahrhunderts, Band 34, hrsg. v. B. Harenberg, Dortmund: Chronik-Verlag ³1993.

Reinhardt, S., *Chronik 1917. Tag für Tag in Wort und Bild*, Die Chronik-Bibliothek des 20. Jahrhunderts, Band 17, hrsg. v. B. Harenberg, Dortmund: Chronik-Verlag ³1991.

Reinhardt, S., *Chronik 1918. Tag für Tag in Wort und Bild*, Die Chronik-Bibliothek des 20. Jahrhunderts, Band 18, hrsg. v. B. Harenberg, Dortmund: Chronik-Verlag ²1988.

SCHAEPDRIJVER, S. de, *De Groote Oorlog. Het koninkrijk België tijdens de Eerste Wereldoorlog*, ohne Ort: Olympus-Contact ⁵1999.

SCHEUCHER, A., WALD, A., LEIN, H., STAUDINGER, E., *Vom Beginn des Industriezeitalters bis zum Zweiten Weltkrieg*, Zeitbilder, Geschichte und Sozialkunde, Band 7: Wien: öbv & hpt ²1999.

SCHINDLER, B., *Chronik 1940. Tag für Tag in Wort und Bild*, Die Chronik-Bibliothek des 20. Jahrhunderts, Band 40, hrsg. v. B. Harenberg, Dortmund: Chronik-Verlag ²1990.

SCHÜTT, E. C., *Chronik 1933. Tag für Tag in Wort und Bild*, Die Chronik-Bibliothek des 20. Jahrhunderts, Band 33, hrsg. v. B. Harenberg, Dortmund: Chronik-Verlag ²1993.

SCHÜTT, E. C., *Chronik 1938. Tag für Tag in Wort und Bild*, Die Chronik-Bibliothek des 20. Jahrhunderts, Band 38, hrsg. v. B. Harenberg, Dortmund: Chronik-Verlag 1988.

TAGHON, P., *Mei 40. De achttiendaagse veldtocht in België*, Tielt: Lannoo 1989.

VAN ISACKER, K., *De enge ruimte 1914-1980*, Mijn land in de kering, 1830-1980, Deel 2, Antwerpen-Amsterdam: De Nederlandsche Boekhandel 1983.

VAN ROEY, M., *Cardijn*, Brussel: Reinaert 1972.

VANDENBULCKE, M., *Arthur Hillewaere: een merkwaardig priester*, in: Negentiende Jaarboek van de Heemkundige Kring Karel Van de Poele te Lichtervelde, 19 (2003) 195-199.

VERSCHEURE, J., Art. *"Katholische Aktion"*, in: Lexikon für Theologie und Kirche, hrsg. v. J. Höfer und K. Rahner, Band 6, Freiburg: Herder ²1961, 902ff.

VOS, *Les paroisses et les Curés du diocèse actuel de Tournai*, Tome VII, Bruges: Desclée de Brouwer et Cie 1903.

VOS, L., WYNANTS, P., TIHON, A., *De christelijke arbeidersjeugd*, in: De christelijke arbeidersbeweging in België (Kadoc-Studies 11), hrsg. v. E. Gerard, Leuven: Universitaire Pers 1991, 413-479.

VOS, L. de, *De Eerste Wereldoorlog*, Leuven: Davidsfonds ⁵2003.

2. Unveröffentlichte Quellen

Geistliche Familie "Das Werk", Privatarchiv Bregenz-Thalbach.

Archäologisches Archiv der Stadt Wervik.

Archiv Katholische Arbeiterjugend, Brüssel.

Archiv Klein-Seminarie, Roeselaere.

Archives Générales du Royaume, "Fonds-Cardijn". Zu diesem Archivbestand gibt es zwei Findbücher: Fievez, M., Windels-Rosart, F., *Inventaris van het Fonds-Cardijn*, hrsg. v. Ministerie van onderwijs en "Ministère de l'éducation nationale", Algemeen Rijksarchief en Rijksarchief in de Provincies, übersetzt v. C. De Cuyper u. K. Goris, Brussel: Eigenverlag des Algemeen Rijksarchief 1986. Fievez, M., Bricteux, A., Ericx, A., *Complément à l'inventaire Cardijn* (Archives générales du Royaume instruments de recherche à tirage limité 409), Bruxelles: Eigenverlag der Archives générales du Royaume 1996.

Boyce, Ph., *Der Segen*, Bregenz: Eigenverlag der geistlichen Familie "Das Werk" 1981.

Diözese Brügge, Archief van het Bisdom.

Frères des Ecoles Chrétiennes, Archives de la Maison Généralice, Rome; Archief in Groot-Bijgaarden (Belgien).

Gemeindearchiv Geluwe.

Gemeindearchiv Lembeek.

Gemeindearchiv Lichtervelde.

Gemeindearchiv Zwevegem.

Geschichtlicher Studienkreis Komen-ten-Brielen.

Ministère des Finances, *Administration de l'enregistrement et des domaines*. Direction à Bruges, Conservation à Ypres, Registre de transcription 1921.

Ministerie van Financiën, *Beheer der registratie en domeinen*, Bestuur Brugge, Grondpandbewaring Yperen, Aanwijzingregister der hypothecaire formaliteiten, 1923.

Pfarrarchiv Geluwe.

Pfarrarchiv Komen-ten-Brielen, *"Anno 1940"*.

PFARRARCHIV LEMBEEK.

PFARRARCHIV MENEN.

PFARRARCHIV ZWEVEGEM.

PRIVATARCHIV P. BENTEIN, Geluwe.

PRIVATARCHIV J. DURNEZ, Waregem.

PRIVATARCHIV A. FLAMENT, Geluwe.

PRIVATARCHIV L. MORLION, Geluwe.

PRIVATARCHIV E. VANNEROM, Lembeek.

SCHEFFCZYK, L., *Die geistige Gestalt Mutter Julias.* Begegnungen, Bregenz: Eigenverlag der geistlichen Familie "Das Werk" 1999.

STADTARCHIV HALLE.

STADTARCHIV IEPER.

STADTARCHIV KNOKKE.

STADTARCHIV KORTRIJK.

STADTARCHIV MENEN.

STADTARCHIV POPERINGE.

STADTARCHIV SINT-NIKLAAS.

STADTARCHIV TOURCOING.

STADTARCHIV WERVIK.

UNBESCHUHTE KARMELITER: Archiv der Ordensprovinz, Karmel, Gent.

Archivalien im Privatbesitz von Verwandten und Bekannten von Mutter Julia Verhaeghe und Vater Arthur Cyriel Hillewaere.

Erinnerungen und Zeugnisse von Verwandten und Bekannten von Mutter Julia Verhaeghe und Vater Arthur Cyriel Hillewaere.

Bildnachweis

Die Herausgeber danken allen, die ihnen in freundlicher Weise Bildmaterial und Dokumente zur Verfügung gestellt bzw. die Druckerlaubnis erteilt haben:

Abtei Sankt Paul vor den Mauern, Rom 192
Archiv der Benediktinerabtei von Affligem (Belgien) 70
Archiv der Dominikaner und Archiv von Kristine Liebaert,
    Knokke-het Zoute (Belgien) . . . . 77, 82 (unten, Mitte)
Bailleur Roger, Wervik (Belgien) 41
Basilika Santa Cecilia, Rom 101, 106
Boyce Philip, Letterkenny (Irland) 151, 154, 285
Decoene Daisy für "Heemkundige Kring Dadingisila", Dadizele
    (Belgien) 39
Decuypere Dirk, *Dorp zonder grenzen. 1940-1945 - epicentrum Geluwe*,
    Geluwe: Eigenverlag 1985 147
Decuypere Dirk, *Geluwnaren van taal en gemoed. Aspecten van een eeuw*
    Vlaams denken op of vanuit Geluwe. 50 jaar Davidsfonds op
    Geluwe (1931-1981), Geluwe: Davidsfonds 1981 42
Delforge F., Leuze-en-Hainaut (Belgien) . . . . 240 (oben), 251, 257
Dewaele-Morlion Anne, Geluwe (Belgien) 62
Diözese Brügge, Archiv des Bistums 138
Domitilla-Katakombe, Rom 207

Donohue Studios, Letterkenny (Irland) 21
Film "The King of Kings", Regie: Cecil B. De Mille, U.S.A. 1927 . . 85, 87, 89
Güfel Josef, Feldkirch (Österreich) 173
Huys Emiel, *Geschiedenis van Geluwe*, met aanvullingen door Dirk
    Decuypere, Geluwe: Eigenverlag 1977 . . . . 37 (oben), 55, 57
L'Osservatore Romano, Foto-Dienst, Rom 115, 218, 278, 293
Lestienne-Cordonnier Françoise, Montpellier (Frankreich) 94
Marchand Guido, Pfarrarchiv Geluwe (Belgien) . . . . 37 (unten)
Modica Vincenzo, Rom 11
Palphot Verlag, Israel 175
Pfaundler Sebastian, Malans (Schweiz) 109, 114
Pinoy Franc, Geluwe (Belgien) 58
Rousseau Michael, Geluwe (Belgien) . . . . 72 (oben)
Stadtarchiv Menen (Belgien) . . . . 47, 51 (rechts unten)
Stadtrat von Sint-Niklaas, Hrsg., *Archivaria* 2 (november 1994) 73 . . 179, 185
Tipografia poliglotta vaticana, Rom 260
Vannerom Emile, Lembeek (Belgien) . . . . 51 (oben)
Van Hoonacker E., *Kortrijk in oude prentkaarten*, Zaltbommel
    (Niederlande): Europese Bibliotheek ⁶2000, Bild Nr. 137 . . . . . . 163 (unten)
Wijnants Christian, Brüssel 209, 213

Alle nicht angeführten Abbildungen, Dokumente und Zeichnungen befinden sich im Privatarchiv der geistlichen Familie "Das Werk", Bregenz-Thalbach (Österreich), oder wurden von Personen zur Verfügung gestellt, die nicht genannt werden wollten.